政府绩效视域下政策执行异化及矫正：基于"稳评"的混合研究

刘泽照 著

南京大学出版社

图书在版编目(CIP)数据

政府绩效视域下政策执行异化及矫正：基于"稳评"的混合研究 / 刘泽照著. — 南京：南京大学出版社，2023.10(2024.5 重印)
ISBN 978-7-305-27138-0

Ⅰ.①政… Ⅱ.①刘… Ⅲ.①国家行政机关－行政管理－研究－中国 Ⅳ.①D630.1

中国国家版本馆 CIP 数据核字(2023)第 122906 号

出版发行	南京大学出版社
社　　址	南京市金银街 8 号　邮　编　210093
书　　名	政府绩效视域下政策执行异化及矫正： 基于"稳评"的混合研究 ZHENGFU JIXIAO SHIYU XIA ZHENGCE ZHIXING YIHUA JI JIAOZHENG：JIYU "WENPING" DE HUNHE YANJIU
著　　者	刘泽照
责任编辑	梁承露
照　　排	南京开卷文化传媒有限公司
印　　刷	苏州市古得堡数码印刷有限公司
开　　本	880 mm×1230 mm　1/32
印　　张	10.25　字　数　230 千
版　　次	2023 年 10 月第 1 版　印　次　2024 年 5 月第 2 次印刷
ＩＳＢＮ	978-7-305-27138-0
定　　价	68.00 元
网　　址	http://www.njupco.com

* 版权所有，侵权必究
* 凡购买南大版图书，如有印装质量问题，请与所购图书销售部门联系调换

前　言

　　由结构、制度和情境等因素决定的激励强度对地方政府科层组织运转及其政策执行产生了深刻影响，组织在追求治理效能过程中形成的独特体制机制也会在很大程度上反向形塑激励效应的发挥，其中绩效考核是激励体系的关键"指挥棒"。从绩效激励视角关注中国基层治理问题，也是洞悉公共政策行为的必要条件。社会稳定风险评估（简称"稳评"）是新时期中国政府促进科学发展的重要制度举措，尤其在固定资产投资项目以及重大工程项目建设领域获得应用，并纳入公共部门目标考核体系和行政审批系统。围绕评估活动实施及"稳评"报告编制，国家相继制定出台了相关措施，以期推进建设项目"稳评"工作。然而，在复杂组织情境和绩效环境下，"稳评"政策执行也面临行为异化的现实问题，表现在评估作业活动和工作绩效输出两个层面，这对"稳评"制度的预设目标及政府形象造成损害，亟待针对性加强治理。

　　本书结合工程建设项目"稳评"制度情境，提出以基层考核者为主体的异化行为形成机制，立足宏观—中观—微观三个维度进行研讨，运用结构方程工具对相关研究假设进行检验，并通过博弈仿真展开系统控制分析，以混合研究视角进行探索。本书的主要创新性工作以及基本研究结论可以归纳为如下方面。

（1）基于中国行政体系特有管理情境，公共部门绩效考核体系存在"强激励"（high-powered incentives）和"弱激励"（low-powered incentives）的情形，多任务委托—代理及组织激励成为中国基层政府政策执行的重要条件。本研究结合工程建设项目"稳评"背景，提出考核主体行为异化的研究命题，并从宏观—中观—微观角度构建由目标设置、执行情境、个体特征覆盖的"稳评"执行行为异化研究框架。在概念模型中，本书探讨了目标模糊与主体参与、组织支持与公开性、个体特征和机会主义等对异化行为的影响机理。这既是对目标考核环境下异化行为理论研究的深化，也是面向特定政策执行的基层实践问题。本书的探索为全面认知及有效治理"稳评"执行异化行为提供了新的诠释依据，对于健全完善"稳评"制度具有现实指导意义。

（2）中国地方治理实践中"治理锦标赛"机制具有强激励特征。强激励在创造政府绩效的同时，也带来某些负面效应，如执行悬浮、痕迹主义及目标置换或偏好替代等。在此背景下，本书建构研究框架纳入目标模糊和主体参与因子构念，利用调查实验验证其对于执行主体行为异化的显著影响，发现目标模糊在主体参与和异化行为之间存在中介作用。同时，基于复杂组织情境建构"稳评"执行异化行为形成的概念模型，引入组织支持与公开性构念并验证了影响机理。本书整合了政策保障和刚性约束机制两个层面对"稳评"行为异化的影响，有助于解释信息不透明、资源供给不足诱发的政策执行异化行为，为加强内部治理提供科学依据。

（3）中国政府治理实践的激励强度不总是强激励一元主导，而是伴随任务属性和公职人员绩效感知模式变化的复杂形态，从公职人员个体职业特征和心理动机探寻政策执行行为具有现实意义。本书研究发现，在政府绩效考核背景下，个体职务对"稳评"执行行为异化存在显著影响，职务越高的考核对象施加人为异化行为的动机越强，同时公职人员机会主义倾向越明显，"稳评"异化行为越有可能发生。本项研究拓展了针对公职人员个体感知的异化行为发生诠释空间，弥补了有关政策执行中考核对象行为偏差多限于组织制度等结构性因素的不足，建构了基于个体风险感知的微观视角。

（4）应用进化博弈及基于 Agent 的建模仿真方法，建立了"异化—监督"框架的动态分析视角，通过对"稳评"异化行为形成过程中的适应性博弈均衡分析以及运用 Netlogo 工具进行仿真验证，开拓了运用动态系统方法研究"稳评"政策执行异化行为的新途径。本书验证了监督参与和惩戒问责对控制异化行为的显著影响，对实证分析结论构成进一步支撑，同时对于引导政府决策部门完善多层次监管参与渠道，强化针对基层政府"稳评"实施约束提供了政策支持依据，针对研究结果提出了政策执行偏差矫正建议。

本书出版得到国家社科基金重大项目"建立社会稳定风险评估机制研究"（11&ZD034）、国家社科基金一般项目"基于政策模拟实验的社会稳定风险演化及预控机制研究"(17BZZ039)的资助支持。前期研究过程中得到西安交通大学公共政策与管理学院朱正威教授、郭雪松教授,南京大学政府管理学院童星教授,西北大学公共管理学院席恒教授等人的指导和建议,后续调研以及信息采集过程中得到陕西西安、陕西榆林、河南濮阳、山东枣庄、安徽蚌埠、江苏徐州、江苏连云港等地相关区县政府部门人员的协助,这里不一一列举。在此,向为本书出版付出辛勤劳动的各位同行,提供参考资料、文件和访谈便利的人员,以及研究生助理表示诚挚谢意。也要感谢南京大学出版社梁承露、陈明、夏梦鹃等编辑给予的帮助。

由于时间与水平有限,书中难免有不足乃至谬误,期待读者批评指正。

目 录

第1章 导 论 ········· 001
  1.1 问题的提出 ········· 001
  1.2 研究价值 ········· 009
  1.3 研究对象与核心概念 ········· 013
  1.4 研究方法与结构安排 ········· 018

第2章 理论基础与研究综述 ········· 023
  2.1 制度分析 ········· 023
  2.2 政府绩效考核 ········· 029
  2.3 政策执行理论 ········· 034
  2.4 政策异化行为研究 ········· 046
  本章小结 ········· 066

第3章 实证研究模型构建 ········· 068
  3.1 绩效情境下的"稳评"执行异化界定 ········· 068

3.2 "稳评"执行异化行为概念模型 ············ 084
　　3.3 测量构念和研究假设 ················ 113
　本章小结 ························· 161

第4章　实证研究设计与分析 ················ 162
　　4.1 构念操作化与测度 ················· 162
　　4.2 数据及描述性统计 ················· 180
　　4.3 信度效度分析 ··················· 187
　　4.4 结构方程模型检验 ················· 193
　　4.5 研究结果汇总 ··················· 217
　　4.6 实证分析讨论 ··················· 221

第5章　"稳评"政策执行异化博弈仿真分析 ······ 231
　　5.1 "稳评"政策执行异化控制演化博弈 ······ 232
　　5.2 "政策异化—监督参与"仿真研究 ········ 247
　本章小结 ························· 256

第6章　"稳评"政策执行异化与治理的质性分析
　································ 258
　　6.1 总体研究设计 ··················· 258
　　6.2 基层"稳评"运行三元逻辑············ 266
　　6.3 科层逻辑下基层"稳评"政策执行异化治理
　································ 278

6.4 "稳评"政策执行异化治理结构············ 291
本章小结 ·························· 295

第7章 结论与展望 ······················ 296
7.1 主要研究结论 ················· 296
7.2 实践启示及建议 ··············· 301
7.3 研究局限性 ··················· 313
7.4 展望 ························· 316

第1章 导　论

1.1　问题的提出

1.1.1　基本研究背景

作为探索"国家—社会—政府"运行的重要研究分支,当代公共治理融合了多学科的理论、工具与实践领域,也发散出丰富多样的研究视角。无疑,中国有着独特的政治体制以及政府运作模式,尤其地方基层政府面临特殊的政治传导环境,资源汲取与输出根植于特定管理体制,故对发展中各项问题的审视必须立足中国的具体实践,以行政体系及其组织成员为研究对象发掘公共治理问题,强化建构"接地气"的诠释路径与创新思考。这也是政治与公共管理研究需要秉持的一项基本原则。

进入21世纪以来,伴随快速经济增长、城镇化进程加速、网络科技时代的来临以及全球性公共部门改革浪潮的兴起,我国经济社会体系正经历前所未有的深度跨越式发展,在产生诸多积极影响的同时,也隐藏积累了大量需要正视和应对的现实风险。统筹发展和安全,防范化解重大风险挑战,是党中央确立的重大战略任务。2005年,四川省遂宁市为破解工程项目建设不时引发群体性冲突的困境,在国内率先尝试建立重大工程社会稳定风险评估机制,拉开了现代化进程中地方党政机关重大决策社会稳定风险管理的序幕,随后逐步扩散演变为一项具有较强影响力的国家性制度安排,社会稳定风险评估(本书简称"稳评")演变为各级政府施政的重要行动指南和政策要求。过去十余年中,特别是党的十八大以来,社会风险评估制度基本实现了全国地区覆盖的发展目标,在推动地方政府科学决策、维护群众合法利益、促进社会和谐稳定等方面发挥了重要作用,并持续得到党和国家决策层面的高度重视(参见表 1-1),无论是学界还是实务部门对于"稳评"的研究探讨一度出现高潮[①]。然而,历史实践表明,仅凭孤立数字往往无法透视事物发展运行的全貌,现实地方政府实践中的诸多隐性逻辑有待挖掘,针对"稳评"主题的公共管理研究也需要扎根于政府体制环境与基层社会情境来深度考察,正如国内学者马骏所提出的"穿透现实世界五彩斑斓的外表,深刻揭

[①] 2012 年以来,国家级、省市级社会稳定风险评估工作交流会在各地召开,旨在探讨工作经验,明确目标方向和举措,产出了一批创新城市实践模式与发展思路,如南通模式、淮安模式、宝鸡模式等,在全国范围产生了一定社会影响。2020 年 10 月、2021 年 5 月,第一届和第二届全国性的社会风险评估与治理学术研讨会分别在北京和上海召开,集聚了国内"稳评"领域的诸多专家学者、政府实务人员,多维度多层次探讨社会风险评估前沿理论问题和实践中的短板弱项,并发布了《重大决策社会稳定风险评估行业自律公约》《2020 年全国社会稳定风险评估行业发展报告》等一批成果,形成了较突出的社会效应。2021 年 12 月,首届重大决策社会稳定风险评估与治理优秀案例研讨会在线上召开,北京、江苏、浙江、湖南、天津、辽宁、广西、重庆等省市自治区的第三方评估机构做了重点研讨,达成了诸多有价值的发展共识。

示隐藏在事物或制度背后的另外一面"①。基于问题导向的社会研究是公共管理学术生命力的基石,有助于更好促进公共政策与制度实践的健全完善,从而发挥应有的治理效能。

表1-1 党和政府关于社会稳定风险评估的重要论述

发布时间	发布部门	文件名称	主要论述内容
2010年10月	中共中央	十七届五中全会报告	"建立健全重大项目建设和重大政策制定的社会稳定风险评估机制"
2011年3月	国务院	国家"十二五"规划纲要	"建立重大工程项目建设和重大政策制定的社会稳定风险评估机制"
2012年1月	中共中央办公厅、国务院办公厅	《关于建立健全重大决策社会稳定风险评估机制的指导意见(试行)》(中办发[2012]2号)	跟踪指导思想和基本要求,考核范围和内容、考核主体和程序、考核结果应用和决策的落实,对问责、组织和领导做出明确规定
2012年8月	国家发展和改革委员会	《重大固定资产投资项目社会稳定风险评估暂行办法》	提出"社会稳定风险分析应当作为项目可行性研究报告、项目申请报告的重要内容并设独立篇章"
2012年11月	中共中央	党的十八大报告	明确提出"建立健全重大决策社会稳定风险评估机制"
2013年3月	国务院	《国务院工作细则》	强调重大事项要进行社会稳定风险评估,通过听证会等多种方式听取各方意见

---

① 马骏.公共行政学的想象力[J].中国社会科学评价,2015(1):19.

续表

发布时间	发布部门	文件名称	主要论述内容
2013年11月	中共中央	《中共中央关于全面深化改革若干重大问题的决定》	"健全重大决策社会稳定风险评估机制"
2015年3月	国务院	政府工作报告	"落实重大决策社会稳定风险评估机制"
2019年4月	国务院	《重大行政决策程序暂行条例》	提出"风险评估结果应当作为重大行政决策的重要依据"
2019年11月	中共中央	十九届四中全会报告	重大决策风险评估是"健全提高党的执政能力和领导水平的一项重要制度",列入党的领导制度体系之中
2021年8月	中共中央、国务院	《法治政府建设实施纲要(2021—2025年)》	规定涉及社会公众切身利益的重要规划、重大公共政策和措施、重大公共建设项目应当深入开展风险评估

"稳评"作为一项政治性很强的具体行政制度,其设置的目的是促使政府决策者预先把控重大事项给地区社会稳定带来的风险,未雨绸缪,通过一系列工作程序主动规避、减缓、化解社会风险,从而降低重大建设项目与改革发展推进过程的社会成本。鉴于评估对象的特殊性和现实社会风险事件的诱发特点,实践中各类投资建设项目实际上是"稳评"政策实施的主要内容,也是地方政府面对的最核心的评估对象。各地围绕评估操作程序与评估报告展开了一系列具体的探索活动,并纳入相应工作督查、绩效考核或领导责任考核体系,通过施压对制度落

地形成一定激励作用,以推动"稳评"政策目标。然而,实践、制度和理念的发展往往有着内在冲突性,无论评估操作程序还是报告输出,都存在于组织部门及成员的具体执行行为,其表现受到特定组织环境和行政文化影响。在传统"压力型体制"和纵向分权体系中,基层政府同时扮演着代理人和自利者的双重角色,依然拥有较大的自由裁量权。作为代理人,需要贯彻上级指令、实现上级意志;作为自利者,更追求自身利益的最大化,虽然受到考核压力的约束,但是基层官僚的回应行为并非完全被动,这两种角色也驱使基层政府根据不同组织情境,策略性地运用自由裁量权执行"稳评"政策。实际上,由结构、制度和情境等因素决定的激励强度对科层组织运转及其治理目标产生了深刻影响,而科层组织在追求治理效能过程中形成的独特体制机制也会很大程度上反向形塑激励效应的发挥。因而,从考核激励视角观测基层"稳评"政策执行状况是一项贴近本土实际的研究。事实上,对于基层政府部门来说,如果"稳评"制度规则与其自身期望或利益需求不相符合,或者面临某些关键障碍时,执行者将缺乏政策落地的积极性并可能改变执行方式,甚至采取扭曲性的应对行为。例如,在国家对前置性审批越来越严格的情况下,一些地区依然屡屡发生"先上马、后补办"、"象征性执行"、评估报告造假等恶劣行为[1],使得"稳

---

[1] 参见刘泽照,朱正威.掣肘与矫正:中国社会稳定风险评估制度十年发展省思[J].政治学研究,2015,123(4):118-128;田先红,罗兴佐.官僚组织间关系与政策的象征性执行——以重大决策社会稳定风险评估制度为讨论中心[J].江苏行政学院学报,2016,89(5):70-75.

评"政策目标落空。2020年在北京举办的第一届社会风险评估与治理学术研讨会上曾通报一则案例:中部某省城市区政府欲引入一项百万级外资项目,履行"稳评"程序过程中因争议出现搁置,后在区委主管领导直接干预下,调整"稳评"实施部门以及相应评估报告编制,该项目顺利通过报批。此外,笔者曾对来自全国市、区(县)政府的46份"稳评"工作报告①进行文本分析,结果发现在官方描述"工作不足"或"存在问题"部分,这些报告极为默契地使用了一些类似表述,诸如"紧一阵松一阵,虚报工作成果""随意编写评估报告了事,虚假情况比较严重""领导重视不够,工作敷衍塞责""限于纸上谈兵,工作流于形式""被动应付、避重就轻、走过场""评而不用,评是评、用是用"等。显然,以上扭曲异化行为反映出基层政府对"稳评"制度实施的消极反应,但对该现象的解释不应简单归于基层官僚的认知偏差,不能回避地方现实利益权衡、资源配置状况以及背后复杂的政策执行机制。

  国内外有关政策执行的研究已有大量成果,尽管形成了多种概念认知及理论实践层面的探索,但核心问题主要还是"发生了什么"和影响执行"发生的事情"②,并从多维视角揭示其中因果关系链条。在该方面,中国学者针对地方政府政策执行中的异化现象进行了探讨并形成了一些共识性概念。如王汉生、刘世定等社会学学者用

---

  ① 报告来自2021年8月召开的中央政法委第七次政法工作创新交流会材料,以及2020年10月在河南汤阴召开的全省"稳评"工作经验交流会内部资料。
  ② 迈克·希尔,彼特·休普.执行公共政策[M].黄健荣等,译.北京:商务印书馆,2011:2.

"政策变通"概念来描述,即"在制度的运作中,执行者自行改变原制度中的某些部分,从而推行一套经过改变的制度安排这样一种行为或运作方式"①。按其观点,基层官僚会与相关主体展开博弈,象征性、有选择性地执行政策,由此导致政策截留、政策敷衍、政策替代以及政策附加等各种形式的偏差。陈那波、蔡荣(2017)更加强调本土地方情境对政策执行的影响,认为当政策执行与地方情境出现冲突时,政策执行就会遭遇阻力,通过"教化"执行主体遵循地方规范进而出现偏差走样。② 亦有研究者提出"体制性张力"的解释逻辑,即中国压力型体制的内在张力必然导致政策与执行之间的矛盾,碎片化权威加剧行政单位在领导意图、组织行为与行动实际结果之间的背离,拥有自由裁量权的地方政府部门会在政策执行的优先次序方面存在差异。③ 同时,在相对封闭的绩效考核环境下,上级政府通常缺乏对下级部门实际能力的有效认知,任务指标层层分解、梯次传递考核压力的状况十分明显,以乡镇干部为代表的基层人员面对考核目标出现虚假异化行为也是一种"理性选择"④,典型表现就是目

---

① 王汉生,刘世定,孙立平. 作为制度运作和制度变迁方式的变通[M]//应星,周飞舟,渠敬东.中国社会学文选. 北京:中国人民大学出版社,2011:554-583.
② 陈那波,蔡荣."试点"何以失败?——A市生活垃圾"计量收费"政策试行过程研究[J]. 社会学研究,2017(2):174-198.
③ 陈家建,边慧敏,邓湘树. 科层结构与政策执行[J].社会学研究,2013(6):1-20.
④ Thøgersen S. Frontline soldiers of the CCP: the selection of China's township leaders [J]. China Quarterly, 2008, 194:414-423.

标转移、形式主义、专注"数字政绩"①。以上研究视角独特多维,为考察分析中国基层"稳评"政策执行异化现象及其公共治理提供了重要启示。

1.1.2 研究问题

面对经济社会快速发展背景下重大决策事项可能带来的社会风险压力,国家层面制定出台了"稳评"的政策要求,但是一些地区基层组织的执行行为与政策目标存在明显偏离。近年来,尽管国家有关部门就"稳评"制度实施形成工作规范和明确考核要求,基层政府执行层面依然不免抵触甚至策略性异化回应。对此,本书的研究问题是:在中央高度重视社会稳定并纳入目标责任考核的现实背景下,为什么"稳评"政策依然未得到充分有效执行?什么因素诱发并影响到基层"稳评"政策执行异化的应对行为?这些因素的作用机制如何体现?从制度理论与绩效考核的情境背景出发,已有研究表明组织及其成员的主观异化行为是一定约束环境和个体选择的自然产物,来自横向和纵向组织的对抗性冲突构成基层政府职能部门官员政策执行方式的核心影响变量。② 影响政策异化的因素有很多,其中利益本位是根本内因,外因方面最关键的是制度因素,基层政府会根据政策与自身利益契合度的高低以及制度压力的大小,策略性地执行政策,制度的激励和约束对基层政府行为具有很强的解释

---

① 托马斯·海贝勒,雷内·特拉培尔,王哲.政府绩效考核、地方干部行为与地方发展[J].经济社会体制比较,2012(3):95-112.
② 廖锋江,周建国.当下中国治理体系下基层政府政策执行逻辑[J].安徽师范大学学报(人文社会科学版),2020,48(5):105-110.

力,并得到来自不同领域的经验证据。基于此,本项研究试图在规范性理论铺设基础上,以"稳评"制度和目标考核为制度情境,通过定性定量相结合的混合研究工具,探索揭示基层"稳评"政策执行异化偏差的微观基础、组织过程及影响作用机制,希冀通过解答上述问题为中国场景下的基层政策执行研究做出可能的理论贡献,对如何通过制度设计优化"稳评"政策实施、提高基层政府执行力有参考价值。

1.2 研究价值

1.2.1 理论层面

目前国内有关"稳评"研究,尚未出现政策异化主题的探讨及可解释分析框架,更鲜见深度的实证研究。为了弥补这一空白,丰富对基层"稳评"政策执行现象认知的学术研究,亟需建构适用于中国本土状况的概念模型和分析框架,使之能够对具体问题诠释及理论研究更有针对性和系统性,同时也为基层"稳评"政策执行异化行为的公共治理提供坚实的理论基础。本项研究的理论意义表现为以下几点。

(1) 面向制度主义和行动主义路径搭建分析框架。制度主义路径主要围绕政策运行的体制、机制展开,突出强调政策执行过程中的制度嵌入以及影响情境。从体制上看,党委政府职能部门通常牵头成立"稳评"工作领导小组或工作组,使其嵌入党政体制内以获得更强权威性;从机制上看,"稳评"政策被纳入政府重大决策程序,成为行政审批的必要前置条件,与绩效管理等制度体系紧密融合,在一定内部约束体制下动态运行。行动主义路径关注"稳评"实施中的微观行为,并试图从执行者具体行为来解释该项制度运行原因及其现实偏差。基于此,本研究整合两种思维路径,立足压力型体制及目标绩效考核的观察视角,分析"稳评"政策背后的执行逻辑及基层官僚行为,吸收管理学和政治学成熟概念并结合实地调研成果构建理论模型,通过"理论铺设—框架搭建—分析验证—博弈仿真"的基本思路完成整体研究设计,为推动中国本土情境下的政策执行研究提供支撑,同时在实证研究方法应用层面有所突破和贡献。

(2)探索基层"稳评"政策执行异化的逻辑机制,揭示绩效考核情境下的策略行动选择。著名政治学者奥利弗·E. 威廉姆森(Oliver E. Williamson)曾经提出"强激励"(high-powered incentives)和"弱激励"(low-powered incentives)的理论视角[①],认为组织内差异化激励将对个体行为构成影响。在常态化多任务模式下,中国各级政府对一般任务实行弱激励,而对重要任务实行强激励,由此塑造了随激励强弱变化而构成的任务执行过程。受其启示,对政府治理实践激励强度及其相关效应的分析应当结合具体情境。观察"稳评"政策执行行为,要从制度设计上考量,更应纳入基层部门多元政策目标关系,从组织及个体微观行为审视背后运作的隐性逻辑。面对地方"稳评"政

---

① Williamson OE. The economic institutions of capitalism[M]. New York: Free Press, 1985.

策推进过程中的一些困境,凸显对政策异化研究的必要性和迫切性,从该角度来讲,本研究可以提升"稳评"基层实践的理论支持,有利于促进"稳评"制度良性运作。

(3) 探索诠释中国基层政策执行效果的微观个体特征及其影响。按照公共选择理论中的理性经济人假设,"追求效用最大化"用来描述政治系统中个体的行为动机和决策基础。威廉姆·A.尼斯坎南(William A. Niskanen)据此提出了著名的"公共官僚模型",认为官僚的行为动机和方式直接决定着制度运作过程和结果,体现一定约束条件下通过理性的成本—收益计算后的行动选择。[1] 在此理论基础上,建立面向基层政府考核对象的个体研究视角,验证个体对"稳评"政策执行异化的影响因子。本研究以实地调查为依托,引入基层部门执行者职业变量,探索它对"稳评"异化行为选择的影响。

1.2.2 应用层面

政府公共部门如何处理好政治理性和技术理性的关系,是世界各国在公共治理实践中普遍面临的难题。由于多任务委托—代理环境,公共部门的激励既要能传递政治信号、实现价值导向,又要激发积极性、实现效率导向。在多目标的决策情境下,绩效激励的强弱与公共部门及其成员自身行为构成显著关联。诚然,我国政府推动"稳评"制度的必要性及政治价值毋庸置疑,但政策异化行为显然损害了制度目标,成为现实"稳评"推进过程中

---

[1] 威廉姆·A. 尼斯坎南. 官僚制与公共经济学[M]. 王浦劬,译. 北京:中国青年出版社,2004.

的突出问题。故此,本研究在充分调研基础上展开实证分析并得出结论,为针对性完善"稳评"机制提供科学依据。

(1) 甄别关键因素,强化问题解释力。在目标绩效考核背景下,基层政府"稳评"实施中出现的异化行为,对该问题诠释需要建立更宽泛思路。尽管一些地区尝试引入第三方评估[①],但受到多种客观因素制约,在区县政府层面覆盖有限。在此背景下,本研究依托区县级行政系统确立政策执行异化研究视角,基于对"稳评"的微观考察,探索识别影响基层异化行为形成的关键影响变量,从可能突破的环节探寻研究路径,这对于审视基层"稳评"运行态势具有现实价值。

(2) 揭示影响机制,把握治理着力点。诚然,倾向量化效率评判的考核机制衍生了考核结果的固化倾向,考核结果固化影响部门的期望,进而造成核心部门与边缘部门在考核期望上的明显差异。对此,不少地区在引入分类管理理念的过程中逐渐形成了"分类排队"的目标责任绩效考核方式,也诱发了新的问题。基于此,本研究立足绩效激励强弱,发掘基层"稳评"异化行为背后的影响关联机制,是破除内部"隧道效应"和信息阻滞、确立公共治理着力点和矫正方向的基础路径。本研究从区县级政府及其考核对象个体切入,展开考核情境下的政策执行

---

① 迄今为止,尚未发现有客观数据可以显示第三方评估在各地"稳评"工作中的覆盖状况,但从多项研究及现实调查来看,第三方评估自身也存在诸多争议和限制,如服务收费、委托合理性、选择中立性、权责关系等,且这一实践形式尚在少数地区探索中,立足区县级基层政府层面的覆盖范围依然十分有限。而针对评估的"合谋"也是一个极具现实性的研究命题和视角,本书限定暂不纳入第三方评估于讨论范围。

异化研究,贴近一线行政组织部门实际,有助于最大程度逼近社会现实,有针对性地改善"稳评"制度支撑环境,提升公共治理水平。

政策执行异化行为在中国地方行政体系中较为突出,故本研究构建的分析路径具有一定拓展价值,可以延伸应用于其他公共政策领域,识别特定制度实施过程中的薄弱环节,进而制定有效的矫正策略。

1.3　研究对象与核心概念

笔者多年从事基层政府治理研究,在持续跟踪观察及部门调研中深刻感受到,对拥有一定自由裁量权的基层政府部门来说,上级政策最终如何落地是一个复杂的关系网络,基层部门往往会根据政策与自身利益契合度以及内外部压力的大小,策略性相机执行。政策执行选择不仅是制度自身问题,也是组织环境问题,更是人的问题,对基层"稳评"政策执行研究不可能脱离特定的组织情境和行政体制文化,通过贴近现实的情境分析和理论建构有助于深刻认识"现象是怎样发生的,在什么条件下发生以及为什么会发生"等管理问题。[①] 我国"稳评"制度的建立初衷是防范化解经济发展中的社会风险,而基层政府部门是推动政策目标实现的最主要主体,对"稳评"运作的制度分析与行动效应认知离不开对基层组织情境的把

---

① 陈昭全,张志学.管理研究中的理论建构[C].陈晓萍,徐淑英,樊景立(主编).组织与管理研究的实证方法.北京:北京大学出版社,2008:60-84.

握，实践中暴露出的问题根植于独特的行政生态场景。

本书的研究对象与核心概念是基层"稳评"政策执行异化行为，首先需要对概念内涵进行说明，以为后续分析奠定基础。"稳评"是本书的一个核心概念。中国政府推动的"稳评"制度是针对涉及重大公共利益和公众权益、容易引发社会稳定问题的决策事项，要采取多种方式听取各方意见，推动"合法性、合理性、可行性、必要性、科学性和宏观政策取向一致性"等层面的风险评估，把评估结果作为决策的重要依据。[①] 其中，重大工程建设项目是实践中各地"稳评"政策实施的主要评估对象，并被置于行政审批或备案体系。2012年8月，国家发展改革委正式发布了《重大固定资产投资项目社会稳定风险评估暂行办法》，并于次年2月公布《重大固定资产投资项目社会稳定风险评估报告编制大纲》，对工程项目建设报批前的"稳评"规定做出说明，其中最核心的形式要件为评估报告。换言之，评估报告是"稳评"工作机制运作的具体体现，也是现实中各地督查考核的主要依据。政策执行异化是本书研究的另一核心概念，对其界定需要结合传统理论认知和本土问题。管理学意义上的"异化"，一般是指组织或个体为了谋取特定利益，采取歪曲性操控手段或干预方式，创造虚假绩效的行为。异化与权力相关，其本质是权力的滥用。从研究角度看，经济学者和金融学者对异化行为的关注较早也最广泛。经济金融领域的异

---

① 具体参见2010年9月《国务院关于加强法治政府建设的意见》、中办发[2012]2号文件以及2023年新版《国务院工作规则》第二十八条。

化行为包括"利用信息不对称的便利散布虚假消息、捏造交易报价、篡改绩效信息、限制和阻挠外部干预,以达到或获取组织小团体及私人利益目的"①。相对于私营部门内部出现的异化行为,发生在政治社会系统中的政策异化更加复杂。总体上,吸收国外研究成果并结合我国"稳评"制度特征及运行状况,本书研究将基层"稳评"政策执行异化界定为:在目标责任考核或绩效考核背景下,基层政府部门考核对象针对"稳评"实施的扭曲性策略行为,主要体现在两个方面。一是为了实现特定目的影响干预"稳评"实施过程及其结果的控制行为,二是制造及输出虚假工作绩效的机会主义行为。

以上概念界定,离不开对中国本土情境下地方行政系统考核机制的全面认知。与西方绩效管理制度主要侧重公共服务、价值再造等基本理念不同,中国的绩效考核体系自诞生开始即被赋予更多的控制功能,一直以来是约束地方政府行为、传递上级政策信号的有力工具,并直接或间接影响官员的行政行为,也是各地"政绩锦标赛"的制度源头。目标绩效考核的最优解,可能不在于"强激励"还是"弱激励"之争,而在于特定情境中的激励强度能否与实际结合,以动态调试的权变方式完善其内在的作用机制(如图1-1)。地方政府的目标绩效考核,以官员晋升为核心激励,内生于科层体制下的管理模式,是具有中国特色的地方治理安排。

---

① Van Dijk, TA. Discourse and manipulation [J]. Discourse & Society, 2006, 17(3): 359-383.

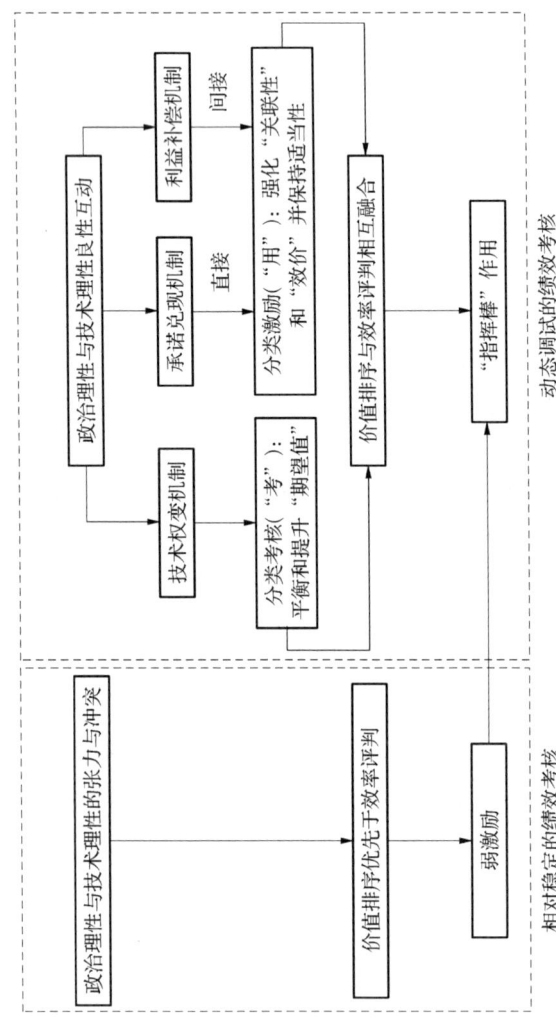

图 1-1 地方政府绩效激励作用逻辑及机理

来源:朱戎莹,魏姝.弱激励如何发挥"指挥棒"作用?——基于 W 省省级机关单位绩效考核的案例研究[J].公共管理评论,2021(2):39.

进一步而言,考核是地方政府活动取向的关键"抓手",通过把一定职能目标层层分解,设置指标考核是推动政策执行的核心工具,"稳评"作为一项政策工作已被纳入地方考核体系,一些地区还细化设置了综合考核和专项考核类别,并通过地方部门督查予以推动。然而,调研观察中发现,即便考核导向得到某种程度强化,一些基层部门"稳评"运作中的异化行为依然是一个突出的现象,具体表现为评估活动过程和评估报告结果施加干预性控制,并以不同方式消极应对。本书认为,基层"稳评"政策执行异化现象,既由宏观制度设计层面的固有缺陷而驱使,也是特定绩效考核压力机制的产物。对于该问题的审视探讨,基层政府部门可以作为一个很好的观测视角。区县级政府是我国基层政权的核心层级,处于国家治理及各项政令落地实现的最前沿,"稳评"制度运行轨迹及执行行为很大程度上与该层级实践密切关联,立足区县政府的考察研究有助于探视背后的行为逻辑,把握"稳评"政策执行运作的潜在规律。故此,本书试图在吸收国内外相关研究成果基础上,利用基层"稳评"活动中异化行为线索及目标考核情境,构建相关理论框架并验证模型,进而得出研究结论。此外,近年来国内有关"稳评"的研究文献已有不少,主要集中在制度意义、实践评析、结构功能等层面,但系统探讨基层政府应对行为,深刻揭示目标考核背景下组织及个体行为逻辑的实证研究成果甚少,可供挖掘空间很大,本研究尝试也期望起到抛砖引玉的作用。

1.4 研究方法与结构安排

1.4.1 研究方法

本书采取混合研究的方法,所采纳技术工具包括定量分析和定性分析,更好集合定量定性方法各自优点,这在当代行为科学领域比较常见,主要考虑组织及个体行为复杂性以及对研究结论可靠性要求比较高[1]。具体来说,定量分析采用了结构方程(SEM)工具和博弈仿真分析,定性分析主要引入扎根理论方法。

1. 定量研究

现代行为科学研究尤其推崇量化研究方法,即在量化事实的基础上,依托一定数据建模描述、解释和预测研究对象,通过逻辑推论和相关分析,提出理论论点并予以证实,促进对现象因果关系的精确把握。拥有量性特征的基础数据或者可以转换为量性的数据信息是进行量化研究的前提,在该方面有多种提取方式。著名社会科学方法论专家诺曼·邓津(Norman K.Denzin)针对经验问题研究提出了五种数据采集来源[2],包括问卷调查、访谈、文本分析、直接观察和参与式观察。笔者在查阅大量文献后发现,就组织内异化行为这一主题的研究,国内外使

---

[1] Modell S. Foundations of mixed methods research: integrating quantitative and qualitative approaches in the social and behavioral sciences [J]. European Accounting Review, 2011, 20(1): 183–186.

[2] Denzin NK, Lincoln YS. The landscape of qualitative research: theories and issues (2nd ed) [M]. Thousand Oaks (Calif.), New York: Sage, 2003.

用定量研究方法路径迥异,但总体上主要采取四种方式:实验法、问卷调查法、模拟法、文本法(具体内容说明参见第二章)。每种方法各有利弊及应用场景。对于考核激励背景下的地方"稳评"政策执行异化现象,目前没有现成的理论假说与实证分析,综合权衡研究主题并考虑数据可及性,本书定量分析部分采取问卷调查和博弈仿真的分析思路。

第一,调查实验。本研究在文献整理基础上,构建了基层"稳评"政策执行异化形成的机理分析框架,吸收借鉴权威量表进行问卷设计,主要采用结构方程模型(SEM)及最优尺度回归对概念模型进行实证检验。其中,调查样本数据来源有以下几个:参加2020年江苏省"稳评"促进会与陕西省西咸新区举办的"稳评"工作业务培训会的各地市职能部门公务人员,来自西安市、咸阳市、徐州市相关区(县)"稳评"工作人员,以及江苏省和山东省部分辖区基层MPA学员。

第二,博弈仿真。问卷调查方法具有相对静态特征,为了深化基层"稳评"政策执行异化背后的动态机制认知,进一步提取概念框架中的相关影响因素,将基层"稳评"政策执行异化纳入行动主体交互的复杂系统来研究,建立"异化行为—监督参与"的动态分析视角,应用演化博弈和仿真实验方法,观察"稳评"运行中的异化行为演化,为公共治理提供支撑依据。

2. 质性研究

该部分研究主要通过文本内容分析以及实地田野调查的方式展开,便于对特定现象进行描述提炼,探寻政策异化现象为什么会发生、如何演变发展、其约束条件是什么等典型问题,从而建立更高阶的诠释性理论,这是一个认识和实践、理论和现实不断互动的过程。

第一,笔者搜集并研读了国内外期刊,尤其是国际高水平期刊中有关政策执行异化以及行为科学研究的文献,涵盖管理学、经济学、政治学、应用心理学四大学科领域,逾300篇,围绕研究主题充分了解已有的分析路径及主要成果,借鉴成熟经验以应用到本项研究之中。同时,搜集典型样本地区政府"稳评"工作报告、政策文件、会议纪要以及网络文献,利用文献计量法提取关键词、理论构念层次等,探寻可能的线索以形成本研究的支撑性关系链条。

第二,采取实地田野调查方法,主要包括访谈和实地观察。具体来说,前期阶段利用S省召开全省"稳评"工作经验交流会和地级市(区)走访座谈,J省"稳评"促进会专项工作研讨以及其他社会关系渠道,与相关政府实务人员就地方"稳评"工作进行开放性访谈,对象涵盖了"稳评"主管部门领导、地方维稳人员、基层政府部门(如区县发改委、国土局、政府办、政法委等)直接从事或督查"稳评"工作一线人员及群众个体。开放式访谈主要是向受访者提出相关问题,让他结合个人经历发表看法,目的在于修正搭建的概念框架和研究假设,反映"稳评"实施对个体心理和行为选择的影响过程。其中,具体操作中采取扎根理论的方法对调查内容资料进行编码和概念化、范畴化分析处理,与相应定量研究形成更深度的印证。

1.4.2 结构安排

基于以上研究目标,本研究主要从理论论证、实证分析和质性研究三方面展开,共分七章,具体结构安排如下。

第一章是导论,主要说明问题如何提出,介绍本研究的整体社会背景和研究意义。背景和意义部分从理论和现实两个方面分别展开,明确了研究目标及具体指向。同时对基本概念进行简要界定,并介绍了主要研究来源、运用的研究方法与思路视角。

第二章是理论基础及国内外研究综述。首先,结合本书研究主题,引入相关支持理论,包括制度理论、绩效考核理论、政策执行理论,对各理论内容、形成演进与逻辑关系进行诠释,以提供本书研究的关键性理论依据;其次,围绕政策异化及其测量方法等内容进行说明。

第三章是构念操作化与量表编制。在前面论述基础上,依托目标考核的情境,构建了基层"稳评"政策执行异化的概念模型及分析框架,对相关理论构念进行辨析,从目标设置、资源支撑和考核对象职业特征等层面提出相应理论假设。结合实地调查对相关研究变量内涵、构念层次等内容进行提炼,构建量表并说明量表的修正思路和质量控制措施。

第四章是实证研究的重点部分。首先,对问卷进行信效度分析、描述性统计分析等常规性检验;其次,对问卷质量与相关概念关系维度进行详细辨析,说明作用关系;再次,对第三章提出的分析框架进行统计学层面的检验,通过 SEM 方法验证框架的相关理论假设,并对研究结果给出解释说明。

第五章是博弈仿真分析。为了深化对基层"稳评"政策执行异化形成机制的全面认识,本章引入复杂性系统观点,将基层"稳评"政策执行异化及治理置于不同主体间互动的复杂系统来研究,建立了"行为异化—监督参与"动态分析,应用演化博弈方法和 Netlogo 仿真工具探索其动态演化与治理。结果发现在有限理性条件下,基层"稳评"政策执行异化受到个体行动选择收益、选择成本以及内外部监督参与状况的实际影响,启示是重视"稳评"异化行为惩戒和信息公开,降低监督参与活动成本,提供政策实施的必要资源条件和政策保障。

第六章是质性分析。本章在理论分析、实证研究以及博弈仿真分析基础上,选取 S、J 两省三个区(县)访谈资料进行补充分析,借助扎根理论研究方法充实基层"稳评"政策执行异化的治理思路,从而对整体研究构成支撑。

第七章是总结。归纳研究结论、启示及政策建议,并就研究的有限性及今后可以深化的研究工作做出补充说明和展望。

第2章
理论基础与研究综述

2.1 制度分析

在当代社会科学研究之中,制度研究是多学科领域进行实践考察与理论探究的重要内容,以期探寻特定的社会现象、集体行动、个体行为背后的制度逻辑或关联,这在经济学、政治学、管理学、社会学等偏重应用导向的社科领域中表现得尤为突出,由此形成的制度分析理论(institutional theory)受到国内外诸多学者的青睐。特别地,当代新制度主义从传统制度研究逐步向各学科的核心话语分析迈进,在研究领域扩展和内容深化方面取得大量可观成果,其各分支流派更多致力于理论建构水平,增强对现实问题的解释力,由此逐渐成为社会科学研究的重要理论范式之一。国际著名的政治经济学家、公共选择学派创始人之一埃莉诺·奥斯特罗姆(Elinor Ostrom)认为,制度是"理性个人在相互理解偏好和选择行为基础上的一种结果"[①],并建构起由行动情景(action

---

① 埃莉诺·奥斯特罗姆.公共事物的治理之道:集体行动制度的演进[M].余逊达,译.上海:上海译文出版社,2012.

situation)和行动者(participants)构成的行动舞台(action arena)分析框架①,以探索制度系统的复杂影响。一般认为,制度分析有助于揭示制度环境中个体、群体和组织的行为选择和互动结果,以及发展演化过程中的动态作用机制。

早期制度分析研究者着重探寻特定制度约束下组织及组织成员行为的发生变化特征,挖掘社会行动背后的制度关联,其中较为著名的一个突破是保罗·迪马吉奥(Paul Dimaggio)和沃尔特·鲍威尔(Walter Powell)提出的"同型性"(isomorphism)(亦称"同构")概念。② 按照该研究,一定制度约束条件下的行动包括三种作用机制:强制同型性(coercive isomorphism)、模仿同型性(mimetic isomorphism)、规范同型性(normative isomorphism)。强制同型性发生在组织依赖于另一组织资源或者必须依靠其期望的方式生存运行时,通过依附压力呈现出与胁迫组织相似行为,来源于所依靠的组织(如政府、立法机构)施加的正式或非正式压力。这种压力可以是强力、说服或共谋,更多地强调政治层面上的施压。模仿同型性表现

---

① Elinor Ostrom.Understanding institutional diversity[M]. Princeton University Press. Princeton(N.J) U.S 2005:15.

② 这里的"同型化"是指"整体中的个体单元在面临相同制度条件时学习和模仿的约束过程",此后研究中该概念被延伸,可概述为特定制度环境下,某一组织与其他组织在结构与实践上的相似性。参见 DiMaggio PJ, Powell W. The iron cage revisited-institutional isomorphism and collective rationality in organizational fields[J]. Advances in Strategic Management, 2000, 17: 149. Mizruchi MS, Fein LC. The social construction of organizational knowledge: A study of the uses of coercive, mimetic, and normative isomorphism [J]. Administrative Science Quarterly, 1999, 44(4): 653-683.

为组织及个人对其他组织进行复制模仿的行为,包括活动、体系和结构。规范同型性发生在既有制度条件下,组织成员共同争取合乎发展要求的生存环境和工作方式,从而表现出一定的相似性。蕾切尔·阿什沃思(Rachel Ashworth)等人将同型化理论应用于公共管理领域,以英国101个公共部门为考察对象,发现了组织在一定压力环境下呈现出较多顺从特征的现实证据,即有目的、有选择性地对其他组织的选择方案进行"移植"①。这一研究有助于解释绩效考核压力下,组织个体做出一系列与真实绩效相悖的虚假行为表现,为组织领域的诸多现象解释提供了参考价值。在当代管理学领域,制度分析重视将认知要素纳入制度约束和规范体系中进行考察,凸显对制度压力的感知与行为选择过程。譬如,国外有研究者将制度情境下的组织行动确立两类认知逻辑:一类是"结果逻辑"(logic of consequentiality),强调行为受到结果偏好和预期影响,行动者基于现实利益需求权衡得失,反对和抗拒损害自身利益的规则;另一类是"适宜逻辑"(logic of appropriateness),强调行动者行为涉及约束环境之下的角色扮演与目标设置影响。② 换言之,组织内行

---

① Ashworth R, Boyne G, Delbridge R. Escape from the iron cage? Organizational change and isomorphic pressures in the public sector [J]. Journal of Public Administration Research and Theory, 2009, 19(1): 165-187.

② Goldmann K. Appropriateness and consequences: the logic of neo-institutionalism[J]. Governance: An International Journal of Policy and Administration, 2005, 18(1): 44. Entwistle T. For appropriateness or consequences? Explaining organizational change in English local government [J]. Public Administration, 2011, 89(2): 661-680.

动者受到利益动机驱使,而利益最大化实现依赖于制度结构,制度通过规制的方式影响行动者的理性预期与偏好。

就公共领域而言,制度分析越来越多地应用到公共部门及政策运行之中,与群体政治行为、公共政策问题结合的探讨一直以来获得学者们的推崇,其中理性选择制度主义和历史制度主义都已成为当代政治科学研究中的重要流派,为分析现实中纷繁复杂的政治现象、决策行为提供了独到的研究视角。回应策略、信息机制是制度理论研究的重要方向,对于揭示社会情境下制度、政策、规则的实际发生效果,识别制度设计"意料之外的效果"具有特殊的解释价值。根据制度分析的传统观点,制度并不是完全中立的事物,而是对组织行为有着不同的激励和约束,理性的政治行动者受特定环境影响会采取各种"策略行为",即制度影响政治行为进而输出了特定的行为后果。美国学者克里斯汀·奥利弗(Christine Oliver)依托制度理论与资源依赖原理(resource dependence theory)深化了对于制度环境下组织回应策略的研究,提出并区别了五种常见的回应策略,包括服从(acquiesce)、妥协(compromise)、规避(avoidance)、蔑视(defy)和异化(manipulate),认为现实组织不一定总是服从制度,其自身具有自然的适应性和变通性,受内部力量驱动,组织会根据环境特征选择差异化的适应方式。[①] 一般认为,理性

---

① Oliver C. Strategic responses to institutional processes [J]. Academy of Management Review, 1991, 16(1):145-179.

选择制度主义对组织内群体行为与制度关系的分析立足于利益计算,秉持认知的算计路径(calculus approach)而非观念认同,研究重点是行动者如何在制度环境构建的激励机制作用下选择实现利益最大化的具体策略,制度影响力主要表现为对行动者策略选择的结构性约束。换言之,制度提供了政治行动者界定行为选择策略和追求特定利益的情境。① 由此可见,理性选择制度理论强调对政治结果起决定性作用的策略行为,认为制度是塑造组织及个体行为的关键方式,使得行动者在满足偏好的过程中具有通过算计而产生的高度策略性。可以看出,制度理论涉及社会系统研究的基本问题和核心领域,即组织、结构、文化、规范、习俗是怎样构成社会行为,如何在行动者之间分配权力,以及怎样塑造个人的决策过程和结果。

尽管制度分析理论的一系列话语及概念源自西方语境,但有关组织行为、组织现象等一些理论诠释和认知对于我国依然具有启示意义,近年来国内一些研究者依托制度分析理论并结合中国本土情境展开了诸多有益探索。譬如,马得勇(2018)系统梳理了历史制度主义在渐进性制度变迁方面的研究,探讨了渐进性制度变迁理论用于分析中国当代政策变迁实践的适用性问题。② 田昊(2019)等聚焦国内出现的"懒政""乱作为"现实问题,提出了公共政策执行的"路径—激励—监督—能力"分析框

---

① 李文钊. 制度分析与发展框架:传统、演进与展望[J]. 甘肃行政学院学报,2016(6):4-18.
② 马得勇. 历史制度主义的渐进性制度变迁理论:兼论其在中国的适用性[J]. 经济社会体制比较,2018(5):158-170.

架,基于该框架对政策执行进行了制度分析。研究发现,当监察机制较弱时,不论地方官员能力大小和政策路径是否清晰,都可能会出现共谋、操纵等政策执行问题;而当监察机制较强时,对地方官员正向激励的强度是影响政策有效执行的关键。① 杨国栋(2020)基于制度结构和制度变迁理论,建构制度分析框架,追溯并分析中国改革开放以来行政改革的内在逻辑,将其归结为适应环境变迁和需求化的多元价值观念互竞、"政府—市场—社会"体制竞合、"组织—政策—工具"模式选择等三重调适与重组过程,由此提炼出中国行政改革的主要表现和基本取向。② 整体来看,制度分析在国内公共治理和公共政策领域的研究快速发展,特别是结合本土情境的治理绩效、治理效能研究不断涌现,展现出对现实政治行政系统运行及环境分析的深入思考。故此,制度理论的应用嵌入需要扎根本土体制及具体现实问题,结合不同社会系统环境搭建分析框架或模型,以获得更具说服力、可信度的研究产出。

总之,从国内外研究路径及发展状况来看,制度分析的视角、场域、方式存在较大差异,但普遍重视环境、文化、资源、利益相关者等要素对组织结构变迁与行为的影响作用,重视组织个体对制度压力的感知,包括有意识的策略行为。这些思想和成果对探讨中国本土情境下的行政行为与个体表现同样具有启示价值。

---

① 田昊,李娉.中国情境下公共政策执行主要问题的转变及其制度分析[J].中国行政管理,2019(5):77-83.
② 杨国栋,张锐昕.改革开放以来的行政改革:逻辑、表现和取向——基于制度分析视角[J].中国行政管理,2020(7):15-21.

2.2 政府绩效考核

政府绩效考核源于19世纪西方国家的文官制度,在这一制度下国家对文官实行按年度考核,并根据考核结果优劣实施奖励与职位升降,也是当代公共部门激励体制的核心内容。与中国政府绩效考核(目标责任考核)发展历程及特征不同,西方国家政府绩效考核的基本背景是新公共管理运动(New Public Management),该思潮旨在倡导改善公共部门运作方式,以企业私营部门为参照追求效益效率,降低运行成本,提高政府部门对公共事务的回应性与责任性,而绩效考核成为其中最具有影响力的技术工具和手段。[1] 一般认为,政府绩效考核体系既与政治行政制度相联系,展现工具性作用,也受组织部门文化、非正式规则的影响,发挥绩效考核整体效能是一个动态的过程,仅仅依靠设计复杂的考核体系并不足以解决组织成员有效激励的问题。一直以来,西方大量的研究聚焦于评估方的主观认知和动机对绩效考核过程与结果的影响,更倾向将绩效考核视为组织行为并与社会情境密切关联,不少学者由此建立分析模型展开情景研究。美国学者保罗·E.利维(Paul E.Levy)和珍·R.威廉姆斯(Jane R.Williams)对300余篇文献进行梳理后,总结了西方绩效考核发展的规律,并提出一个包括考核有效性、组织

---

[1] Jung CS & Lee G. Goals, strategic planning, and performance in government agencies[J]. Public Management Review, 2013, 15(6): 787-815.

文化、信任、反馈环境以及构念变量在内的综合分析框架（如图2-1所示）。该框架的理论贡献价值在于，将影响考核对象行为的因素具体划分为三类变量：社会环境末梢变量、组织过程变量、考核结构变量。这为后续政府绩效考核的深入研究提供了重要参考。

受交易成本经济学和委托—代理理论影响，西方学者关注政府绩效考核过程中的"道德风险"与扭曲行为，并进行了大量学理与实证分析。按照西方"理性经济人"假设，政府部门行使公共权力和绩效管理寻求自身利益最大化，在组织及个体自利倾向和委托—代理地位不对称影响作用下，公共部门提供绩效考核信息可能产生与实际绩效不一致的现象，而科层组织结构的复杂性使考核信息过滤或扭曲的可能性增大，其有效性容易受到损害，甚至发生弄虚作假行为。西方有研究者依据调查结果，将政府绩效考核中的异化或扭曲行为归纳为五类[①]，包括（1）设立宽泛的绩效目标，留有行动空间；（2）有意识地进行绩效目标调整；（3）异化绩效数据信息；（4）集中展示那些不可测量绩效因素的工作投入；（5）选择指标或目标影响考核结果或绩效测量。沿着以上路径，不少学者对政府绩效考核中的博弈与欺骗主题进行了大量研究，揭示了绩效测量及考核背后的"选择性逻辑"，譬如为了满足一定绩效考核目标要求，政府工作人员故意提交带有误导性的虚假信息。

---

① Fryer K, Antony J. and Ogden S. Performance management in the public sector[J]. International Journal of Public Sector Management, 2009, 22 (6): 478-498.

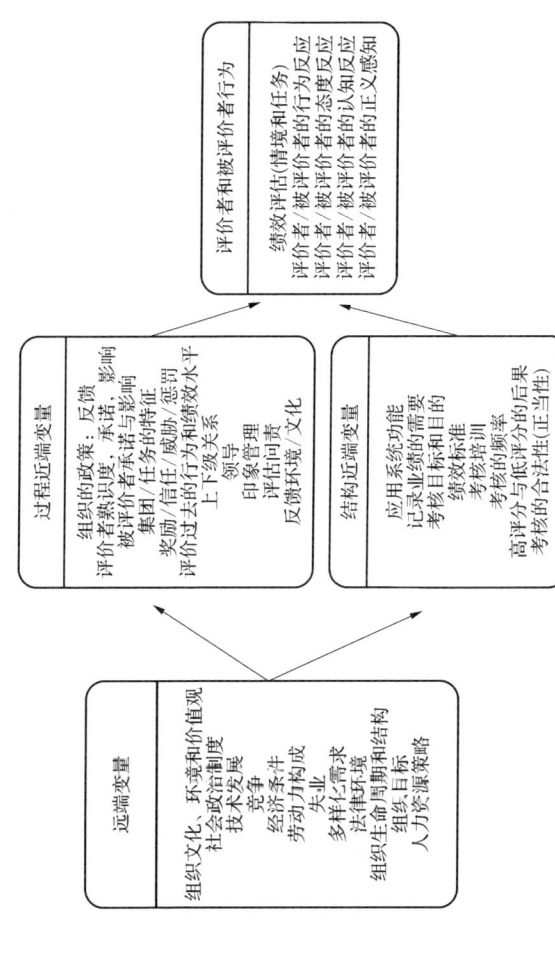

图 2-1 西方社会情境下的绩效考核分析框架

来源：Levy PE, Williams JR. The social context of performance appraisal: a review and framework for the future[J]. Journal of Management, 2004, 30(6): 884.

这一不良现象在国内绩效考核实践中亦有体现。

与西方政府绩效考核的社会背景和内容不同,中国现代意义上的政府绩效考核形成时间较晚,一般认为起始于 1985 年实施的地方政府目标责任制,并在此后发展为比较完整的具有中国特色的公务员考核制度体系。[①]实际上,由结构、制度和情境等因素决定的绩效激励对中国政府科层组织运转及其治理目标达成产生了深刻影响,而科层部门在追求治理效能过程中形成的独特体制机制也在很大程度上反向形塑绩效激励效应的发挥,因此一些国内学者倾向从绩效激励的视角诠释中国的改革发展之路以及行政系统的运转,如张军 & 周黎安(2008)[②]、陈小华 & 卢志朋(2019)[③]。考核是中国公共部门人力资源管理制度的重要组成部分,通过考核,上级政府把职能履行和特定的目标责任移交给下级政府,把治理目标与期望传递给相关部门与考核对象,以此作为政绩促使政府公务人员履职尽责。与西方国家相比,中国的绩效考核实践表现出更为复杂的运行样态,学界一直存在"强激励"和"弱激励"混合态的认知观点。譬如,有学者认为中国的行政体制表现为纵向上的"行政发包制"

---

① 事实上,中国政府绩效考核体系构成及运作方式较为复杂多元,且政治行政色彩极强,不存在西方意义上的政治—行政二分法,不能简单比照西方政府绩效考核体系来认知。广义上讲,除了政府内部自上而下以"目标责任制"和干部考评为核心的传统政绩考核之外,还包括自下而上的有组织的外部社会评价活动。本书研究仅指代前一类考核形式。

② 张军,周黎安.为增长而竞争:中国增长的政治经济学[M].上海:上海人民出版社,2008.

③ 陈小华,卢志朋.地方政府绩效评估模式比较研究:一个分析框架[J].经济社会体制比较,2019(2):106-116.

和横向上的"晋升锦标赛"(周黎安,2007)①以及"治理锦标赛"(金江峰,2019)②,这些制度安排具有显著的强激励特征,创造了突出的政府绩效与经济增长,亦被视为公共部门绩效考核的有力工具;同时,也有学者提出国内政府绩效考核存在"弱排名激励"(练宏,2016)③,这在中国政府绩效管理实践中长期发生作用,弱激励与治理效果之间并非必然存在矛盾和冲突(谢伟民、叶志鹏,2019)④。还有学者针对科层组织完成目标任务提出,中国政府的绩效激励是伴随任务属性或治理模式变化的多态并存(赖诗攀,2015)⑤,不同激励强度与任务情境的组合将产生非常复杂多样的政策执行结果(贺东航、孔繁斌,2019)⑥。因而,对于中国政府绩效激励强度及其效应分析应当结合本土的具体情境。

此外,中国政府绩效考核体系具有自身特殊性,央地政府之间与部门内部之间的隐性利益冲突可能通过绩效考核目标而放大,进而出现矛盾的结果,一个突出表现是

---

① 周黎安.中国地方官员的晋升锦标赛模式研究[J].经济研究,2007,42(7):36-50.
② 金江峰.服务下乡背景下的基层"治理锦标赛"及其后果[J].中国农村观察,2019(2):123-133.
③ 练宏.弱排名激励的社会学分析——以环保部门为例[J].中国社会科学,2016(1):82-99.
④ 谢伟民,叶志鹏.创新与跟随——为什么弱化援助方激励的对口援藏政策仍能得到有效实施?[J].公共管理评论,2019(2):65-87.
⑤ 赖诗攀.中国科层组织如何完成任务:一个研究述评[J].甘肃行政学院学报,2015(2):15-30.
⑥ 贺东航,孔繁斌.中国公共政策执行中的政治势能——基于近20年农村林改政策的分析[J].中国社会科学,2019(4):4-25.

地方官员为了应对多目标决策困境而主动采取"模糊化"策略[1],通过一系列行政干预与信息操控手段弥补可能存在的目标考核劣势或在考核竞争中谋求更有利结果,其中包括目标责任虚置、绩效内容造假等。故考察中国政府绩效考核及相应的主体行为需要深入特定的政治行政系统以及社会关系情境。

2.3 政策执行理论

政策执行是公共政策研究主题必不可少的组成部分,长期以来受到国内外学者的普遍关注,这源于执行状况决定了公共政策目标能否实现以及实现的程度。实践表明,许多公共政策的执行在从政策目标转化为现实的过程中会发生偏差或背离,从而导致政策执行失败。20世纪70年代,西方学者开始聚焦政策失败问题并从不同角度创制了政策执行(policy implementation)研究范式,提出了大量模型、框架、变量因素,掀起政策执行研究热潮。[2] 与此同时,自20世纪后期市场化改革以来,中国公共政策执行也面对更加复杂的环境,"条块结合"的治理

---

[1] Jing YJ, Cui YY and Li DY. The politics of performance measurement in China [J]. Policy & Society, 2015, 34(1): 49-61.

[2] 美国学者杰弗里·L.普里斯曼(Jeffrey L. Pressman)和艾伦·威尔达夫斯基(Aaron Wildavsky)于1973年合作出版了《执行:联邦政府的期望在奥克兰市的破灭》一书,揭示了广泛存在的政策失败现象,成为美国政策执行研究的开创性文献。该书认为,政策科学要成为行动科学而不仅仅是理论范式,就必须重视政策执行问题。参见:Pressman TL, Wildavsky A. Implementation: how great expectations in Washington are dashed in Oakland [M]. Berkley: University of California Press, 1973.

结构带来行政权力分割,组织部门之间的交易成本增加,在多重因素复杂影响下也出现了一系列政策执行失败的现象。围绕政策执行偏差以及如何实现有效政策执行,国内外研究者开展了大量深入的理论探索和经验研究。

2.3.1 西方政策执行研究

一直以来,有关政策执行研究的代际划分西方学者有着不同的观点,但总体来看国外政策执行的研究轨迹可归集为自上而下、自下而上、整合研究三种途径。自上而下的研究途径以上层政策制定者为出发点,关注政策执行官员和目标群体行为与既定政策的一致性程度,将政策制定阶段的问题及执行机构的不服从视为政策失败主因,认为中央政府控制力度很大程度上决定着政策执行成功的可能性,科层组织原则和管理方式是提升政策执行能力和有效性的关键因素。该研究途径缺乏对政策执行过程的动态认知,忽略了来自私营部门、基层官员和其他政策子系统的影响作用,因而其解释力受到学界的批评[1];自下而上的研究途径聚焦地方层面相互影响的大量行动者分析,研究侧重促进和阻碍地方政策执行的变量因素,认为凭借自由裁量权,基层官僚能够对政策执行过程及其结果发挥实质性影响,政策目标能否实现与基层官僚的权力、利益、意愿和执行能力直接相关,"政策形

---

[1] 小约瑟夫·斯图尔特,戴维·赫奇,詹姆斯·莱斯特. 公共政策导论(第三版)[M]. 韩红,译. 北京:中国人民大学出版社,2011:10.

成、制定、再决策的过程其实并不存在"①。自下而上认知学派中,迈克尔·利普斯基(Michael Lipsky)的基层官僚(street-level bureaucrats)理论和本尼·杰恩(Benny Hjern)的执行结构论最负盛名,强调了公共政策链条中的基层角色和多元行动者的复杂互动,由此产生了大量关联研究成果,但该路径过分突出基层官僚的自由裁量权,忽略中央政策制定者对执行过程的建构作用,也引起学界不少争议②;此后,政策执行研究者试图将自上而下与自下而上路径中的合理成分吸收进来,进而形成了一种整合研究途径或思维,通过建立综合模型来探讨复杂情境下多层次、多对象的政策执行问题,把决定政策执行模式的诸多因果关系具体化,该路径的代表性模型包括马尔科姆·戈金(Malcolm Coggin)的府际关系模型、理查德·马特兰德(Richard Matland)的"模糊—冲突"矩阵模型等。

此外,西方学界围绕政策执行主题并结合相关的理论基础形成了多种分析视角,以解释现实中的政策执行失败或偏差问题,影响较为深远的包括组织分析、制度分析与网络分析。

---

① Sabatier PA. Top-down and bottom-up approaches to implementation research: A critical analysis and suggested synthesis[J]. Journal of Public Policy,1986,6(1):21-48.
② 迈克·希尔,彼特·休普.执行公共政策——理论与实践中的治理[M].黄健荣,等译. 北京:商务印书馆,2011.

1. 组织分析视角

组织分析视角一直以来是西方学者探讨政策执行问题的重要切入点,为挖掘政策执行失败背后的结构化要素及联系提供了广阔空间。按照该分析视角,组织(包括公共部门、私人部门)及组织成员的认知和行为对政策执行的过程和结果具有潜在的影响,成为许多公共政策执行研究的有力分析工具。整体上,国外组织理论在政策执行研究中的应用主要体现在两个方面:其一是从政策执行主体或组织结构特征来审视对政策执行的影响;其二是从组织间关系的角度,包括不同层级的官僚机构之间、官僚机构内部以及官僚机构与私营部门之间关系的角度来洞察政策执行过程及结果。美国学者劳伦斯·奥托尔(Laurence J. O'Toole)探讨了政策执行和组织之间的内在联系,将政策执行问题视为组织问题,组织运转失灵可能直接导致政策执行失败。[1] 美国政策学家德沃拉·杨诺(Dvora Yanow)提出组织理论应用政策执行研究的四种类型,包括人际关系维度、结构维度、政治维度、系统维度,每种类型涵盖了特定概念和分析重点。理查德·埃尔默(Richard Elmore)提出四种政策执行的组织模型,即系统管理模型、官僚过程模型、组织发展模型、冲突和交易模型,每种模型能够一定程度上揭示政策执行偏差的缘由。安德鲁·敦泽尔(Andrew Dunsire)将官僚机构内部活动作为政策执行研究的出发点,从"政策执行

---

[1] O'Toole LJ. The theory-practice issue in policy implementation research[J]. Public Administration,2010,82(2):309-329.

主体—官僚机构—信息传递"过程来阐述政策执行失败的缘由,把政策执行视为一种投入产出过程,并剖析了这种转换如何导致政策产出和政策意图之间的"鸿沟"。[①] 上述代表性研究者的共同点是以组织理论为基础,解释组织是如何影响政策执行过程及其结果,普遍认为政策执行的组织结构、价值观念、利益冲突、政策目标清晰度、信息传递和个人需求等是政策执行绩效的主要影响因素,而政策制定意图与组织利益冲突程度在其间扮演了重要角色。

2. 制度分析视角

制度分析视角以著名政策学家埃莉诺·奥斯特罗姆(Elinor Ostrom)的学说为代表,她认为所有的公共政策都必须依赖制度行动,并会影响到现实政策执行。按照其观点,当政策产出依赖于多个行动者的共同努力或集体行动时,如何遏制行动者的机会主义行为、能否实现行动者行为的协调一致就成为政策执行成功与否的关键因素。这就需要相应的制度保障。公共政策执行是社会系统内集体选择等多层次相互影响的过程,破除制度内部的阻碍,实现多中心治理才能推动政策有效执行。[②] 为了深入分析制度规则如何影响行动者彼此互动模式的选择及其行动结果,奥斯特罗姆提出了著名的"制度分析与发

[①] 丁煌,定明捷. 国外政策执行理论前沿评述[J]. 公共行政评论,2010,3(1):119-148.

[②] Ostrom E, Gardner R. and Walker J. Rules, games and common-pool resources[M]. University of Michigan Press, Ann Arbor,U.S 1994.

展"(Institutional Analysis and Development,IAD)理论框架①,根据该框架,"行动舞台"是相互依赖的行动者间相互作用和协调的社会空间,"行动情境"和行动者构成社会空间的主要变量。在制度约束的行动舞台中,行动者行为一方面要受所处行动情境的影响,另一方面要受制度规则、共同体属性以及自然/物质条件的约束,共同影响行动者之间交往的模式及其结果。制度运行中客观存在的信息不对称会使政策执行者面临道德风险,导致执行者利用信息优势将政策资源服务自身利益,从而导致政策执行失败或与实际目标偏差。总之,制度分析途径强调从历时性和结构化的角度来研究政策问题,将政策执行看作一种动态的制度影响过程,其间政策内容可能会被政策执行者加以改变。

3. 网络分析视角

网络分析视角可视为组织分析视角的升级版,从更复杂动态、不同利益参与者之间的交互视角认知政策执行问题。当一项政策执行涉及更多组织及部门参与时,组织间存在不同程度的资源依赖和内部协调关系,组织间关系随着这种关系的差异性而显现出不同特点,而由相互依赖、矛盾冲突形成的组织间网络,以及不同组织部门在网络环境中的地位差异可能会影响执行行为。进言之,现实政策执行过程植入了许多横向与纵向的组织关

---

① Ostrom E. Institutional rational choice: an assessment of the institutional analysis and development framework[M]. In Theories of the Policy Process(2nd ed.), P.A. Sabatier (ed.). Cambridge, MA: Westview Press, 2007.

系,前者包括不同部门之间、同一部门的不同单位之间、政府与私营部门或社会部门之间的关系,后者涉及政府不同层级之间的关系,不同组织之间如何发生关系成为政策执行研究的重要内容。奥托尔将组织间关系划分为联合型(pooled)、序列型(sequential)和互惠型(reciprocal),认为这三种关系在资源依赖、组织间协调等方面具有不同特点,资源的多寡是政策执行成功与否的关键因素,对政策执行会产生不同影响。当政策执行对组织间协调要求不高时,政策执行实现预期目标的可能性越高,反之,政策执行失败的可能性就会增大[1]。作为第三代政策执行研究的倡导者,马尔科姆·L.戈金(Malcolm L. Goggin)等人提出了一个分析美国政府间政策执行情况的网络模型——"沟通模型"。[2] 该模型将州政府看作政策执行过程中的因变量,受到政策执行子系统的影响,执行决定和行为是一种综合产物,政策执行机构管理者的个人判断、选任官员个人偏好和压力均发生作用,政策执行是联邦政府和地方政府所提供的激励和约束的产物。此外,西方在该领域还出现了其他类似研究模型,包括M.麦克拉夫林(M.Mclaughlin)的政策执行互动模型、马丁·雷恩(Martin Rein)的执行循环模型等等。总之,政策执行的网络分析视角强调多方行动者之间的互动参

---

[1] O'Toole LJ. The theory-practice issue in policy implementation research[J]. Public Administration, 2010, 82(2):309-329.

[2] Lamb, Charles M. "Implementation theory and practice: toward a third generation"[C]. By Malcolm L. Goggin, Ann O. Bowman, James P. Lester, et al. *American Political Science Review*, Cambridge: Cambridge University Press, 1991, 85(1):267-268.

与,较好地揭示了政策执行过程的动态性和复杂性,表明政策执行是政府和非政府组织以及个体之间的交互过程,有助于更好了解网络互动如何影响政策执行,以及发生偏离政策目标的组织行动缘由。

2.3.2 中国政策执行研究

公共政策执行本质上是一种政治行为,中国政治体制和政策执行系统与西方国家有着很大差异,发生于单一制国家结构形式、"以党领政"、党和国家相互"嵌入"的独特政治结构和政治生态中。由于政治行政体制明显不同于西方国家,中国的公共政策执行过程及结果具有其特殊性,而受传统政治文化影响的各类非正式制度加剧了中国公共政策执行的复杂性。不少研究者从现象与问题出发,以"政策梗阻"和"政策变通"研究为代表,采取规范性或实证研究途径试图提出中国政策执行的理论模型及诠释框架。在过去的三十年里,中国政策执行问题不仅受到本土学者的关注,也得到一些西方学者的关注青睐,如李侃如(Kenneth Lieberthal)、兰普顿(David M. Lampton)、鲍大可(A. Doak Barnett)、夏竹筠(Susan L. Shirk)、奥森伯格(Oksenberg)等人针对中国的政策执行问题形成了不少引人注目的研究成果,虽然其成果在某些方面不失偏颇,或多或少受到意识形态的影响,但对认识理解中国公共政策执行起到一定启示作用。概言之,西方学界对中国政策执行的研究有四个概念框架值得关注,即碎片化权威体制、派系政治、基层自主性和战略群体,在这些框架下产生了不同的研究问题和解释逻辑。譬如,持有碎片化权威体制观点的学者认为,中国政治体制的内在张力导致政策与执行之间不可避免的矛盾,政策无法得到贯彻落实是中国政治的一个内生性现象①,碎片化权威体制导致政策执行偏差的因素涉及部门竞争、底层冲突、监控能力有限、共识达成困境等②。派系政治研究者认为,政策执行者通常会依据所在派系的利益选择执行方式而非来自政策目标,"关系"在中国政策执行过程中扮演着重要角色。③ 基层自由裁量权(street-level discretion)研究将中国政策执行投射到地方官员这一群体,从目标责任制、激励结构等约束性制度特征切入,探寻政策执行偏差或"选择性执行"④的隐性关联,然而这一思路在一定程度上夸大了基层官员对政策的影响力,无法解释中国政策执行的整个过程。战略群体研究以德国学者舒耕德(Gunter Schubert)和托马斯·海贝勒(Thomas Heberer)为代表,其建构理论旨在追问:地方干部的群体行为如何影响中国政策执行? 在特定的制度约束和文化模式下,地方干部群体之间如何互动并影响政策执行? 在他们看来,地方干部在中国特殊体制背景下容易形成集体共同意识或"战略群体",以克服派系斗争和特殊实体之间的"共谋"压力,政策能否得到有效执行,

---

① 周雪光. 中国国家治理的制度逻辑:一个组织学研究[M]. 北京:生活·读书·新知三联书店,2017:10-11.
② Kenneth Lieberthal, Michel Oksenberg. Policy making in China: leaders, structures, and processes[M]. Princeton: Princeton University Press, 1988: 3-22.
③ 陈玲. 制度、精英与共识:寻求中国政策过程的解释框架[M]. 北京:清华大学出版社,2011:31-32.
④ O'Brien KJ. & Li L. Selective policy implementation in rural China[J]. Comparative Politics, 1999,31(2):167-186.

更多取决于战略群体的执行能力,如果战略群体内部出现分裂,即使是连贯的政策也不可能得到执行①。需要指出的是,以上四个代表性概念分析框架各有侧重和诠释逻辑,赋予国内政策执行研究有价值的启示,适用于解释特定情形下的因果机制,但不具有普遍意义,无法独立解释中国政策执行的全部情形。

与此同时,自20世纪90年代中后期开始,中国本土学者兴起了政策执行研究的热潮,积极探索构建基于中国经验的基层理论及因果机制诠释,产生了一批研究成果,若从分析框架来看大致也可分为自上而下、自下而上和整合三种视角。自上而下视角关注政策执行中的府际博弈,强调中央政府对政策执行的作用力,如贺东航和孔繁斌构建的"高位推动—层级性治理—多属性治理"分析框架②,以回应公共政策在央地之间、部门之间贯彻落实不力的问题。薛立强将中国政策执行模式概括为"层级加压+重点主抓",认为政策有效执行的前提是"恰当性+高层决心"。③ 自下而上分析视角关注地方官员的政策执行行为,强调一定激励机制约束下的理性选择问题,如陈振明聚焦基层政府"政策变通"现象,认为"上有政策、下有对策"反映了央地利益矛盾、本位主义和监控不

---

① 托马斯·海贝勒."主动的"地方政治:作为战略群体的县乡干部[M].北京:中央编译出版社,2013:51-56.
② 贺东航,孔繁斌.公共政策执行的中国经验[J].中国社会科学,2011(5):61-79.
③ 薛立强,杨书文.论中国政策执行模式的特征——以"十一五"期间成功关停小火电为例[J].公共管理学报,2011,8(4):1-7.

力等隐性问题①。庄垂生将政策变通分为自定义型、调整型、选择型和歪曲型四种类型,提出政策需求与执行者的成本利益判断决定了哪一类变通更可能出现。② 整合的分析视角兼顾以上两种思维,更加关注特定情境下的政策执行问题。杨宏山从府际关系切入建立"路径—激励"分析框架,阐析了行政性执行、变通性执行、试验性执行和象征性执行四种模式,以及各模式之间的现实转换机制。③ 田昊、李娉提出了公共政策执行的"路径—激励—监督—能力"分析框架并进行案例分析,研究发现当监察机制较弱时,不论地方官员能力大小和政策路径是否清晰,都可能会出现共谋、操纵等政策执行问题。④ 冉冉从决策体制和治理体制的角度出发,分析国内环保政策执行偏差现象,认为决策模式、权力结构、激励机制、公众参与和全球化是偏差的关键原因。⑤ 以上这些研究对认识中国本土的政策执行问题以及关联机制提供了有价值的启示。

近年来,中国公共政策执行研究已经深入具体政策领域,如教育政策、产业政策、环境政策、应急政策等成为

---

① 陈振明. 政策科学:公共政策分析导论[M]. 北京:中国人民大学出版社,2003.
② 庄垂生. 政策变通的理论:概念、问题与分析框架[J]. 理论探讨,2000(6):78-81.
③ 杨宏山. 政策执行的路径—激励分析框架:以住房保障政策为例[J]. 政治学研究,2014(1):78-92.
④ 田昊,李娉. 中国情境下公共政策执行主要问题的转变及其制度分析[J].中国行政管理,2019(5):77-83.
⑤ 冉冉. 中国地方环境政治:政策与执行之间的距离[M].北京:中国编译出版社,2015.

国内学界研究的热点,研究方法及工具日趋多元化,不仅限于传统的制度分析、利益分析,更多田野调查、系统建模、深度个案研究也不断涌现出来。然而,与国外政策执行研究相比,国内研究整体上依然较为薄弱,这主要体现在:(1)基于中国经验的实证分析研究偏少,缺乏对某项政策执行过程的深入调查,缺乏对微观机制的深入挖掘,更多是借助某个概念或理论分析诠释政策执行中的问题,由小及大地深入机理分析与科学验证不足;(2)国内研究倾向更多偏于政策失败或政策执行偏差研究,实际上政策执行的成功经验或创新行动应得到更多关注,这也是政策执行研究的重要构面;(3)国内一些学者提出解释中国情境的政策执行分析框架[①],但多偏于特定政策的诠释与理论假设,具有指导性的政策过程分析依然不多。在该层面,也需要批判性借鉴吸收西方理论成果,譬如网络分析途径有助于分析中央政府、地方政府、基层执行者及政策关联方彼此的互动过程以及相互影响;制度分析途径有助于揭示制度安排如何影响网络行动者之间的行为选择策略;组织分析途径则可以通过聚焦网络行动者,

---

① 如陈玲提出的"制度—精英"双层决策理论、宁骚提出的"上下来去"决策模型等是针对转型期中国特色政策过程分析的典型代表。复旦大学李瑞昌提出"三角椎体"政策执行模型,田昊提出"路径—激励—监督-能力"分析框架,这些学者着力探索解释中国政策执行过程的认知框架或理论模型,一定程度上对后续研究产生启示。参见:陈玲.制度、精英与共识:寻求中国政策过程的解释框架[M].北京:清华大学出版社,2011;宁骚. 公共政策[M].北京:高等教育出版社,2000:289;李瑞昌. 中国公共政策实施中的"政策空转"现象研究[J]. 公共行政评论,2012,5(3):59-85;田昊,李娉. 中国情境下公共政策执行主要问题的转变及其制度分析[J].中国行政管理,2019(5):77-83.

分析组织结构、组织成员价值观和利益对行动者行为的作用机制;(4)国内政策执行研究运用类比和类型学的方法依然偏少,试图以某一分析框架套用于整个政策领域的问题分析,缺乏对政策特征、政策类别与执行特性的分类比较,影响国内政策执行研究的应用效度。

2.4 政策异化行为研究

2.4.1 异化的内涵及外延

"异化"一词的英文翻译多用"alienation"来指代,原本包含"疏远""离间"的意思,在自然科学如物理学、机械学、生物学、医学中都有其身影,一般泛指某种能量或力量经过一系列演化转变为一种对立、支配乃至压抑的新能量或力量,"科学技术异化"就是这一概念内涵的突出体现。在人文社会科学领域,异化有其特殊的定义和使用界域,黑格尔较早提出了"异化理论",将异化的概念上升到哲学高度来看待,异化概念等同于"对象化",强调"异化是主体与客体的分离与对立","向对立面转化"[①],或者事物本身的性质与原来预期认知发生了明显变化。此后,马克思、马尔库塞、哈贝马斯等人也就异化问题进行各自阐释,奠定了对异化研究的认知图景。在管理学领域,异化也是一个比较常见的专业名词,一般是指组织个体为了特定目的或谋取私利,有意识地歪曲、干预或放任管理的非理性过程,表现出粉饰绩效产出或创造虚假

---

① 黑格尔.精神现象学[M].先刚,译.北京:人民出版社,2015.

工作绩效的行为,有学者专门对相关信息操纵行为进行了测量研究(参见图2-2)。此外,异化与权力、强势、利益等概念密切关联,通常涉及自由裁量权的滥用(abuse of discretion)或控制支配[①],是组织个体、社会群体与制度规范之间复杂交互的动态过程。整体来看,"异化"的概念在不同场景下存在差异认知,但是核心蕴意强调特定事物或行为发生原有性质的变化,或与预期目标相冲突的某种状态。

21世纪以来,公共政策系统中的异化研究获得越来越多学者的青睐,研究者关注政策执行过程中的异化现象(policy alienation),形成了不少理论及经验研究成果,与私人部门异化行为相比,公共部门发生的异化行为对外表现更加隐蔽,其发生根源也更为深刻复杂,被认为是造成政策执行失败的重要原因之一。从本意出发,对政策异化可以做一个概念上的大致描述,即在特定环境下,政策运行过程及结果明显偏离或否定原来的预期目标,变为另外一种状态,甚至转化为对立面的一种现象。需强调的是,西方公共行政情境下对政策异化的界定有更进一步延伸,特指一种心理认知的行为状态,更多从微观基层执行者(如基层官僚)的行动视角发掘背后机制,即政策异化行为的发生不仅要探寻政策本身,也要探索一线执行者的心理认知状态。该领域的代表性学者(Tummers,2009)等人认为,政策异化是一个多维要素构

---

① Crowley M. Control and dignity in professional, manual and service-sector employment[J]. Organization Studies,2012,33(10):1383-1406.

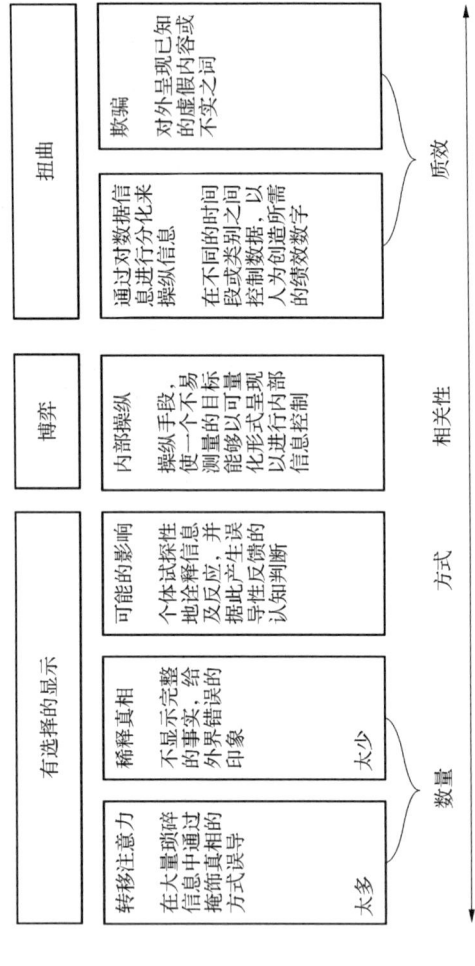

图 2-2 公共部门绩效信息测量及度量操纵

来源：Fisher C, Downes B. Performance measurement and metric manipulation in the public sector[J]. Business Ethics, 2008, 17(3): 247.

成和受执行者心理影响的动态过程,而非某个静态状态或结果,其关联的两个重要概念包括无能量(powerless)和无意义(meaningless),并通过基层执行者对政策自身的心理认知作用于政策执行行为,进而导致特定政策执行的偏差或失败[1]。在此界定基础上,塔默斯构建了一个分析框架,利用荷兰医疗系统的调查实验数据验证了背后的影响机制,发现主体感知到的自主性能力显著影响政策执行意愿,政策自身价值是执行激励的重要因素。[2] 沿着上述理论视角,莉安-玛丽·科特(Leanne-Marie Cotter,2014)[3]、那丁·N.恩金(Nadin N.Engen,2016)[4]、米凯拉·希科斯科娃(Michaela Hiekischova,2019)[5]、穆罕默德·乌斯曼(Muhammad Usman,2021)[6]等人也围绕相关国家公共行政情境开展了规范或经验研究,并

---

[1] Tummers L, Bekkers V, and Steijn B. Policy alienation of public professionals: Application in a new public management context[J]. Public Management Review,2009,11(5):685-706.

[2] Tummers L. Explaining the willingness of public professionals to implement new policies: a policy alienation framework[J]. International Review of Administrative Sciences,2011,77(3):555-581.

[3] Cotter LM. Policy alienation and the power of professionals: confronting new policies[J]. Public Administration, 2014,92(3):761-762.

[4] Van Engen N., Tummers L., Bekkers V., et al. Bringing history in policy accumulation and general policy alienation[J]. Public Management Review, 2016,18(7):1085-1106.

[5] Hiekischova M. Policy alienation among employees of the labor office of the Czech Republic[J]. Transylvanian Review of Administrative Sciences, 2019,15(57):5-20.

[6] Muhammad U., Moazzam A., Farooq M. et al. Policy alienation and street-level bureaucrats' psychological wellbeing: the mediating role of alienative commitment[J]. Journal of Public Administration Research and Theory, 2021,31(2):278-294.

得到政策执行异化的多元结论。

此外,制度理论赋予政策执行异化行为新的视角。按照新制度主义观点,异化是一定制度压力下行为主体主动性最强的一种回应策略,它可以改变相关利益方对期望内容的认知或直接施加反向影响。组织内部主体回应策略是制度理论研究的重要方向之一,体现组织主体"适应性"选择行为,有助于揭示社会情境下特定制度、政策、规则等实际发生效果,识别制度设计"意料之外的结果"。按照制度理论观点,一定制度(政策)情境下个人的行为遵循两类逻辑:一类是"注重结果的逻辑",即行为受到对结果的偏好和预期所驱使,是理性人的最突出表现;另一类是"适宜逻辑",即行为涉及完成某种环境之下的特定角色义务,体现实现目标的过程选择。进一步而言,制度分析逻辑对于探寻组织和个体应对一定制度压力下的异化行为选择提供了独特的理论视角,受到国内外学者们的普遍关注。中国公共政策执行具有自身的特殊性和复杂性,实践中出现的"初衷是龙、结果是虫""上有政策、下有对策"等异化现象一直以来引起学界和政府实务部门追问,对背后制度环境、组织结构层面的反思是重要突破口。相关经验研究显示,在"政绩锦标赛"体制背景下,当基层官僚出于迎合上级政绩需求和对"面子文化"的心理需要,同时回应自身承受的考核压力时,往往会铤而走险出现扭曲绩效信息过程以及结果的策略行为,这本质上是一种政策执行异化行为的表现形式或者反映共谋(co-option)特征。国内学者周雪光[1]和艾云[2]曾以中国基层政府联合应对上级政府检查为视角,对该类形式的异化行为进行了深入的论证分析,阐释说明基层部门采取一系列异化行为如何导致目标偏离政策初衷的现实结果。此外,依据制度理论,环境、文化、需求、利益相关者期望、组织因素等也构成了组织部门及单元个体对制度压力的感知,进而可能输出抵抗甚至破坏的应对行为,其中包括某些有意识的欺骗行为,以及出于小团体利益和政策漏洞难以被有效监督控制的其他扭曲行为。

2.4.2 考核情境下的异化行为

公共部门绩效考核是一个复杂的社会过程,涉及众多利益相关者并在现实中充当"平衡术"角色,具有典型的政治化特征和行为驱动导向。克林顿·O.朗格内克(Clinton O.Longenecker)将"politics"一词用于绩效考核研究,认为当绩效考核内容本身存在矛盾冲突时,考核对象可能回避考核目标本意而有意识地采取蒙蔽措施,包括变动扭曲考核指标以保护自身利益或实现特定预期目的。[3] 阿哈龙·津纳(Aharon Tziner)等人针对绩效测评研究发现,考核主体对于考核过程的干预和异化行为现象较为普遍,其干扰目的主要包括维持团队和组织和谐、

---

[1] 周雪光.基层政府间的"共谋现象"——一个政府行为的制度逻辑[J].开放时代,2009(12):40-55.

[2] 艾云.上下级政府间"考核检查"与"应对"过程的组织学分析:以A县"计划生育"年终考核为例[J].社会,2011,31(3):68-87.

[3] Longenecker CO., & Nykodym N. Public sector performance appraisal effectiveness: a case study[J]. Public Personnel Management, 1996,25(2):151-164.

避免冲突矛盾、庇护个体等,结果往往导致考核评价的主观偏离。[①] 公共部门绩效考核也存在诱致性问题,即当绩效测量和地位、荣誉、晋升或物质利益关联时,绩效指标体系不可避免地成为奖惩体系的一种工具性管控手段,考核对象可能以投机方式在现有体系下扩大成绩显示并缩小自身不足,以在系统中"挽回面子"。譬如,组织个体会用某些行为手段编造绩效测量数据,或者只选择对小团体及自身有利的内容进行应付充数,即所谓"撇奶油"现象(skim-the-cream)。[②]

绩效考核环境下考核对象职能履行异化行为的研究,相当长时间里获得管理学、政治学、经济学、组织行为学等领域的学者们关注并持续升温。大量研究发现,无论私营部门还是公共部门,组织内异化行为的发生与绩效考核体系之间存在密切关联,是探寻信息扭曲、决策失真等现象的重要切口。美国学者李·T.佩里(Lee T. Perry)和杰伊·B.巴尼(Jay B. Barney)从组织视角研究了"绩效谎言"的产生机制,认为"对联盟效忠"的特殊情境因素激发了组织内部的异化行为产生,导致回避矛盾和破坏组织发展的不良后果。[③] 亚历山大·克罗尔(Alexander Kroll)等人以公共部门数据操纵作为研究主

[①] Tziner A, Murphy KR, Cleveland JN. Contextual and rater factors affecting rating behavior[J]. Group and Organization Management, 2005, 30(1): 89-98.

[②] Mizrahi S., Minchuk Y. Performance management, gaming and regulative monitoring: a theoretical model and applications[J]. Public Management Review, 2023, 25(6): 1152-1168.

[③] Perry LT. & Barney JB. Performance lies are hazardous to organizational health[J]. Organizational Dynamics, 1981, 9(3): 68-80.

题建构模型并进行实验分析,检验公务人员绩效欺骗现象的关联因素,包括亲社会影响、工作压力、繁文缛节等①。作为常见的绩效考核机制之一,绩效"锦标赛机制"获得国内外学者的青睐,他们认为他隐含的内外竞争关系会刺激考核对象职能履行异化行为的发生,进而造成对组织系统及制度实施破坏性。一些学者对该问题进行了深入研究②,揭示了考核中锦标赛机制如何影响组织活动中行为及绩效产出结果。这些研究表明,作为一种控制机制,绩效考核激励对考核对象认知和个体行为具有深刻影响。

近年来,国内外越来越多的研究尝试整合绩效考核角度阐析组织内异化行为的发生机制,概括起来主要体现在两个层面。一是从宏观层面探讨异化行为的影响因素。例如,亚历山大·卡尔金(Alexander Kalgin,2016)以俄罗斯地方政府为研究对象,探索不同特征类别的公务员在绩效信息报告中的异化行为表现,揭示了个体层次的行为驱动机制。③ 二是通过实证分析从微观层面检验相关因子对异化行为的影响。如杨开峰(2008)针对公共部门管理者进行问卷调查,发现被考核者由于畏惧绩

---

① Kroll A. & Vogel D. Why public employees manipulate performance data: prosocial impact, job stress, and red tape[J]. International Public Management Journal, 2021,24(2):164-182.

② Zhang LY, Zhang HH and Jiang HY. Tournament incentives, internal promotion and corporate social responsibility: evidence from China[J]. European Journal of Finance, 2021,28 (5):416-436.

③ Kalgin, & Alexander. Implementation of performance management in regional government in Russia evidence of data manipulation[J]. Public Management Review, 2016,18 (1):110-138.

效考核的权威性和可能带来的不利影响,会选择对外报告虚假绩效信息行为,面向对象包括上级官员、媒体、公民甚至组织内部雇员。[①] 克里斯蒂安·施耐德(Christiane Schwieren,2010)通过实验研究方法发现,绩效较差的一方更容易在竞争压力下实施欺骗行为,操纵绩效信息与产出结果,而"面子"和物质利益的双重需求进一步诱使考核对象实施该类行为。[②] 以上异化行为的研究焦点主要是绩效信息扭曲,使利益相关者难以获得客观真实的信息。

此外,以中国本土绩效考核为背景的异化行为研究也获得学者们的关注,尤其针对基层政府(如乡镇)和具体政策领域(如扶贫计划、环境保护)的研究出现一批极具启示价值的成果。相关研究形成的一个基本观点是,国内目标责任考核制度设计的漏洞可能导致基层政府及考核对象采取欺骗、扭曲性的应对方式,进而降低政策执行效果乃至造成政策失败。例如,蔡永顺(2000)研究中国乡镇政府统计报告及农民负担问题,认为基层官员统计数据操纵行为的发生根植于特定行政体制的制度安排与机构影响,上级政府组织实施目标责任考核,对于绩效的考察更多指向指标数字和文案材料,不科学的考核工

[①] Yang K. Examining perceived honest performance reporting by public organizations: bureaucratic politics and organizational practice [J]. Journal of Public Administration Research and Theory, 2009, 19(1): 81 - 105.

[②] Schwieren C, Weichselbaumer D. Does competition enhance performance or cheating? A laboratory experiment [J]. Journal of Economic Psychology, 2010, 31(3): 241 - 253.

具驱动了基层考核对象采取数字拼凑等虚假形式,也是农民减负政策失败的重要根源①;高杰(2009)②和秦晓蕾(2017)③以中国乡镇政府为考察对象进行研究,发现基层政府承担的绩效考核指标繁杂众多,内容重复交叉,政治锦标赛式的绩效激励深刻影响乡镇政府,功利性的目标导向为政策变通、共谋行为提供了空间,导致乡镇政府绩效考核制度的价值偏离分配正义;冉冉(2013)根据田野调查和文献分析,提出环保考核指标设置是中央政府激励地方官员进行环境治理的一种政治激励模式,带有明显的"压力型体制"特征,但实践中环境治理绩效与官员仕途升迁并没有实质性联系,这种激励模式在考核指标设计、测量、监督等方面存在制度性缺陷,导致地方官员将操纵统计数据作为地方环境治理的一种"捷径",是地方环境治理政策失败的根源之一。④ 以上研究成果为考察中国公共部门绩效考核情境下的异化行为带来启示。

综上,尽管国内外针对绩效考核背景下的异化行为及其政策失败的研究视角呈现多元化态势,但多沿着"制度—组织—结构"的层次进行探索,也形成了一定共识观

---

① Cai Y. Between state and peasant: local cadres and statistical reporting in rural China [J]. The China Quarterly, 2000, 163: 783 - 805.

② Gao J. Governing by goals and numbers: a case study in the use of performance measurement to build state capacity in China [J]. Public Administration and Development, 2009, 29(1): 21 - 31.

③ 秦晓蕾. 我国乡镇政府绩效考核控制、博弈中的异化及改革路径[J]. 江苏社会科学, 2017(3): 125 - 133.

④ 冉冉."压力型体制"下的政治激励与地方环境治理[J]. 经济社会体制比较, 2013, 29(3): 111 - 118.

点及分析框架。现实表现既包括政府绩效形成过程中的异化行为活动,也涉及绩效干预和统计干扰,一定情形下导致特定政策执行的偏差或失败,这为本书的政策异化研究提供了理论建构基础。

2.4.3 异化行为影响因素

半个多世纪以来,政策研究中的异化行为引起学界关注,学者们立足不同视角探讨背后的影响因素及作用机制,并构建相应分析框架进行学理分析或实证检验。总体来看,关于异化行为关联的影响因素大致围绕"个体—组织—社会"三个层面展开。在个体层面,有学者认为行政系统中公务人员往往面临一定角色冲突,多目标决策情境及多元利益诉求很大程度会影响个体的行为选择,使其不断处于"目标权衡"和"利益博弈"的冲突之中,主要来自考核规则、责任结构、资源保障、政策不适性等现实情境,这些隐性的冲突可能会迫使个体有意识地施加偏离原有政策目标的异化行为,进而导致制度失灵或政策失败。美国学者史蒂芬·L.格洛弗(Steven L. Grover)从组织理论中的角色冲突认知入手,提出当组织个体处于两种或多种难以协调的处境时,容易发生欺骗、操纵等异化行为。[1] 对此,约阿夫·瓦尔迪(Yoav Vardi)依托理性行为理论[2],莱维特·基斯(Leavitt Keith)建构

---

[1] Grover SL. Why professionals lie: the impact of professional role conflict on reporting accuracy [J]. Organizational Behavior and Human Decision Processes, 1993, 55(2): 251-272.

[2] Vardi Y and Weitz E. Using the theory of reasoned action to predict organizational misbehavior[J]. Psychological Reports, 2002, 91(3): 1027-1040.

"认同模型"①,从个体价值观、态度偏好方面深化了上述观点。个体层面的探讨有利于捕捉一定环境下异化行为发生的微观机理,这在政策异化主题研究中同样有更多论述;在组织层面,一些管理控制工具(如激励、奖惩、纪律、监管等)被认为构成间接影响,譬如在竞争压力环境下可能发生的组织及个体扭曲性回应,现代企业管理及公共部门绩效考核领域多有研究;在社会层面,学者们关注组织系统外部哪些社会因素可能导致个体异化行为的产生,并探讨其中的影响机理,梅雷迪斯·J.弗格森(Merideth J.Ferguson)构建了一个"社会传染模型",分析验证包括社会公平感知、文化环境等因子的关联,提出要高度关注组织不当行为背后的社会因素②。以上研究丰富了对异化行为的多维动态认知。

表2-2是公共行政/组织领域的部分经典研究成果。从表中可以看出,学者们对于组织内部异化行为的研究进行了长期广泛探索,其成因具有复杂性,认知角度与相关概念内涵也十分多样,较为普遍的研究是构建理论分析框架并结合特定领域进行实证检验。这些成果为本书的探索性研究提供了借鉴启示。

---

① Leavitt K. and Sluss DM. Lying for who we are: an identity-based model of workplace dishonesty[J]. The Academy of Management Review, 2015,40(4):587-610.

② Merideth J. Ferguson. From bad to worse: a social contagion model of organizational misbehavior[D]. Vanderbilt University, Nashville, Tennessee,2007.

表 2-2 公共行政/组织情境下异化行为影响因素

作 者	期刊文献来源	主要影响因素
Rizzo, House, et al.	Administrative Science Quarterly	角色冲突、模糊性
Verlinden, et al.	Review of Public Personnel Administration	角色清晰度、工作复杂性
Stazyk, et al.	Administrative Sciences	工作满意度、多样性、目标清晰度
Raelin JA.	Journal of Organizational Behavior	竞争压力、组织文化、凝聚力
De Schrijver. et al	American Review of Public Administration	公平感知、社会价值观
Vardi, Y et al.	Organization Science	组织目标、工具理性、满意度、凝聚力
Elangovan et al.	Academy of Management Review	利益评估、惩罚可能性、危机感
Campbell	Public Performance and Management Review	角色模糊性、规则(结果)感知
Gans-Morse, et al.	Journal of Public Administration Research and Theory	公共服务动机、个人价值观、组织文化、学习效应
Davis R. S & Stazyk, E.C	Journal of Public Administration Research and Theory	政治支持、目标复杂性、角色地位、绩效期望
Kim SE. et al.	Review of Public Personnel Administration	绩效评估、公平感知、控制机制
Olsen, et al.	Journal of Public Administration Research and Theory	群体博弈、文化价值观
Charness G. et al.	Management Science	竞争压力、角色冲突

注：参考以下文献 Rizzo JR, House RJ, Lirtzman SI. Role conflict and ambiguity in complex organizations[J]. Administrative Science Quarterly, 1970,15(2); Verlinden S, Wynen J, et al. Blurred lines: exploring the impact of change complexity on role clarity in the public sector [J].Review of Public Personnel Administration,2022 (On line); Stazyk EC., Davis RS. & Liang J. Probing the links between workforce diversity, goal clarity, and employee job satisfaction in public sector organizations[J]. Administrative Sciences, 2021, 11(3); Raelin JA. Three scales of professional deviance within organizations[J]. Journal of Organizational Behavior, 1994, 15(6): 483 - 501; Schrijver AD., Delbeke K., Maesschalck J. et al. Fairness perceptions and organizational misbehavior: an empirical study [J]. American Review of Public Administration, 2010, 40 (6):691 - 703; Vardi Y, Wiener Y. Misbehavior in organizations: A motivational framework[J]. Organization Science, 1996,7(2): 151 - 165; Elangovan AR, Shapiro DL. Betrayal of Trust in Organizations[J]. Academy of Management Review, 1998, 23(3): 547 - 566; Campbell JW. A collaboration-based model of work motivation and role ambiguity in public organizations [J]. Public Performance and Management Review,2016, 39(3):655 - 675;Gans-Morse J. Kalgin A, Yakovlev A. et al. Public service motivation as a predictor of corruption, dishonesty, and altruism[J]. Journal of Public Administration Research and Theory, 2022,32(2):287 - 309; Randall S., Edmund, C., & Stazyk. Developing and testing a new goal taxonomy: accounting for the complexity of ambiguity and political support [J]. Journal of Public Administration Research and Theory,2014, 25(3):751 - 775; Kim SE, Rubianty D. Perceived fairness of performance appraisals in the federal government: does it matter? [J]. Review of Public Personnel Administration, 2011,31(4): 329 - 348; Charness G, Masclet D, Villeval MC. The dark side of competition for status[J]. Management Science, 2013, 60(1): 38 - 55; Olsen A. L, Frederik H., Nikolaj H. et al. Behavioral dishonesty in the public sector [J]. Journal of Public Administration Research and Theory, 2018, 29(4): 572 - 590.

过去几十年里,绩效考核背景下异化行为的相关研究获得国内外学者的关注,更加重视公共管理运行中的情境因素对组织行动、成员个体决策的影响①,包括组织绩效目标和多角色的主观认知、个体特征及内在的绩效激励,被认为是触发异化行为的重要因素。其中,以中国公共部门绩效考核为背景的系列研究逐步增多,尤其针对基层政府(如乡镇政府)和具体工作领域(如扶贫、环境保护)的研究出现了一批高价值的成果。本土学者的一个观点是,中国公共部门绩效考核(目标责任考核)制度设计的自身漏洞可能导致科层系统中异化行为的发生。政治锦标赛体制背景下的多目标责任考核是中国政府建立的一种独具特色的绩效管理工具,考核制度运行过程本身蕴含着丰富的机制因素,既具有强大的激励作用,也隐藏着可能诱发体制内政策异化行为的空间。事实上,目前国内学界关于政府公共部门异化行为主题的研究主要基于"压力型体制"的制度情境,探讨考核对象行为如何干扰政策执行过程,进而诱发一系列不良后果。何香柏(2019)以新环保法的实施为背景,分析了目标责任模糊性、规则刚性、央地关系等层面存在的痼疾,认为它们使地方政府环境政策执行遭遇新的矛盾困境。② 陈硕(2021)等人以中国县域为考察对象,利用卫星夜光数据

---

① O'Toole LJ, Meier KJ. Public management, context and performance: in quest of a more general theory [J]. Journal of Public Administration Research and Theory, 2014, 25(1): 237 - 256.

② He XB. Chinese Local governments to be held responsible for their local environment: new law, old problems [J]. China: An International Journal, 2019, 17 (3): 28 - 51.

和双重差分法,探讨官员晋升激励与地方 GDP 统计值可能出现操纵行为之间的关系,从理论和具体实证角度论证了基于绩效的晋升制度(merit-based promotion system)使 GDP 被操纵,并导致严重信息扭曲问题。[①] 何毅(2022)提出了"共谋俘获"的概念,针对乡镇政府项目调整的政策执行变通展开研究,从目标考核体制、项目实施环境与基层共谋三个方面,考察了村庄间项目调整中的政府行为逻辑与策略。结果发现,在"双线考评"制度条件下,目标考核体制无法兼容贫困村项目实施环境,使政策执行陷入困境,并诱发乡镇政府通过采取共谋的非正式方式,借助精英间的"权力—利益网络"实现政策目标。[②] 以上研究对于绩效考核体系下组织内部发生异化行为的探讨不仅限于学理分析,也包括一些实证数据的验证支持,增进了中国政治行政体制下的政策执行认知,为本书研究提供了重要思路线索。

2.4.4 异化行为测量

前文述及,制度分析框架下的异化行为受到国内外学者多种视角的持续关注,而实证分析是微观机理研究的重要路径,其中涉及的关键点是如何界定和测量相关理论构念(construct)。21 世纪以来,经济学、心理学、管理学领域在该层面的研究较为集中,产生了诸多成果,也呈现出多样化的研究工具。总体来看,目前从绩效考核

[①] Chen S., Qiao X., and Zhu ZT. Chasing or cheating? Theory and evidence on China's GDP manipulation [J]. Journal of Economic Behavior and Organization, 2021, 189: 657 - 671.

[②] 何毅."共谋俘获":项目调整中的基层政府行为研究[J]. 中国农业大学学报:社会科学版, 2022, 39(2):103 - 116.

的情境视角引入对考核对象异化行为测量的研究最为广泛,具体应用方法包括实验法、问卷调查法、情景模拟法和文本法。

1. 实验法

实验研究(experimental research)在现代西方社会科学研究中占据重要地位,而面向公共管理领域的实验方法应用对于挖掘公共部门运行机制及构成要素作用机理发挥了独特作用,一般包括实验室实验、调查实验、实地实验、自然实验和准实验[1]。近年来,通过实验方法对特定环境条件下异化行为建模研究是管理心理学比较常见的一种应用路径,即首先建立异化行为的判识标准(组织或个体施加何种行为/行动可以界定为异化)及测量构念,而后借助一定外力或调节方式进行刺激操作,观察实验前后效应,以探测变量之间可能的因果关系。例如,西班牙心理学家戴维·帕斯柯尔-艾扎马(David Pascual-Ezama,2013)利用540名组织成员建立了三组不同的反应实验,研究在不同监管状态下包括物资与社会激励因素对于被试个体发生异化行为的影响,发现监管与激励要素之间存在多样作用[2]。意大利学者尼古拉·贝莱(Nicola Belle,2019)采取实验室和实地实验的混合方式,考察公共行政情境下工作绩效可见度、外部监管等因

---

[1] Blom-Hansen J., Morton R., Serrilzlew S. Experiments in public management research [J]. International Public Management Journal, 2015, 18(2):151-170.

[2] Pascual-Ezama D, Prelec D, Dunfield D. Motivation, money, prestige and cheats[J]. Journal of Economic Behavior and Organization, 2013, 93: 367-373.

素与异化行为之间的影响机制,发现不同实验条件下存在行为差异[①];亚历山大·克罗尔(Alexander Kroll,2021)等研究公共部门的数据操纵行为,建构模型并进行列表实验分析,检验了公务人员绩效欺骗现象的关联因素,包括亲社会影响、工作压力、繁文缛节等[②],验证了绩效博弈理论背景下的因果行为链条。该领域实验研究中,各个参与测试角色承担任务和激励因素给予了恰当操作化处理,其研究结论有利于增强对公共部门内部行为的还原。

然而需要指出的是,虽然实验研究有助于发掘一定组织环境下"刺激—反应"机理背后的异化行为因果关系,探索心理、组织、制度变量与异化行为之间的隐性关联,但其突出的局限在于整体设计和实验过程实现耗时耗力,对被测试对象特征需求以及信息收集工具的要求很高(如需配备高级计算机辅助系统),并且受一定假设条件的约束只能考察特定类型的异化行为。

2. 问卷调查法

行为科学研究在当代社会科学领域得到快速发展,出现了较多利用调查问卷法对组织(包括公共组织、私营组织)/个体的异化行为机制进行量化实证分析的成果。

---

① Belle N., Cantarelli P. Do ethical leadership, visibility, external regulation, and prosocial impact affect unethical behavior? evidence from a laboratory and a field experiment [J]. Review of Public Personnel Administration, 2019, 39(3):349-371.

② Kroll A. and Vogel D. Why public employees manipulate performance data: prosocial impact, job stress, and red tape [J]. International Public Management Journal, 2021, 24(2): 164-182.

对此,问卷选项量表需要经过科学的规范设计和目标群体测试,保障研究的可信度与高效度,以更好"逼近"现实状况。例如,美国学者拉斯·特默尔斯(Lars Tummers,2012)设计了一项包含23个项目的量表,面向公共医疗部门478名人员进行问卷调查,对政策异化的测量项及绩效表现展开实证研究。[1] 恩津(Engen,2017)等人针对政策异化问题,依托三组独立的数据集提出了问卷题项测量的十步法程序。[2] 科林·费雪(Colin Fisher)和伯纳黛特·唐斯(Bernadette Downes)引入基于问卷的德尔菲调查,对公共部门绩效测量与绩效信息操纵问题展开探索性研究,验证了"情境—机制—效果"之间的关联机制并提出治理建议[3];荷兰学者安·德·斯赫雷弗(An De Schrijver)等人以芬兰19个政府组织人员为研究对象,依托问卷调查面向3 386个有效样本对个体公平感知与异化行为的关系进行实证研究,结果发现个体对组织系统内公平认知状况将显著影响异化行为的发生。[4]

相比较实验方法,采用问卷调查法对组织内异化行

---

[1] Tummers L. Policy alienation of public professionals: the construct and its measurement[J]. Public Administration Review, 2012, 72(4): 516-525.

[2] Engen V. and Nadine AM. A short measure of general policy alienation: scale development using a 10-step procedure [J]. Public Administration, 2017, 95(2): 512-526.

[3] Fisher C., Downes B. Performance measurement and metric manipulation in the public sector [J]. Business Ethics: A European Review, 2008, 17 (3): 245-258.

[4] De Schrijver A, Delbeke K, Maesschalck J, et al. Fairness perceptions and organizational misbehavior: an empirical study [J]. The American Review of Public Administration, 2020, 40(6): 691-703.

为进行量化研究,有助于较为全面地展现各种可能的异化行为表现特征和心理选择取向,把握特定情境下的异化行为因果关系,分析多种同时发生的选择行为,为探索有关构念关系提供数据支撑,尤其从心理视角认知特定环境下异化行为表现和特征更为适用。

3. 情景模拟法

情景模拟法(scenario-based simulation)具有实验方法的某些特征,它一般预先对特定研究情景进行设定或安排,而后将被试者置于相应情境中,观察个体在不同条件下的行为表现,通过记录或询问个体行动选择认可度来收集有关数据。例如,本杰明·埃德尔曼(Benjamin Edelman)(2014)以科层组织内成员为考察对象,研究了负向业绩比较对于不同级别成员行为的影响,采用两组情境模拟实验方法,由被试者在给定的情境下对绩效欺骗行为选择进行判别,将其结果进行并列比较,发现享有长期雇佣地位与成功记录的成员因负向业绩比较的压力反而更容易发生绩效报告过程中的欺骗行为。[1] 斯科特·维尔特穆斯(Scott Wiltermuth)采集262个个体样本,根据参与实验者与工作绩效的"控制性扭曲"关系设置了4种情境实验进行观察验证,通过不同情境表现揭示个体认知环境对绩效欺骗行为的发生机制。[2]

---

[1] Edelman B., Larkin I. Social comparisons and deception across workplace hierarchies: field and experimental evidence[J]. Organization Science, 2014, 26(1): 78-98.

[2] Wiltermuth SS. Cheating more when the spoils are split[J]. Organizational Behavior and Human Decision Processes, 2011, 115(2): 157-168.

情景模拟法的使用着重依托特定的情境设计,形成对被试者的微观刺激并观察相应的影响作用效果,集中反映研究者关注的信息内容,控制外部其他因素干扰,有助于提高研究针对性和相关度,通常也会借助计算机系统作为辅助的研究支撑手段。美国学者詹姆斯·韦伯(James Weber)认为,情景模拟法具有考察组织内个体决策行为和判断过程的优点,为还原组织及个体异化行为场景提供测量信息。[1]

4. 文本法

应用文本分析(text-based analysis)对于组织内异化行为的测量研究尚不广泛,主要立足于可以收集到、能够表征大量行为的信息,目前集中在绩效统计报告、运营日记、纪实文件、司法陈述等专业性研究素材或内容。相较以上三种研究方法,文本法不易获得有关异化行为的动态信息,实际操作要求掌握特定的文字编码技术,同时材料可能经过人为加工,且应用编码分析工具时无法排除主观判断及重要信息稀释,以致对研究结果形成干扰。故此,文本法在行为科学领域的应用研究相对较少。

本章小结

本章对国内外组织系统中异化行为的研究成果及其相关基础理论进行了梳理,并对异化行为测量的研究方

---

[1] Weber J. Scenarios in business ethics research: review, critical assessment, and recommendations[J]. Business Ethics Quarterly, 1992, 2(2): 137-160.

法进行了说明。

制度理论从制度规则、决策目标和"经济人"假设出发,寻找组织成员行为特征,为本书研究提供了理论预设和关键的价值理念,为洞悉社会领域的制度现象和行为取向提供了理论分析工具,有助于揭示一定环境约束下个体、群体和不同组织的行为选择和互动结果,有助于界定中国本土情境下"稳评"制度运行中发生的一系列违背制度目标的扭曲行为,包括对"稳评"消极抵抗的有意识性异化行为。政府绩效考核理论着重揭示考核体制背后隐藏的"选择性逻辑",结合本书主题具体表现为"稳评"工作绩效形成过程中的异化行为,也涉及干预影响"稳评"报告输出以满足特定的利益需求,基层部门"稳评"实施中异化行为本质上是在一定目标考核情境下,考核对象施加的"策略性回应"。政策执行理论旨在帮助说明一项政策目标转化为政策现实的过程发生偏差或背离的成因,为异化行为生成演化的影响机制分析提供操作变量。

第3章
实证研究模型构建

3.1 绩效情境下的"稳评"执行异化界定

追本溯源,中国"稳评"制度的建立初衷是促使政府决策者主动把控重大事项(重大工程建设项目、重大公共政策、重大改革、重大公共活动)对地区可能带来的风险,降低改革发展过程中的社会成本。现实具体实施中,尽管"稳评"制度规定的对象覆盖多个领域,但从可操作性和规制监管程度来看,面向工程建设项目的"稳评"一直以来是各地区实质性推进的最主要目标(包括行政系统内自行实施与委托第三方),故本书首先界定是面向工程建设项目这一特定对象进行探索性研究。依照我国发改委、建设部等部门政策要求,各类工程建设项目(以《政府投资项目核准目录》为依据)要根据相应管理权限进行"稳评",并由此形成评估报告,作为投资项目审批(核准、

第3章 实证研究模型构建

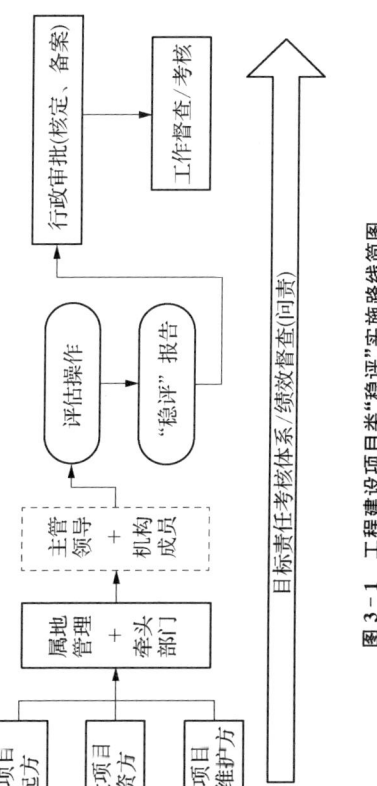

图3-1 工程建设项目类"稳评"实施路线简图

备案)的基础①,即构成前置性约束政策工具。同时,为推动制度有效实施,"稳评"工作普遍被纳入地方政府专项工作考核或领导干部目标责任体系,确立了绩效牵引导向,意图通过问责性激励等方式强化"稳评"落地实施,不少地区将执行部门人员的奖惩认定、风险应对状况等与体制内职业发展(如晋升)相挂钩,旨在通过设置责任合同方式层层传递压力。这是现实各地"稳评"运行的基本制度情境,也为本书确立以绩效管理为背景的观测视角提供了分析思路。

3.1.1 制度—行动分析路径

长期以来,国内"稳评"的系列研究主要沿袭了制度分析与行动分析两种路径,不仅丰富了理论层面的学理认知,有助于厘清相关行动主体的行为发生逻辑,也便于从特定约束机制(如绩效管理)透析地方"稳评"执行中的异化现象。制度分析路径主要围绕"稳评"运行的体制、机制及执行环境等维度展开,涉及党政体制的嵌入、组织体系、政府条块关系等②③,并与信访、应急管理、干部问责

---

① 按照我国政府投资项目管理制度,项目审批、核准和备案管理的权限划分,与各级主管部门的事权、项目类型直接相关。项目审批和核准的管理权限,依照投资资金来源、重大项目及限制类项目的性质进行划分,即中央政府投资项目以及特定项目由国家发展改革委负责管理,地方政府投资项目及特定项目由各级地方政府负责管理。备案类项目(主要针对企业投资项目)实行属地管理。依照国家发展改革委[2012]2492号文件(重大固定资产投资项目社会稳定风险评估暂行办法)要求,投资项目应进行前置性"稳评"并形成相应报告。
② 任勇.社会稳定风险评估中条块互动以及制约要素研究:基于L案例的考察[J].政治学研究,2017(6):57-68.
③ 林鸿潮.社会稳定风险评估性质考辨[J].中国行政管理,2019(1):135-139.

等关联制度相融合,侧重宏观制度结构的考察视角;行动分析路径更关注"稳评"实施中的微观行为,并试图从具体行为来解释该项制度运行背后的因果联系,譬如一些学者引入利益相关者理论视角,从利益主体、利益诉求维度探讨"稳评"中行动者的博弈关系①。无论是哪一种分析路径,都是基于中国实践的经验探讨,强调对特定本土场景元素的挖掘,其分析思路有值得吸收借鉴的合理成分。现实中,地方"稳评"运行受到多重主客观因素的共同作用,是一个动态发展变化的复杂过程,不宜割裂制度、组织和行为之间的关系,忽视多个因素之间的相互关联及在不同时空背景下的具体作用,认知"稳评"执行中发生的某些异化现象也应综合考察多种情境因素。这始终是本书基于绩效制度视角进行研究的一个基本思路。

前一章述及,经典的制度分析看待组织内异化行为有不同表现及多元成因,然而以"小集团"利益或个体利益为本位采取信息操纵、目标扭曲和蒙蔽性欺骗是共同特征,并带来一系列不良后果。从特定制度运行的微观基础着手,关注特定领域中相应群体行为表现或行动输出,可以探测组织内微观行为与宏观制度结构之间的联系,这对于考察公共部门内政策异化行为同样具有深刻启示意义。按照制度理论,制度规则通过一定的约束环境影响组织成员预期和需求,包括操纵在内的异化行为是组织和个体面对特定制度压力的"策略性反应",或施

---

① 张玉磊,朱德米.重大决策社会稳定风险评估机制利益相关者参与模式及其运作——基于 H 市出租车行业改革"稳评"的案例分析[J].求实,2019(2):73-85.

加有意识操控的一种主观应对手段(Weitz, 2016①; Warhurst, 2015②),由此实现特定的利益目标。依照这一思路,制度结构与微观行为产出之间存在隐性联系或内在诱因。美国学者克里斯汀·奥利弗(Christine Oliver)将制度分析与资源依赖理论相结合,提出了分析组织内异化行为的五个关键影响要素或理论构面,具体包括施压目的(cause)、主体构成(constituents)、制度内容(contents)、控制机制(control)和管理情境(context)③,将组织内特定行为研究从个体和组织层面上升到制度层面,认为制度逻辑决定了组织内行动者偏好及其行为选择。对此,W.理查德·斯科特(W. Richard Scott)等人的研究也认同这一思路,强调组织场域中的行动通常被特定制度逻辑(institutional logic)所驱动,存在冲突的可能,正是这些制度逻辑在不同情形下的相互作用产生出有规可循的行动④。周雪光(2010)提出了"多重制度逻辑"分析框架⑤,用于解释同一场域中由于多种互为冲突的制度逻辑引发的复杂社会行为过程。此外,德国学者马提亚斯·克勒(Matthias Kräkel, 2007)提出,在以竞技为特征

---

① Weitz, E. Misbehavior in organizations: a dynamic approach(2nd Edition)[M]. London Routledge, 2016.
② Warhurst C. Rethinking misbehaviour and resistance in organizations[J]. Organization, 2015, 22(6):950-953.
③ Oliver C. Strategic responses to institutional processes [J]. Academy of Management Review, 1991, 16 (1):145-179.
④ Scott WR. Institutions and organizations: ideas, interests & identities[M]. London: Sage, 2013:224.
⑤ 周雪光,艾云. 多重逻辑下的制度变迁:一个分析框架[J]. 中国社会科学, 2010(4):132-150.

的社会情境下,现代组织及组成个体倾向于施加非理性行为以获取特殊利益或名义绩效[1],这一观点强化了外部施压环境对组织行为的作用,其关联研究得到后续多国学者的实验分析证实,"压力因子"也被视为公共部门/组织内部政策异化行为发生的一个关键解释变量。事实上,中国情境下"稳评"处于典型的"压力型体制"[2]环境之中,其现实推行有赖于"党委统一领导、政府组织实施、主管部门具体负责、维稳部门指导考核"的运行机制,始终伴随着社会稳定与地方经济发展的双重压力,上级政府及主管机构借助绩效考核工具推动"稳评"实施,考核压力环境是观测基层"稳评"执行异化行为的重要情景预设。

综上,制度—行动分析路径强调对组织/个体行为的理性认知,为探索本土情境下的"稳评"执行异化行为提供了理论基础与逻辑支持。在此总体认知框架下,综合考察已有文献研究成果,发现考核制度环境下公共部门(组织)及组成个体通常存在三种异化行为,这对于本书基于"稳评"执行中异化行为的界定亦具有启示意义。其一是"抄近道"或"打擦边球"。由于绩效考核目标一般有数量和质量层面的差异,考核对象在特定绩效压力下可能会基于这一差异做出"策略性应对",根据掌握的有效资源状况做出相应反应,将原本用于提高工作绩效质量的各种资源转移应用到单纯增加数量的表现形式上,以

---

[1] Kräkel M. Doping and cheating in contest-like situations [J]. European Journal of Political Economy,2007,23(4):988-1006.
[2] 杨雪冬.压力型体制:一个概念的简明史[J].社会科学,2012(11):4-12.

此部分降低工作产出质量或输出效果的内部压力。① 例如,珍妮特·M.凯利(Janet M.Kelly)和大卫·斯温德尔(David Swindell)针对公共部门及公务人员个体的研究发现,受组织内多目标冲突等影响,考核对象一般不会按照绩效考核指标的所有维度要求开展工作,而是将既有资源和精力集中于更容易获得绩效产出的工作领域或能够引起上级赞赏、肯定的工作方向,从而实际表现出显著的"选择性执行"②。对此,国内不少学者结合本土情境的政策执行也有类似的研究发现,广泛分布于金融支农政策(董玄等,2016)③、扶贫政策(梁晨,2020)④、基层执法(吕普生等,2020)⑤等领域,一定程度上反映了基层微观执行行为背后的深层机制问题。其二是基于信息的主观操纵。现实中公共政策系统存在典型的"信息不对称",体现在政策制定、执行、评估、修正的多个环节,既可能发生在公共组织内部,也反映在组织与组织、组织与公民、组织与媒体之间。在缺乏有效外部监督的状况下,这一

---

① Levine CH, Peters BG, Thompson FJ. Public administration: challenges, choices, consequences [M]. Scott Foresman Illinois, U. S 1990.

② Kelly JM, Swindell D. A multiple-indicator approach to municipal service evaluation: correlating performance measurement and citizen satisfaction across jurisdictions [J]. Public Administration Review, 2002, 62(5): 610-621.

③ 董玄,周立,刘婧玥.金融支农政策的选择性制定与选择性执行——兼论上有政策、下有对策[J].农业经济问题,2016,37(10):18-30+110.

④ 梁晨."扛着走":精准扶贫政策过程中的"选择性执行"及其分析[J].北京工业大学学报(社会科学版),2020,20(3):65-72+80.

⑤ 吕普生,吕忠.中国基层执法中的相机选择:从策略赋权到话语使用[J].中国行政管理,2020(2):78-86.

情形客观上增加了考核对象施加主观操纵以攫取特定利益的行为空间,基层官僚往往会利用行政体制的漏洞对工作绩效表现和业务产出进行操控,根据组织及个体利益需求有意识地控制、调整、篡改业务活动产出(Kalgin,2014)。① 在该层面有学者曾对美国环保部门官员操纵环保工作绩效结果,以获取高层决策者信任的典型案例进行了深入分析②,对后续研究具有很强的启示意义。其三是控制并制造样本偏误。具体表现为考核对象积极对外提供能够反映其良好绩效的大量证据,而将绩效低劣及目标实现困难的绩效信息掩盖或有意弱化、刻意回避,以致出现诸如"报喜不报忧"、向上级部门粉饰业绩、抑制或避免不理想结果发布等行为,该类行为在地方政府部门针对特定工作考核目标,接受上级专项检查或信息报告时常常表现出来。譬如,国内有研究者针对地方政府年度工作报告展开研究(杨君 & 王珺,2014)③,发现工作报告存在明显的"报喜不报忧"和"好消息及时报"现象,不同年龄段的地方官员超额承诺率和超额完成率显示独特的变化轨迹,有力揭示了政策议程设置的相对封闭性和地方官员政治承诺行为的选择性应付策略。

---

① Kalgin A. Implementation of performance management in regional government in Russia: evidence of data manipulation [J]. Public Management Review, 2014,18(1):110-138.

② Meier KJ. Regulation, politics, economics, and bureaucracy [M]. St. Martin's Press, New York, U.S 1985.

③ 杨君,王珺.地方官员政治承诺可信度及其行动逻辑——来自副省级城市政府年度工作报告(2002—2011)的经验证据[J].中山大学学报(社会科学版),2014,54(1):165-182.

3.1.2 地方"稳评"执行异化行为表征

综上,借鉴国内外已有研究成果并结合地方"稳评"运行实践的现实情境,可以将"稳评"视为一项具有中国本土特征的风险治理政策,并从两个方面认知现实执行中可能存在有悖政策目标的异化行为:一是限于多目标考核环境与政治行政系统固有压力等因素,基层考核对象直接或间接干预"稳评"实施过程和结果的控制行为,在该层面国内有学者提出"象征性执行"或"象征性评估"的概念(田先红和罗兴佐,2016[①];钟宗炬和张海波,2021[②]);二是针对上级专项考核及业务督查,有意识制造和扭曲"稳评"工作绩效的蒙蔽行为,导致报告绩效与真实绩效相悖离乃至严重对立的不良后果。对于上述行为构面,以下结合课题组调研访谈具体做如下描述。

1. 作业活动过程

"稳评"制度设立以来,该项制度通过工作职能嵌入与目标责任考核演变为地方政府部门的一项"案头作业",是投资建设项目审批的程序性要求,基层政府需要完成"稳评"任务指标,并定期向上级提供相关备案材料。然而,中国地方行政系统的考核类别极其繁杂,涵盖目标内容十分广泛,"稳评"尽管纳入各地目标责任考核或领导干部考评,但调研发现基层部门更多将它视为一种投资建设项目的支撑材料工具,相对于经济发展类考核指

---

① 田先红,罗兴佐.官僚组织间关系与政策的象征性执行——以重大决策社会稳定风险评估制度为讨论中心[J].江苏行政学院学报,2016(5):70-75.

② 钟宗炬,张海波.重大决策社会稳定风险评估的类型划分与案例分析[J].南京社会科学,2021(11):66-75.

标的强势地位和惯性,"稳评"工作处于较为边缘的位置。笔者 2021 年曾对东部沿海地区 T 县政府目标责任考核及党政领导干部考评体系进行具体分析,发现确定的 11 大类 63 项具体指标中,"稳评"作为社会安全序列的一项子指标仅占 0.2 分,与经济发展大类序列的 21 分相差甚远,对地方政府来说考核指标权重的悬殊往往意味着相应资源配置的巨大差异,也会影响其实际业务的注意力。出于地方经济发展以及考核指向的利益需求,一些地区基层部门出现了"稳评"执行梗阻乃至严重的形式主义,或通过控制评估结果以扶持工程项目顺利上马的干预行为。即便后续逐步推行市场途径的第三方评估,也多限于普通投资项目或"低风险"项目,第三方企业(公司)为了获取更多的评估授权利益,更可能与地方政府形成"共谋"而迎合其需要。现实中,地方"稳评"的执行过程也是基层考核对象进行目标权衡和多方博弈的动态过程,决策者与执行者往往不断寻找符合自身利益最大化的"损益平衡点",并在一定压力环境下出现偏离政策目标的异化执行行为。

以下是 2020—2021 年,课题组成员对来自中国东部 J 省 Z 市和西部 S 省 W 市相关政府职能部门人员的匿访记录:

> 对于地方政府来说,发展才是最大的政治,才是大局,"稳评"是建设项目审批的一个支撑材料,不可能阻挡地方大上项目……"稳评"工作要服务于地方经济发展这个大局,而不能破局变成束缚。除非某

项目给有关群体带来明显损害,比如大规模污染,发生了明显的社会不稳定苗头,或者一开始就遭到大部分人强烈反对,否则"稳评"就是走个形式,地方政府一般不会因"稳评"没通过就不上项目……社会第三方评估也不愿给政府添麻烦,反而会根据地方需要做支撑性评价,这一点大家心知肚明。

(Z市某县开发区干部访谈记录)

市里区里都发了"稳评"相关文件,作为一项专项工作纳入目标考核,但据了解真正实施起来难度很大,不好操作,一些部门"稳评"工作,纯粹是迫于申报项目的编制要求而不得已凑材料。我们这里还没有把评估完全交给社会第三方,出于很多考虑,当然资金是个限制……考核层层施压,这也考核那也考核,好像没有工作不考核的,现在发展压力那么大,各地竞争激烈,市领导都坐不住了,上头不断强调还是项目为王,大家全力围着项目转。考核也要分个主次吧,连小学生考试科目也有主科副科之分……领导的注意力都在发展经济上,现在各区县都在拼命争项目,这才是考核硬指标,"稳评"真要做起来牵扯面太大,关键和上项目有冲突,你想领导能积极?……没有经费寸步难行,评估调查没有经费能行吗?组织论证没有经费能行吗?找专家、找公司、搞联合、第三方评估也要经费吧,怎么出?上面制定文件容易,实际执行没那么简单!……各个部门面临的情况差不多,检查时候一般是听听汇报、提提建议、临时拼凑些资料应付下,上面也知道基层情况,睁一只眼闭一只眼,只要不出啥大纰漏造成不利影响就行,当然面上工作还是要做的,否则考核形式上过不去……

(W市某县发改委人员访谈记录)

"稳评"工作考核办法按照省市要求已制定,已通过文件下发,我们主要负责"稳评"工作的具体业务指导、督查检查,按规定各单位要将日常评估报告、评估工作简报汇总成册,每季上报一次,特殊重大项目例如经发改委圈定的重点项目会过问多一些,但说实话我们处室人手非常有限,正式定编人员足有4个人还包括领导,不可能对全区所有涉及部门定时定点跟踪工作,仅仅就各单位递交的材料整理和编辑上报都要费不少工夫,更不要说全市每年上千个项目。就算明知评估操作有差,也不可能做些啥,终归我们这里还是项目为王……我们知道基层部门工作确实有难处,上面领导也知道基层情况,反正工作规定规范都是要有的,真要出问题,有大领导去协调解决,不是我们能左右的……市里也在研究外包给专业公司的事儿,但涉及方方面面的问题太多还没有定下,也要看市委领导意思,我们地方偏,目前能承接"稳评"业务的专业公司几乎没有,……没有外包,也有对项目自身的考虑。

(W市某县维稳工作人员访谈记录)

考核就是工作目标分解、压力下移的过程,但基层有基层的实际状况,一味硬压不能解决问题,反过来形成许多新的问题……现在情况不比往前,底下各个部门事都很多,各种考核任务,大大小小的检查泛滥,"稳评"工作算其中一个吧。据我了解,实际操作多半就是做材料补材料,形式上要规范,领导不高兴的、不利于地方发展的肯定不能报,……"稳评"本来争议就大,上面都理不清,……反正评不评都一样,项目总要报的,实际情况是只有个别有影响的大项目工作要多做些,防止出事挨板子,其他多数项目就难说了,要真是一个一个评,我们开发区工作估计瘫痪……一票否决目标不少,但虚的多实的少,关键看领导……

(Z市某开发区管委会工作人员访谈记录)

2. 工作绩效输出

按照各地政策实践,"稳评"报告既是工程建设项目行政审批(核准、备案)的行政要件,同时也是现实"稳评"工作考核的重要对象,体现受考核部门及个体重要工作绩效内容,不少地区政府主管部门[①]明确规定"稳评"报告需要定期报送建册,作为各级组织与责任人"稳评"工作督查考核的依据之一。依据中办国办发[2012]《指导意见》及国家发展改革委有关投资项目报告编制指南,"稳评"报告至少涵盖如下内容:评估事项基本情况、评估方法和过程、意见采纳情况、风险分析与论证、评估结论和对策建议、风险防范化解措施及应急预案等部分。从实施责任主体来看,工程投资项目"稳评"报告编制一般涉

---

① 2018年之前"稳评"工作监管机构主要是各级"维稳办"和信访部门;2018年国家机构改革后则主要由各级政法委内部机构承担。

及三个,一是项目单位,负责组织编制"分析篇章";二是具体的地方政府职能部门,负责指定其认可的评估主体进行报告编制(包括社会第三方机构);三是发展改革委,在项目最终决策时,可委托机构对项目单位和地方政府上报的项目申报材料进行必要的咨询评估。[①] 实践中,"稳评"报告有时还包括评估方案、相关审批手续、会议纪要等内容。由于评估报告充当"稳评"制度的具体实现载体,其实际运作与编制很大程度上能体现"稳评"制度的执行效果。依据《指导意见》及多地政策规定,"稳评"报告由评估主体负责人签字后报送决策机关,组织共同审核并出具审核意见,需要多级决策机关决策的评估项目执行要逐级上报,并抄送决策实施部门和政法、综治、维稳、法制、信访等有关部门。对此,基层政府"稳评"报告更多情况下实际由项目发起方(决策方)执行评估活动后产生,本地区"维稳"部门先行进行审核,并出具审查或备案意见,评估主体继而将评估报告和维稳部门意见提交相关决策部门。实践中甚至也存在一些中央级别建设项目落地地方,中央部门要求属地市(县)进行风险评估并就报告出具审核意见的状况,这也增加了"稳评"报告编制的复杂性。

多层级条块关系重叠、多部门职责权能交叉、资源配置失衡的现实不仅使"稳评"的可操作性难度提高,也客观上为基层部门异化行为埋下隐患。调查发现,工程

[①] 参见国家发展改革委投资项目室马小丁刊发的系列专题文献:"投资项目管理体制的改革与发展(建立社会稳定风险评估体系)".《中国投资》,2013.

建设项目"稳评"作业活动链条长,涉及部门多,信息传递损耗大,上级主管部门对工作绩效考核更多体现于周期性汇报及相应文案材料检查,在此背景下一些地区发生合谋出具虚假评估报告、应对督查考核制造虚假工作绩效、数字游戏等扭曲蒙蔽行为。通过对评估报告的"自选动作"与虚假绩效产出来推进工程项目实施及应对考核压力,这些构成基层"稳评"制度执行中的突出问题,而考核机制自身缺陷加剧了异化行为发生的可能性。

以下是课题组成员对部分基层政府部门工作人员的访谈记录:

>上面政策要求,各区县每季度报送"稳评"实施数据,并将情况对内通报,报送数据包括评估项目名称、评估实施情况、评估结果等内容。……为了应付上面督查,各部门只能在评估材料、评估数据上做文章,虚假情况肯定是存在的,……说难听点儿,"稳评"工作快变成上下级围绕督查和迎检的游戏,大家更多关注材料、痕迹,至于评估是否真正起作用好像已不重要了。……早些时候是纸质报告,后来推行电子化就提交到电子系统,但这些报告若认真看你会发现内容有高度相仿性,就是变变名称和一些文字表述,尤其是普通类建设项目,其报告质量可想而知。
>
>(Z市某县乡镇工作人员访谈记录)

按照上级文件要求,建设项目风险评估等级分为高、中、低3个层次,"稳评"报告是项目核批的形式要件,原则上只有评为"低风险"的项目才能获批,但实践操作中风险等级的审核权在地方政府或相关职能部门,甚至是个别主要领导起决定作用。从目前掌握情况来看,各地上报的拟建工程项目社会稳定风险分析篇章及评估报告,无论项目本身真实风险情况如何,分析结论几乎都是"低风险"等级,……即使存在中高风险,地方政府往往要设法转为低风险,这显然形成悖论。

(W市发改委工作人员访谈记录)

逻辑上讲,将社会稳定风险等级的决定权交给评估责任承担主体具有合理性。但是,逻辑上合理并不意味现实有效。经由地方政府报送的拟建项目,无论实际上的社会风险如何,"稳评"报告结论往往是低风险,除非地方政府本来就不支持该项目。

从建立项目审查制度体系的角度看,当前的项目"稳评"机制,与"环评""土地预审""节能评价"等都是项目审批或核准前置性条件。但是报送中央政府审批或核准的投资项目,"环评"由生态环境部负责,"土地预审"由自然资源部负责,"节能审查"由投资主管部门负责,"稳评"的决定权事实上交给了地方政府……地方政府难以自我否定,尽管不希望发生社会稳定事件,但长期以来"经济至上"的惯性思维根深蒂固,决策者可能心存侥幸,冒险闯关,迫使项目"稳评"报告做出有违事实的结论。……即使交给社会公司第三方来做，目前也很难保证完全超脱实现制度初衷，而考核系统自身缺陷也刺激了基层的扭曲行为。

(W市某区政法委人员访谈记录)

综上，尽管国内外针对政策异化行为的研究呈现不同视角，但多强调制度、组织、利益等因素，从"过程—结果"的复合层面构建分析框架，这对于探索地方"稳评"执行异化行为提供启示价值。借鉴已有研究成果并立足现实"稳评"运行实践，本书将"稳评"执行的异化行为界定为特定考核环境下，考核对象施加的蒙蔽性操控行为，包括"评估作业活动异化"和"工作绩效异化"两个层面。前者反映了考核对象对于"稳评"作业过程及报告进行干预、影响信息输出，迎合上级及特定利益需要(如项目经济)的扭曲行为；后者反映了基层考核主体有意识进行利益权衡和博弈，消极应付并粉饰"稳评"工作业绩的虚假行为。

3.2 "稳评"执行异化行为概念模型

依照前文界定，"稳评"执行异化行为被视为一定考核环境下，基层考核对象施加的一系列蒙蔽扭曲性行动，其产生与"稳评"制度目标设置和地方政府考核体系有着密切关联，而考核对象的个体认知扮演了重要角色。劳伦斯·J.欧图勒(Laurence J. O'Toole)(2014)在对绩效行为研究中提出应综合考察制度发生作用的情境，包括政治情境、环境情境、内部情境、组织情境[1]，同时个体认知是行动者在一定制度环境中选择回应策略与行动规则的不可忽视要素。社会心理学研究也表明：个体行为由动机支配，动机由特殊需要引起，行为的方向是寻求目标满足需要，即行为是在内外诱因的刺激下并结合个体的需要而发生。[2] 故此，考察基层"稳评"执行中的异化行为，需要深入把握制度存在的复杂情境和官僚组织内部激励机制，探寻基层官僚及行动者如何围绕制度压力和"自我学习"等诱致因素形成扭曲性策略回应。

按照制度分析理论，异化行为是特定规则关系下组织应激性和适应性的一种扭曲性选择策略，体现出对制度压力的"天然"抵抗。在绩效考核的背景下，"稳评"执行涉及目标指向、政策可操作性、规则任务设定、系统激励水平等关键信息，基层考核对象会根据制度目标设置过程和结果，判断是否以及如何采取行动以应对考核压力。"稳评"在既有政治行政体制下形成对组织和官员压力，而政策设计融合目标、规则、支持保障等执行要素，其间借助考核激励导向触发主体感知及行动选择。考核对象根据自身所处组织系统的运行状况以及考核历史痕迹等，形成对于"稳评"执行的主观认知，进而决定其行动策略。与此同时，中国"稳评"执行嵌入党政系统环境，基层运行有赖于强大的组织资源，通过计划、协调、控制等具

---

[1] O'Toole LJ, Meier KJ. Public management, context, and performance: in quest of a more general theory [J]. Journal of Public Administration Research and Theory, 2014, 25(1): 237-256.

[2] 戴维·迈尔斯. 社会心理学[M]. 侯玉波, 乐国安, 张智勇, 译. 北京: 人民邮电出版社, 2016.

体环节进行配置。基层"稳评"的实施通常涉及众多行动主体,形成了复杂网络结构,组织行动中资源投入和配置会显著影响治理效果和制度执行质量,当有效资源供给不足时,考核对象倾向做出包括异化行为的"非正常回应"。门泽尔(Menzel,1987)曾构建一个组织间模型(inter-organization model),认为制度执行的成功不但依赖组织自身的选择,还依赖于其他组织部门的行为选择,这种依赖包括资源依赖(resource dependency)和结构依赖(structure dependency)两个方面。① 因此,"稳评"执行中异化行为可能源自基层组织已有实践及目标考核中的环境认知。在中国政治行政体制下,政策解释权与资源调配权呈现垂直梯次分布,责权利不平衡,不同层级政府部门之间往往存在很大差异,基层部门履行工作职能的实现效果与目标考核背景下的资源掌控密切相关。有别于宏观制度设计,基层组织"稳评"执行需要围绕系统内外利益相关者之间进行大量协调、妥协和冲突化解行动,伴随人力、物力、财力、政策工具等资源整合。以上关联逻辑可视为基层"稳评"的执行情境。

此外,中国政治行政系统中,地方官员及基层人员的职业发展空间受到绩效考核体系影响,个体行为往往紧密挂钩考核目标,"政治锦标赛"也成为中国特色的强激励模式②。在此背景下,作为考核对象的地方官员会根据

---

① Menzel DC. An inter-organizational approach to policy implementation[J]. Public Administration Quarterly,1987(1):3-16.
② 李永刚,管玥. 地方官员竞争的政治锦标赛模型及其优化[J]. 江苏行政学院学报,2011(2):73-78.

考核指标和职业发展,评判采取何种绩效实现方式或策略以获取体制内的竞争优势,以及做出行动选择的风险性。换言之,组织内个体特征与风险行为选择之间存在一定隐性关联。事实上,目前地方政府考核体系存在多维目标指向与激励不相容的矛盾状况,基层考核对象对考核目标实现具有一定"自由裁量权",更加关注不同考核目标侧重点对于自身职业发展的实质性影响。面对中国政治行政环境下诸如"既要—又要—还要"治理理念运作的现实需求,基层官员通常伴随复杂心理感知,不断权衡内外约束条件,有意识地根据考核目标对工作绩效实现和自身职业发展,以及与自身利益契合度高低做出理性判断,进而影响其具体行动取向,包括异化行为等策略性回应。

综上,绩效考核为中国基层行政系统运行提供重要的政治激励,也是基层"稳评"执行的关键制度环境之一。在此背景下"稳评"政策的目标设置、组织情境以及基层部门考核主体的主观认知,可能对"稳评"执行行为产生影响。本书研究在前文理论铺设基础上,吸收已有的成熟研究构念(construct),构建基层"稳评"政策执行的异化行为形成机制分析框架,并优化研究设计进行实证检验。如图3-2所示,以上逻辑思路包含了各自研究议题及关系变量,后文将结合基层部门的工作情境提取有关解释性因素并提出理论假设。

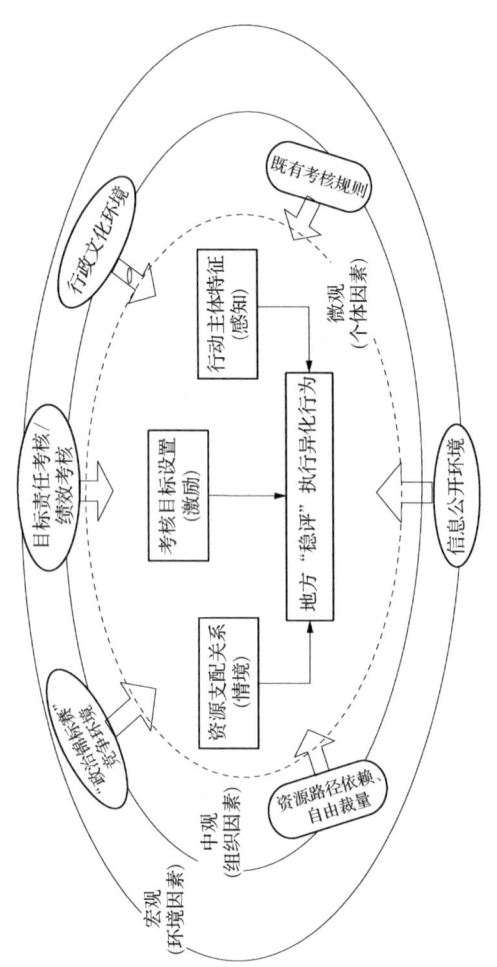

图 3-2 基层"稳评"执行异化行为衍生的关联维度

3.2.1 考核目标设置

激励机制是现代绩效管理与公共治理体系的重要驱动力,国内外不乏大量对特定制度方案激励强度及其内在逻辑的研究探讨,可以从某一侧面展现不同政治体系下的政府治理思维和方式。现实中,由制度、结构和情境等多种因素影响决定的激励机制对传统科层组织运转及政策执行产生了深刻影响,而政府在实现特定治理目标过程中形成的独特运行体制也在很大程度上反向形塑激励效应的发挥。组织管理研究表明,外来刺激都是通过目标来影响个体动机,无论采取何种激励手段,都离不开目标设置。西方政府背景的研究也显示,公共部门绩效管理体系的效用发挥与目标设置之间具有紧密关联(Latham,2008)[1]。同时,绩效激励的目标设置深度嵌入特定的政治体制背景,与组织决策者及评价主体的认知相影相随,其焦点是制度规则提供的激励方式能否有效影响有关行动者,以实现特定治理目标。根据现代绩效管理理论,绩效评价(考核)对组织内个体行为有着特殊的内在激励和约束,而绩效制度设计将影响具体行为选择,进而输出不同的行为后果。一些中国本土学者提出,中国政府科层体系下的绩效考核是兼具"强激励"和"弱激励"的混合态,其激励强度不总是强激励一元主导,而是伴随任务属性或治理模式变化的多态并存[2],不同激励

---

[1] Latham GP., Borgogni L. and Petitta L. Goal setting and performance management in the public sector[J]. International Public Management Journal, 2008,11(4):385-403.

[2] 赖诗攀.中国科层组织如何完成任务:一个研究述评[J].甘肃行政学院学报,2015(2):15-30.

强度与不同任务情境的组合将产生复杂多样的执行结果（杨宏山，2014；陈佳等，2015；贺东航和孔繁斌，2019）[①]。因此，对中国公共部门绩效激励及其利益相关者的行动分析应当结合具体情境。

一般认为，现代绩效考核目标设置可分成"目标内容"和"目标强度"两个类别。前者通常包括目标明确度和目标难度两个层面，反映目标设置的基本状况；后者包括目标重要性和目标承诺两个维度，主要反映目标对考核主体的吸引程度、可供选择性和可被接受的状况，进而为达到目标而努力的程度[②]。经过多年发展，"稳评"制度已普遍纳入地方政府及领导干部目标责任体系（绩效考核），以期通过既定考核目标的设置推动政策执行并优化包括工程建设项目在内的政府决策事项，考核工具是基层部门"稳评"运行的最重要驱动力。现实中地方政府面向"稳评"的考核目标设置及其在整体考核体系中的位置构成了复杂多面体，考核主体、考核规则设定、考核性质及结果运用有较明显差异，尤其在"稳评"执行重点的区县级基层部门更趋复杂。譬如，在县级层面，考核形式主要涵盖四类，分别是部门考核、综合考核、单项考核和观摩考核，"稳评"工作一般被放到单项考核的子项目或政

[①] 杨宏山.政策执行的路径—激励分析框架：以住房保障政策为例[J].政治学研究，2014（1）：78-92；陈佳，高洁玉，赫郑飞.公共政策执行中的"激励"研究——以W县退耕还林为例[J].中国行政管理，2015(6)：113-118；贺东航，孔繁斌.中国公共政策执行中的政治势能——基于近20年农村林改政策的分析[J].中国社会科学，2019(4)：4-25.

[②] Locke EA. & Latham GP. A theory of goal setting and task performance[M]. Prentice-Hall, Inc, 1990.

法类社会综合治理中,不同于综合考核,单项考核类别的特点是具有可选择性、不固定,这给基层政府部门执行极大的操作空间。此外,考核规则一般包括考核原则、考核内容、考核方式、考核依据、指标体系及权重,考核内容有大项、子项和小项之分,最重要的当属考核指标体系及权重的设置。从调查来看,县级政府综合考核中的经济建设、社会建设、生态文明建设、特色工作等四大项占据考核目标的绝对高值比重,"稳评"作为单项考核序列的小项占比微小,且事实上与经济考核存在一定隐性冲突。当前,大上项目成为地方政府推动经济增长的主要引擎和抓手,而项目经济不可避免涉及利益调整从而可能诱发社会稳定风险,发展主义取向与"稳评"制度要求有一定内在矛盾,这种发展和稳定双重任务目标与考核激励内容的内在矛盾可能催生"稳评"政策执行的扭曲行为,考核目标导向也可能驱使地方政府选择各种"变通"方式来推动决策和项目实施,相较之经济发展的"硬要求","稳评"一定程度上只能构成软约束,背后体现的实质是考核绩效、地方官僚利益与民众利益之间的张力。地方政府考核目标设置是一个复杂的系统,乃至受地方主要领导施政风格和特定阶段政治需求的直接影响,面对名目繁多的考核目标,基层部门也会根据政策与自身利益契合度的高低,以及执行压力大小来相机应对有关考核项目,同时科层组织系统上下级之间的信息不对称使下级部门强化了"选择性执行"的行为动机,出现规避某些较难实现的目标任务,乃至发生目标替代现象(goal displacement)①。

中国"稳评"制度诞生于地方政府强势推进地区经济发展和转型的背景,经济发展与社会稳定之间矛盾极为突出,虽然各地普遍以一定指标形式将"稳评"列入绩效考核目标,但受决策者注意力、考核体系自身结构制约及狭隘政绩观的思维惯性影响,"稳评"工作在基层政府考核类别中依然处于较为边缘位置,无论考核分值还是刚性约束都不占优势,难以形成实质上的制约作用。现实中,若某些决策事项和工程项目的实施引发信访问题或者社会不稳定事件,基层部门反而将"稳评"材料作为证明其决策正当性与合法性的凭证,以此降低和规避责任追究。长期以来,地方目标责任考核体系中,经济业绩和官员晋升是最为重要的激励要素②,对政府官员的观念和行为产生重要影响,通过考察经济发展绩效作为晋升的主要依据成为行政系统的默认规则。李宏彬、周黎安(2005)依托中国 254 个省级高层领导的实证分析证明了以上这个逻辑机制,研究结果表明,省级高层领导任期内的经济增长率对其晋升概率的影响非常显著③。尽管近年来执政党提出一系列新的发展理念及考核目标调整,对地方政府的发展行为做出一定限制,但对经济绩效

---

① Bohte J, Meier KJ. Goal displacement: Assessing the motivation for organizational cheating [J]. Public Administration Review, 2000, 60(2): 173-182.
② 周黎安.转型中的地方政府:官员激励与治理[M].上海:格致出版社,2008.
③ Li HB, Zhou LA. Political turnover and economic performance: the incentive role of personnel control in China [J]. Journal of Public Economics, 2005, 89(9): 1743-1762.

的追求没有改变。在这种政治机制激励下，地方政府官员的理性选择往往是以经济发展为中心或以经济相关的考核目标为工作重点，"相机执行"应对其他考核目标，基层"稳评"工作也很大程度上受到这一隐性机制影响。此外，公共参与是绩效管理目标设置理论中一个重要因子，有效的参与被认为是化解考核系统中信息不对称、增强绩效管理水平的必要支持。按照这一管理逻辑，当基层组织与相关主体在绩效考核目标设置参与度受限时，考核体系自身的权威性与受信任度也受到损害，不利于有效纠偏和制衡，乃至导致行政系统公务人员降低考核目标认同和执行动机，难以形成预期的目标激励和科学的绩效评价，并可能诱发政策执行活动中扭曲性异化行为，造成"名义绩效"与"实际绩效"的明显偏离。

区政府组织百余名机关干部赴长三角先进地区开眼界、长见识，有力推进了解放思想工作，书记区长要求各部门凝心聚力抓关键求突破，明确指出招商引资是发展第一路径、工作考核第一权重、锤炼干部第一阵地，大会小会上反复强调，项目建设是压倒一切的中心工作、压倒一切的重大任务、压倒一切的头等大事，要求干部在位置上拼命干，铆足劲干，一天不能耽搁、一刻不能放松、一丝也不能懈怠地招大项目、推动建设项目快速落地、快速开工……各乡镇也是勇猛突进，相互比拼，干事劲头越鼓越大，人人围着项目转、个个盯着项目干……领导也提到，"稳评"是一种发展工具，也要为重大项目服务，有风险想方设法处理解决,不能阻碍地区发展。

(＊S省T区政府考核办访谈记录)

县里对乡镇的考核点设立很多,主要有综合考核和部门考核。综合考核内容是党委政府布置的中心工作完成情况,属于政治考核。部门考核是对县里各个主管业务部门下达的工作任务完成情况,属于业务考核。其中,经济建设类别考核占比最高,有16个子项,属于绝对的中心工作。……2020年考核内容设立23个大项、64个子项、350个小项,这么多的工作要在100分值内分担,结果就是考核项目越来越多,分值越来越小,许多工作可量化的少,做台账的多,操作空间就大了……乡镇工作有轻重缓急的做法,重要的领导重视的工作重点抓,次要的工作常规抓,边缘的工作应付即可。

(＊H省某乡镇副镇长访谈记录)

我们县县域经济落后,财政收入有限,但要办的事很多。现在经济下行压力大,书记在会上反复讲,推动我县经济发展是头等大事,发展是主线,项目是抓手。……现在上下都搞排名,没有招商到重点项目的干部到县里开会都难看,底下的官员都明白这道理,都在围绕这个指挥棒转。发展是硬道理,把项目拿下来维护好,领导脸上也有光彩,上下都高兴,没有项目年底考核就要拿出说事儿,职务岗位都可能受调整……县考核办制定的考核方案,"稳评"工作属于政法综治类的子项,占比低,零点几分,而对相关经济发展大类指标的要求达21分之多,各部门领导很清楚其中的分量轻重,招引大项目是县上重点工作……"稳评"工作上面已经下发文件,我们要根据项目实际情况来实施,需要什么就提供什么,一切为了项目能够最终顺利实施,服从服务于项目工作。……基层政府,尤其是乡镇部门,都面临大大小小、名目繁多的考核指标,我们人员精力有限,乡镇任务繁重,不可能事事顾及,也要根据实际的情况做出安排……让基层人员参与进来也就是纸面上说说,没啥途径落实,人也没积极性,领导也不关注这个。

(*S省某县发改委副主任访谈记录)

上头考核简单说就是项目为王,只要结果,不问过程。上级部门给下级布置考核任务时,基本上提两个意思:一个是把事情办好,另一个就是不要出事。下级部门为了完成工作考核要求,在缺乏有效约束时可能出现"为达目的不择手段"。比如特殊处理、形式主义等,信访维稳中不讲原则,不守底线,花钱买平安……对地方官员来说,关键在于为本地引进实施大的投资项目,而不在于这个项目是否有稳定风险,通过招引项目体现其工作业绩,核心内容就是经济发展绩效……事实上没有通不过的评估,就算交给社会第三方公司来做,他们也清楚要满足项目上马需要,要符合政府中心工作,否则想再接项目就难了。

(*H省某区政府政研室工作人员访谈记录)

我们县发展中存在很多问题,领导的注意力都在经济发展项目上。……我们把"稳评"一些情况反映给上面,希望予以解决,尤其是操作的培训和经费支持问题,上面回复模棱两可,我们也不知道怎么搞。……现在各个部门事情都实在太多,各种检查督查名目繁多,常规工作人手都不够,相关考核目标任务更是繁重。对于"稳评"日常工作,维稳办和主管部门让定期报送工作情况报告和项目评估报告,这些材料工作本身就占用很大精力,有时条件实在不具备,时间紧迫,就拼凑些材料先应付过去再说,毕竟项目建设是考核内容大头。

(＊S省某县政府工作人员访谈记录)

按照现代绩效考核理论,考核体系制定应具备科学的执行规则,清晰明确地向考核对象表明考核内容、任务分解、资源供给等内容,充分考虑利益相关者自身合理需求,这是规范实现考核目标的关键环节。换言之,绩效考核的过程管理与规则明晰度对于政策执行不可或缺,通过对政策执行过程的监管,使政策实施主体、必要资源和要素能够有机搭配,相互作用,包括阶段性要求、时限、标准、程序等,以便于对标执行和监管。否则,基层部门缺乏执行动机,转而可能采取某种变通方式消极应对考核任务,包括执行敷衍,与上级"申诉""讨价还价",甚至公开抵制。在中国行政体系及"压力型体制"下,考核目标任务往往由上级部门直接下达分解并施加压力传导,基层执行主体及外部监督力量的参与空间十分有限,很难影响到考核指标内容与政策实施过程。执行压力是影响基层政府策略选择的一个重要因素。刘骥、熊彩(2015)的研究表明,纵向执行压力的变化,导致一项政策从日常工作变成政治任务,进而引发行政系统条块关系工作模式的转换,进而导致密集的政策变通①。在考核指标设置方面,地方政府考核体系中除部分量性指标外,亦存在诸多"非使命性指标"(non-mission-based targets)或"原则性规定",并以笼统泛化形式进行表述,而上级部门在政策解读过程中对具体规则、标准的界定和诠释可能出现冲突甚至彼此矛盾,即上下级对政策执行规则理解的不一致和操作分歧,这可能间接引致政策执行冲突,基层考核主体迫于执行压力和"无所适从"而发生人为异化行为的现实风险增大,即目标设定失败与组织行为失当有关。笔者在对基层部门"稳评"实践调研中发现,对于"稳评"政策的诠释普遍沿袭照搬官方话语的"指导性意见",评估报告编制具有高度相似性,而缺乏精准针对性。以"稳评"评估范围为例,国家层面作为政策顶层设计确立了"应评尽评"的指导原则,但对于"应评尽评"的判断标准不同地区、不同部门的实际把握存在很大分歧,具体到地方层面的考核目标也主要确认原则性要求或界限,使地方部门实际操作过程中的评估取向及强度伴随不确定性。另以"稳评"评估主体为例,2012年中办、国办制定的《指导意见》中对于评估主体的规定是:"地方党委和政府做出决策的,由党委和政府指定的部门作为评估主体。党委和政府有关部门做出决策的,由该部门或者牵头部门协商其他有关部门机构作为评估主体。需要多级党政机关做出决策的,由初次决

---

① 刘骥,熊彩.解释政策变通:运动式治理中的条块关系[J].公共行政评论,2015,8(6):88-112.

策的机关指定评估主体。根据工作需要,评估主体可以组成由政法、综治、维稳、法制、信访等部门,有关社会组织、专业机构、专家学者以及决策所涉及群众代表参加的评估小组进行评估。"以上要求遵循"属地管理、分级负责"及"谁决策谁负责、谁主管谁负责"的基本原则。然而,具体分析不难发现,上述规定依然是原则性要求,实践运作中往往受到行政系统"条块分割"及决策管理体制制约,评估主体的确定实际处于模糊地带,受资源限制及部门关系影响,基层组织往往不愿主动牵头承担"稳评"执行责任,而宁可转交第三方评估,在权责不对称条件下可能增加"共谋"异化行为的可能性。

此外,立足目标考核中"稳评"责任角度,主管机构制定的考核体系主要依据上级意图而非对下级执行的真实状况,对考核对象现实治理能力及水平缺乏全面认知,有可能将不符合基层实际的系列考核指标强加给下级,后者出于不具备政策执行条件等可能对"稳评"工作操控,对评估数量、评估报告等数据内容进行操纵干预。换言之,基层考核对象由于接受到的考核目标及政策指令信息模糊,进一步诱发"稳评"实际执行状况与政策预期目标相悖离,出现象征性执行、消极回应等蒙蔽异化行为来应付上级考核。

以上综合分析表明,"稳评"执行在地方绩效考核层面具有复杂的制度情境,对于基层组织及执行主体来说,考核目标设置的优先性、行动者参与、制度规则明晰度影响政策执行者行为,在特定压力环境下可能触发执行活动异化行为。绩效管理学领域通常用"目标模糊"(goal ambiguity)这一概念对目标设置变量进行操作化①,本书研究亦引入该变量。目标模糊实际反映组织及成员在政策执行或考核时对目标指向、目标实现路径等不清晰不明确的理解②。绩效考核与目标实施过程中客观存在与主观认知的模糊程度越高,执行者发生扭曲异化行为的动机可能越突出,以此获取特定组织及个体利益。同时,基于基层考核对象实际处境及压力型体制特征,进一步引入主体参与这一变量,由此反映执行者在考核目标设置中的角色,并探析与实际行动取向的因果关系。

3.2.2 资源支配情境

实践表明,政策执行有赖于规范的管理系统与资源配置,组织环境与关联的组织—社会关系将影响特定政策认知以及实际执行效果。制度分析的一个重要理念是建立"情境理性"视角③,将政策变现的过程与行为分析纳入真实环境中,考量个体、群体、组织、信息传播等多因素影响,有助于了解特定组织内现象是怎样发生的、什么条件下发生以及为什么会发生等关键性问题。在中国政治系统中,以资源支配关系为基础的管理情境和信息环境是探寻组织行为逻辑的重要切口,这对于基层"稳评"执

---

① Pandey SK, Rainey HG. Public managers' perceptions of organizational goal ambiguity: analyzing alternative models [J]. International Public Management Journal, 2006, 9(2): 85-112.

② Lee JW, Rainey HG, Chun YH. Of politics and purpose: political salience and goal ambiguity of US federal agencies [J]. Public Administration, 2009, 87(3): 457-484.

③ Nee, V. Sources of New Institutionalism [M]//Britain, M. & Nee, V. (Eds.), *The New Institutionalism in Sociology*. Stanford: Stanford University Press, 1998.

行同样具有重要的现实意义。

不同于西方松散的联邦体制,中国政权体系呈现高度科层化和组织化特征,大量公共治理行动伴随复杂条块关系支配下的资源汲取和配置,并深刻影响政策执行过程与结果,条条块块可以说是明显具有中国特色的组织体制结构。以县域基层系统为例,作为块块的党委政府拥有最高权威,统领和整合全县资源;作为条条的各政府部门则掌握特定业务领域的资源,拥有独立行使职能的行政权和一定自由裁量权。条块之间有合作更存在博弈关系,并直接影响公共治理行动与行为选择。概括而言,中国基层政权的条块博弈主要体现在两个方面。一是条线部门对块块权威资源的利用。条线业务部门若能得到党委政府的明确实质支持,特定政策任务的落实就有更大的"底气"与资源支撑,包括其他部门的配合,而党委政府尤其主要领导的政策注意力是稀缺的,不会轻易倾斜,甚至多数情况下仅是口头表达并无实质跟进,只有决策层纳入的中心工作或者事关全局的部门事务才会成为"政治任务",并获取关键的执行资源支持,包括专项经费、专业人员、专业设备、专业权力等。二是块块对条线专业资源的利用。县域内不少政策事务是综合性的(如"稳评"),非某一个组织/部门能够独立完成,需要协调多个部门资源,其中就包括县级主要领导重点关注的政策议题,俗称"领导推动的工作"。换言之,县域工作推动或政策落实往往要涉及大量沟通、协调和博弈,消耗有限资源。上述条块博弈关系本质上是获取特定利益目标的资源汲取与调配,并通过基层考核主体的行为反映出来。

根据田野调查，基层"稳评"运作的一个重要组织情境是围绕执行资源的支持性认知与信息公开。前者表现为执行部门对党政系统相关资源配给的心理认知或领导注意力，关注点是"稳评"工作执行是否得到持续有效的资源支撑；后者表现为"稳评"实施与目标考核过程中的信息开放度，关注的问题是在既有体制及组织环境下，"稳评"政策执行的对内对外信息公开范围及程度。从基层政府目标责任考核来看，政策执行情境还表现为基层官员及一线公务人员个体对"稳评"工作考核及实际履行过程的主观认知。进言之，绩效考核工具在多大程度上能够反映基层考核对象的真实努力水平，考核结果在奖惩决策中的权重大小，将会形成不同的激励预期，并影响考核对象的行为选择。在此环境中，若仅层层加码施加压力而相应资源配给不足或权责失衡，将导致基层考核对象对任务目标自身产生不满，通过形式主义、蒙蔽异化行为应对考核。从该视角切入，"稳评"执行中强有力的资源配置关系和目标考核机制在基层政策执行情境中占据重要地位，对考核对象的实际行为选择构成潜在影响。

综上分析，基层部门"稳评"政策有效执行的关键要素离不开以资源支配为基础的系统内支持，在地方绩效考核背景下这一有力支持构成政策实施的正向激励，为了体现上述思路，本书后文引入"组织支持"这一操作性理论构念。事实上，地方政府"稳评"实践对象更多面向各类重大工程建设项目，是一项专业性和跨部门特征极强的工作活动，涉及党政系统条块关系以及经济、法律、工程、社会、心理等多个方面的专业问题,统筹经济发展与社会稳定目标,基层承担部门具体实施在人力支持、财力提供、风险控制等方面面临较大挑战,仅仅依靠单一部门很可能遭遇到捉襟见肘的困顿局面。即便是委托给社会第三方,项目评估资金供给、风险责任确立以及目标考核政策落地也离不开有力的资源支撑,同时"稳评"具体活动实施中,评估主体需要开展实地勘探、社会调查、群众调研、专家研讨、方案制订等系列工作,涵盖多个现实活动环节,需要具备广泛的体制内资源供给,特别是主要领导的支持。按照绩效管理领域的资源基础理论(Resource-Based View),考核对象能否顺利实现组织目标任务,取决于其拥有的相关资源基础是否坚实,而基层部门完成职能目标的各种资源中,最为关键的竞争资源往往是领导的注意力[1],政治系统中这一注意力本身是一种稀缺资源,很大程度上决定了某个政策能否以及在多大程度上能够实质性实施。从实践状况来看,"稳评"制度运作涉及方方面面,其执行有赖于上级的有效授权和管理支持,以应对现实执行活动中的阻力及"条块分割"困境,缺乏有效授权和系统支持,执行行为或将受阻并且对外呈现出极强的"策略选择性"。换言之,基层政府"稳评"实施过程中如果没有来自上级组织部门,尤其是主要领导决策层的支持,基层执行主体就有可能放弃政策作业绩效的改善努力,转而以扭曲异化等手段予以回应,从而导致

---

[1] 田先红.领导观摩:县域治理中的注意力竞争机制研究——基于"单委托多代理"的理论视角[J].华中师范大学学报(人文社会科学版),2022,61(5):19-30.

"稳评"制度目标的失败。即便存在"一票否决"等问责压力,现实中对基层单位及官员个人的影响期有限,这也使某些人员"敢冒风险",而不过多投入人力物力。

以下是课题组成员进行的部分调查访谈资料,也间接反映出上述观念。

> "手里没有米,唤鸡都不来。"没有投资项目,地方发展就没有载体,其他工作干得再多也白搭……,考核内容很多,上头只下任务,不给资源,乡镇硬着头皮、顶着压力、带着怨气亦步亦趋工作,缺乏主动性、积极性……,光说不行,要有抓手,基层负担重,每天工作一大堆,压力很大,工作还要大领导发话,看领导重不重视,重视了就好办,否则一些也只能应付下,基层形式主义问题很严重。
>
> (＊S省Z县乡镇干部访谈记录)
>
> 我所在的部门主要任务是招商引资,这是考核最硬性指标,说白了是项目为王,尤其是当前经济下行时期重大项目建设极为重要……部门工作都有重点,项目数量和项目层次的考核对于我们来说更重要。"稳评"程序比较烦琐,耗时耗力,我们手头项目众多,不可能都走程序来评估,那样常规工作就无法推进。上面(领导)似乎也不太重视这事,毕竟能出事儿的项目还是极少数,即便有啥问题只要我们有评估报告一般都能过去。况且目前部门人力、经费等条件不允许,领导的意思是根据项目情况看,有影响的重特大项目转给专业公司去评,主要是拿到评

估报告以审批,其他多数内部操作下就行了。……如果领导态度坚决,上面支持力度大,状况肯定会不一样,至少面上工作力度和规范性上会更好。……说得直接些,大领导坚持让弄我们就组织力量,领导没那意思底下人谁都不会主动,大家都清楚投资项目在当地经济发展中的位置。

(＊Z市J区工业园管委会干部访谈记录)

一个突出的问题在于我市对中省企业项目"稳评"无执行权限。如省政府与国资委签订的央企进驻工程,中煤、中盐、中铝、中冶、中建等央企与省政府签订的项目合作协议,这些重大项目在推进落地时由央企和省政府直接拍板决策,只不过落地在我市县区,我们没有项目"稳评"的相关职能权限,也未得到上级部门授权,更不可能与央企交涉对话,而上级党委政府依然针对上述项目设定"稳评"考核和责任追究,出了啥问题要求由我市相关单位承担,这一状况明显不合理,上面所谓的支持停留在口头,我们能找谁说理去?……现实中我们好多基层部门承担了巨大压力,很多情况下"稳评"也只能得过且过,区县一些部门虚假操作、编造评估材料应付审批等情况也确实存在,也是没办法的事儿,解决不了,自然"稳评"也就谈不上形成什么有效约束和惩戒机制。

(＊西部S省Y市维稳办干部访谈记录)

我们主要负责招引项目,组织协调项目尽快落地,有些大项目是市政府层级联合出面参加国内外经贸洽谈会、联合招商、领导包挂招商等途径争取的，按照项目性质分散归属到不同部门，主要由发改委负责审批督办，但项目"稳评"职责有时很难剥离清楚，没有上面领导指示，哪个部门都不会主动接手，……即便上面指定某某部门评估，通常还涉及部门间协调问题，以及主管领导间配合，这往往涉及多部门利益，工作做起来是最困难。要严格按程序来走绝不是想象中那么简单，现实更多情况下是围绕评估报告内部操作下交差完事儿。

（＊H省某区开发区管委会工作人员访谈记录）

国内外一些研究发现政策执行异化行为也与信息开放有关联。根据行为科学理论，信息机制是组织活动中个体行为的重要影响变量，对组织成员的行为选择、情绪输出等产生刺激与作用[1]，社会科学领域该层面的研究集中于揭示群体及个体不良行为背后的发生机制和综合治理。例如，袁学英（2022）等以中国上市公司为研究对象，探索环境、社会、治理（ESG）信息公开对扭曲性违规行为的抑制效应，以及内外部监管的调节效应，发现信息公开显著降低了金融风险与信息不对称带来的不良后果，更好的监管环境有助于减少组织系统内失当行为[2]。李文贵（2022）等人的研究成果也有类似发现。[3] 杨帆（2021）

---

[1] 左玉涵,谢小云.组织行为领域情绪作用机制研究回顾与展望[J].外国经济与管理，2017, 39 (8):28-39+55.

[2] Yuan XY., Li ZF., Xu J. et al. ESG disclosure and corporate financial irregularities-evidence from Chinese listed firms[J]. Journal of Cleaner Production，2022,332.

[3] 李文贵,邵毅平.监管信息公开与上市公司违规[J].经济管理，2022,44(2):141-158.

等以中国24座城市的基层政府官员调查为情景,构建并检验了双元效应理论模型(加强效应与抑制效应),探寻一线信息公开与基层官员遵循政策规则意愿的关系机制,实证验证了信息公开对官员组织内违规行为的重要影响。[①] 周俊(2021)等采取QCA方法探索社会组织违规行为的影响因素,从整体上揭示了行为发生致因,发现包含管理制度、信息公开、行政监管三个因素的运行维度是影响社会组织行为的决定性因素,对违规行为治理需要强化信息公开。[②] 以上研究成果对本书研究有启示意义。现实实践中,"稳评"政策实施操作专业性强,利益关联范围广泛,在地方目标责任考核压力下对基层官员执行行为构成显性影响,整体活动运行中的信息输入输出及内外部监管对于政策执行产生不可忽视的作用。然而,在基层运行过程中信息质量这一关键要素的受重视程度依然存在不少短板,面临人为限制梗阻,间接对"稳评"运作的效果产生影响。现实"稳评"主要操作对象是各类工程建设项目,评估作业活动涵盖社会调查、专家参与、督查监管等工作,涉及项目审批风险防范必备的信息内容,其中评估活动信息与目标考核体系下绩效评价信息作为"稳评"执行的关键内容,受基层考核对象的高度关注。当基层行政系统中缺乏有效信息透明度,或公开支撑环

[①] Yang F., Li Z., & Huang X. Frontline information disclosure and street-level bureaucrats willingness to follow the rules: evidence from local regulatory agencies in China[J]. International Public Management Journal, 2021,24(6):831-845.

[②] 周俊,徐久娟.社会组织违规的影响因素与多元路径——基于30个案例的定性比较分析[J].北京行政学院学报,2020,129(5):48-55.

境不利于内外部监督力量发挥作用,有可能导致执行部门及一线官员为了短期经济利益而施加蒙蔽性异化行为,甚至在一定条件下出现"反向激励",即官员默许以虚假性扭曲手段获取"稳评"名义绩效并获益,造成实际绩效与名义绩效之间出现背离。据此,信息公开是考察地方"稳评"执行行为不可忽视的关键变量。

3.2.3 行动主体特征

从政治社会学角度来看,政治系统不仅涉及政治权力、制度、规则及其运行,还包括组织内行动者的不断互动与决策行为,制度—心理互动是理解地方政府行为选择不可或缺的分析视角[①],有助于突破传统"晋升锦标赛"及压力理论,对中国地方政府行为研究有新的启示。事实上,基层政府拥有一定自主决策权,形成较大的自由裁量空间,并通过大量具有异质性的一线执行者具体行动反映出来,考察基层治理离不开对行动者特征或主体角色的微观探视。对于绩效管理研究,考核实施过程与被考核者自身特征不可能隔离开来,应当充分融合考虑。已有研究表明,组织内异化行为的发生与行动者个体因素相关,源于职业或岗位等影响呈现出差异性,这种差异性折射出行动者自身的特殊性。在地方政府绩效考核背景下,个体职业发展与目标考核之间存在紧密联系,考核对象受特定规制等环境作用影响其公共服务动机。绩效考核是把激励机制引入政治过程的手段,理性的行为人

---

① 马万里. 中国地方政府隐性债务扩张中的机会主义效应——基于制度—心理互动的分析[J]. 社会科学, 2019 (11):48-59.

会根据情境认知予以策略化回应。就中国本土绩效管理体系来说，任务通常采取层层分解的目标管理方式和量化评价机制，地方官员及基层考核对象的执行行为主要孵化于该体制下的政绩竞争环境，决策者期望利用考核工具把基层部门政绩释放出来，以增强上级组织对工作效能的认可。① 在本书研究中，地方"稳评"政策的实施也恰恰处于发展竞争与多目标工作绩效考核的环境之中，这为引入个体特征的行为研究提供了基础背景。

组织机构中考核对象的个体特征如何表征是一个焦点问题。国外组织管理研究中发展出高阶理论（upper echelons theory），因其预设的研究假定为"人口统计学变量可以作为管理人员认知和价值观的代理变量，如年龄、性别、籍贯、政治背景等"②，使抽象的内在个体特征得以通过具体的外在表征体现出来。高阶理论的核心是"管理人员会对其所面临的情景做出个性化的诠释，并以此为基础采取行动，即个体行为中注入大量自身所具有的经验、性格、价值观等特征"，而这些个体特征可以外显操作为人口统计特征。有鉴于此，中国本土情境下的地方官员面临复杂的决策环境与考核压力，实际上扮演着代

---

① 该逻辑在西方公共部门研究中多以"印象管理"（impression management）进行阐析。参见：Basim HN., Tatar I., Sahin NH. Impression management, self-perception, locus of control, achievement of professional goals and stress: a study in a public sector organization[J]. Turkish Journal of Psychology, 2006, 21(58): 1–19.

② 参见：Hambrick DC. & Mason PA. Upper echelons: the organization as a reflection of its top managers[J]. Academy of Management Review, 1984, 9(2): 193–206; Hambrick DC. Upper echelons theory: an update[J]. Academy of Management Review, 2007, 32(2): 334–343.

理人和自利者的双重角色。作为代理人,需要贯彻上级指令、实现上级意志;作为自利者,追求特定条件下自身利益最大化。这两种角色驱使基层官员权变地、策略性地运用手中的自由裁量权相机执行各种政策。一般认为,在复杂高压的基层行政环境中,对考核对象有限理性下的行为选择影响最深的三个因素为其个人特征(性别、年龄、职务等)、教育经历和工作经历。譬如,考核者的职务高低一定程度表征其承担的组织责任大小,职务较高的考核对象通常既是接受目标责任考核的主要负责人,也是绩效成果展现的把关人,需定期向上级进行报告或迎接临时性检查,对于"稳评"政策执行来说体现为一系列工作绩效及报告展示,作为理性人的考核对象可能出于职业发展等需求对政策执行施加策略性行为。比如,公务人员的年龄不同,其在职务晋升序列中所处的位置和上升空间存在较大差异,这一现象得到不少国内外学者的验证。换言之,处于职业发展关键时间节点的考核对象,对外展示良好政绩的需求程度和动机更为突出,采取非常规手段实现特定利益的越轨行动可能性更高。又如,任职时间的长短可能是组织行为异化的一个影响因子,这是由于长时间在特定辖区或部门工作的考核对象个体,对组织环境、工作环境、考核目标等层面有更加全面的了解,相对于履职不久或经历浅显的人员来说,其通过人为性违规蒙蔽方式获取工作绩效的"技巧"可能会更胜一筹,对政策执行过程中"策略性变通"的主观认知可能更加强烈。据此,本书研究中引入有关考核对象个体变量,对"稳评"执行的异化行为微观机制进行探索性检验。

此外,组织行为研究中机会主义倾向是考察异化行为的又一变量维度,本质上是寻求异化行为发生演变的微观心理机制。机会主义这一概念更多被当代经济学和管理学领域的研究者引用,新制度主义的一个核心假设就是人的行为具有机会主义倾向。一般认为,机会主义反映个体的内心状态,是衡量个体感知"效用"的主观变量,由于现实组织内行动者之间存在信息不对称现象,掌握信息优势的一方可能通过偷懒、欺诈、蒙蔽、异化等手段获取小团体及个人利益。当缺乏有效监管和约束条件时,异化行为获取的"收益"进一步强化了个体的机会主义动机。佩里(Perri,2017)曾经探讨公共行政与政策系统中的机会主义概念、类别、表征等关键问题,并以新涂尔干式(neo-Durkheimian)制度理论为依托对英国内阁及主要行政成员进行探索分析,揭示了不同机会主义表现的深度影响。[①] 普雷特涅夫(Pletnev,2022)以 298 名私营组织雇员进行实验研究,检验机会主义与异化行为背后的 14 个社会和组织因素,并对机会主义水平这一状态进行量性分析。[②] 事实上,在我国基层政府行政活动中,也不乏"投机取巧""打擦边球""上有政策、下有对策""欺上瞒下"等言论及行为,一定程度上反映了组织个体以机会主义心态谋求特定利益的行为表现。有研究者认为,地方政府行为中的届际机会主

---

① Perri. Opportunistic decision-making in government: concept formation, variety and explanation [J]. International Review of Administrative Sciences, 2017, 83(4): 636-657.

② Pletnev D, Kozlova E. Employee's behavioral opportunism and alienation: exploring the factors [J]. Contemporary Economics, 2022, 16(1):106-120.

义,是地方官员作为行动者的策略性选择,对政府行为研究有必要纳入官员个体潜在的"心理维度"[①]。2013年,《人民论坛》问卷调查中心采取分层抽样方式,对全国328名地方政府官员进行问卷调查,发布"中国官员群体的机会主义倾向研究报告"。结果发现,中国地方官员具有较为突出的机会主义倾向,经济形势和政策导向中的不确定性因素,是导致官场机会主义倾向的重要原因。在机会主义心态的影响下,官员最可能忽视的是民意和长远规划。现实中,地方"稳评"制度着重长期目标导向,执行活动成本较大,与快速发展获得的经济绩效相比,其短期效益产出不足,反而可能形成对重大工程项目上马的抑制作用。在此背景下,基层官员主观上干扰"稳评"信息输出过程及结果以换取短期经济利益的动机可能增加,"稳评"作业过程与评估报告环节施加人为异化的可能性增强。基于此,基层官员及考核对象机会主义倾向是地方"稳评"政策执行行为异化的重要因素。

综上,根据以上理论研究成果和论述,本书构建了基于地方"稳评"行为异化的"宏观—中观—微观3M"(Macro-Meso-Micro)理论概念模型,如下图3-3所示。这一分析架构有助于在相关理论及本土实践情境基础上,从立体角度探寻基层"稳评"异化行为生成的逻辑关系。

---

① 马万里,刘雯.地方政府行为变异:一个共时性的分析逻辑[J].人文杂志,2021(1):110-119.

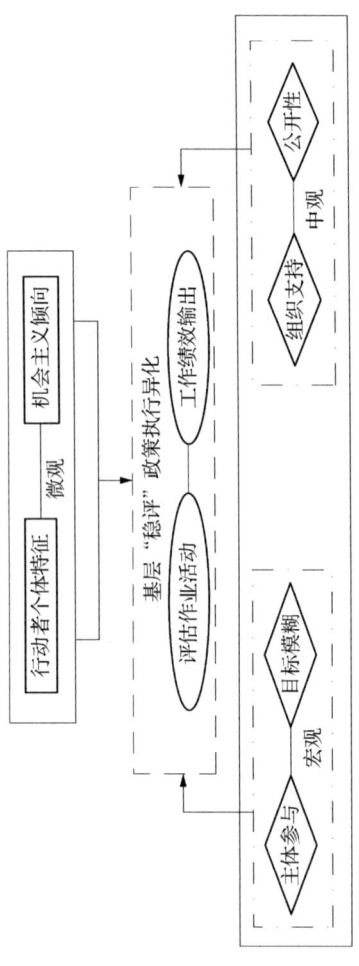

图 3－3 "稳评"执行异化行为形成的理论分析框架

3.3 测量构念和研究假设

3.3.1 构念：目标模糊与主体参与

1. 目标模糊

目标模糊(goal ambiguity)是制度分析和绩效管理研究领域的一个重要概念，不同情境有其差异化理解，但主要反映了制度规则存在形式或组织目标的一种不清晰不明确状态，蕴含着客观事实与主观认知的双重概念。当目标内容不明晰、信息接收对象形成差异性诠释与解读时，模糊现象随即产生。公共部门绩效管理及测量评价中的模糊性是一个突出现象，引起国内外研究者的普遍关注[①]，也为探思公共组织行为开启了一扇窗口。奥图尔和迈尔将目标模糊分为两类：多元目标冲突导致的模糊与单个目标本身内在的模糊[②]。国内学者李声宇(2017)立足组织理论，对理性系统、自然系统和开放系统三种理论视角下的目标模糊进行比较，就目标模糊发生机制进行解释，并提出一个整合性框架。在其看来，理性系统视角下的目标模糊会带来目标替代、象征性执行、运动性治

---

① Oppi C., Cinquini L. & Campanale C. Ambiguity in public sector performance measurement: a systematic literature review[J]. Journal of Public Budgeting, Accounting and Financial Management, 2022, 34(3): 370-390.

② O'Toole LJ. and Meier KJ. Public management, context, and performance: in quest of a more general theory[J]. Journal of Public Administration Research and Theory, 2015, 25(1): 237-256.

理的影响后果①。目标模糊概念的一个解释情境维度是目标多重性,认为公共组织内更多政策目标的存在将稀释个别目标,进而导致特定目标实现面临障碍,冲突性与不确定性随之上升。相对于私营组织的研究,学者们普遍认为公共组织系统的目标设置和治理环境中的利益相关者无论从规模还是构成上都极为复杂,面临各类角色冲突,增加公共管理者的无所适从感和焦虑感,在考核压力和目标冲突之间降低积极的行动效能。

国内外研究者对于目标模糊与政策(制度)执行效果之间开展了长期深入探索,发现前者可能是导致绩效目标/政策失败的重要原因之一。Jung & Rainey (2011)以美国联邦政府 13 495 名职员为样本进行问卷调查,分析结果发现目标模糊对组织绩效的实现产生负向影响,模糊程度越高,个体对公共服务的承诺和履责的投入程度越低,进而阻碍绩效目标②。Choi (2023)等利用来自韩国 47 个中央及地方政府的调查数据进行研究,发现目标模糊显著正向影响组织绩效,通过个体动机诱发内部扭曲行为,提出面对政治系统多维价值观及复杂利益相关者,对绩效扭曲行为需要强化行为控制③。根据 Jung 的

---

① 李声宇. 公共组织目标模糊的发生逻辑与治理路径——基于三种组织视角的解释框架[J]. 中国行政管理,2017 (9):87 - 92.
② Jung CS. Organizational goal ambiguity and performance: conceptualization, measurement, and relationships [J]. International Public Management Journal, 2011, 14(2):193 - 217.
③ Choi S. and Park S. Exploring performance paradox in public organizations: Analyzing the predictors of distortive behaviors in performance measurement [J]. International Review of Administrative Sciences, 2023,89(2):501 - 518.

观点，特定项目和公共政策执行过程通常融合了目标模糊、多重行动者、复杂动态程序、府际关系情境、不可控因素等5大特征成分(见图3-4)。

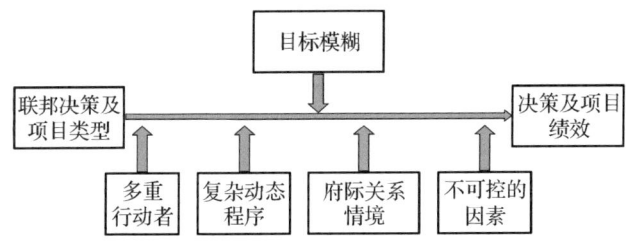

图3-4 公共政策(项目)执行过程的绩效表现

来源：Jung CS. Developing and validating new concepts and measures of program goal ambiguity in the US federal government [J]. Administration & Society, 2012,44(6):677.

公共部门绩效管理中的目标模糊不是恒定的，受到特定政治和制度影响，应综合组织内外多种主客观因素考察其作用。有学者从四个方面分析绩效系统的目标模糊：第一是使命理解模糊(mission comprehension ambiguity)，指在理解、解释和沟通组织的使命目标时可能存在多种方式；第二是指令目标模糊(directive goal ambiguity)[①]，指将抽象目标转换为具体行动准则时存在的不确定性和多面性；第三和第四分别是评估目标模糊(evaluative goal ambiguity)和优先权模糊(priority goal

---

① 国外学者 Lerner & Wanat 最先提出了"模糊命令"(fuzzy mandates)的概念，用以表征公共官僚机构提出的某些模糊性指令对现实执行造成巨大影响，甚至导致政策失败。参见 Lerner A. W., and J. Wanat. Fuzziness and bureaucracy [J]. Public Administration Review, 1983, 43: 500-509.

ambiguity),反映了对组织目标重要性层次的不明晰。章成苏(Chan Su Jung,2012)等基于美国联邦政府 PART (Program Assessment Rating Tool)评估系统进行实证研究,也提出面向目标模糊研究的三种类型。[①] 首先是评估目标模糊,指考核主体对于目标设定表述的多维性,导致难以对目标完成情况进行准确评估;其次是优先权模糊,指目标优先权无法有效区分,导致考核主体无法根据目标有效排序完成绩效;最后是因果模糊,指组织在认识和控制目标实施过程中,对于其影响因素及其后果缺乏清晰的认知状态。

研究显示,目标模糊是制度运行中扭曲行为发生的原因之一,模糊性程度决定了策略性行动的发生范围。模糊与冲突作为公共政策的两个维度,二者不同的组合方式形成不同的政策类型,公共部门行动选择也会不同。美国学者理查德·马兰德(Richard Matland)提出了著名的政策执行"模糊—冲突"模型,将目标模糊与目标冲突进行了分层分析,形成的具体层次包括低度模糊与低度冲突、低度模糊与高度冲突、高度模糊与低度冲突、高度模糊与高度冲突四种类型,认为现实中公共部门通常是在这些"模糊—冲突"情境下做出行为活动与决策。目标冲突往往表现为直接冲突与间接冲突两种状态,前者意味着行政官僚不得不在多重目标下进行利益权衡,在竞争环境下对有限的资源进行区别配置,进而影响到具体

---

① Jung CS. Developing and validating new concepts and measures of program goal ambiguity in the US federal government[J]. Administration & Society,2012,44(6):675-701.

执行行为。近年来,中国学者围绕目标模糊主题也进行了一些本土性的研究探索。袁方成和康红军(2018)以"模糊—冲突"为理论分析框架,从资源分布的空间失衡、政策创制的地方权力主导、地方政策执行情境的不确定性、社会力量舆论压力影响四个层面解释了地方落户政策为何失效的问题。① 朱玉和(2019)以中国环境政策执行为研究主题,通过比较案例分析揭示了政治性执行、试验性执行、象征性执行和行政性执行四类执行过程的运行逻辑及结构特征。② 王法硕和王如一(2021)对"厕所革命"政策执行过程的个案进行深度探索,构建了中国地方政府模糊性政策执行解释框架,其中一个研究发现是高模糊高冲突政策缺少执行资源会造成执行阻滞。③

根据以上研究成果,结合地方政府"稳评"执行的实践特征,本书将目标模糊界定为:在"稳评"政策实施及目标绩效考核过程中,基层考核对象(执行者)存在认知理解误区及制度设计规则和目标考核机制的不明确、不清晰状态。

2. 主体参与

"参与"是当代公共管理与政治学研究领域的高频话语,在现代组织管理与民主制度建设中扮演重要角色。

---

① 袁方成,康红军."张弛之间":地方落户政策因何失效?——基于"模糊—冲突"模型的理解[J].中国行政管理,2018,391(1):64-69.

② 朱玉和.环境政策执行研究:基于模糊—冲突模型的比较案例分析[M].北京:北京大学出版社,2019.

③ 王法硕,王如一.中国地方政府如何执行模糊性政策?——基于A市"厕所革命"政策执行过程的个案研究[J].公共管理学报,2021,18(4):10-21+166.

参与力量来自内部主体与外部主体,二者共同构成参与的主体形式,前者代表了组织内成员,后者则代表了外部监督。大量研究及实践表明,恰当适宜的主体参与可以增强组织内外的沟通与协调,减少信息不对称造成的隐性障碍,创造个体影响组织决策的机会,通过内隐激励获得个体的心理认同并有助于持续提高生产力。美国学者谢里·安斯坦(Sherry Arnstein)提出著名的公众参与阶梯论(亦被称为"安斯坦阶梯"),按层次将其分为八个阶梯:操纵(Manipulation)、治疗(Therapy)、告知(Informing)、咨询(Consultation)、展示(Placation)、合作(Partnership)、权力转移(Delegated Power)、公民控制(Citizen Control),认为参与的本质是权力再分配,公众参与不足将会导致权力异化以及可能的政策行动失败结果。[1]

在公共行政领域,近年来学者们高度关注参与性决策(participatory policy-making)和参与式管理(participatory management)研究主题,探索多主体参与如何影响公共政策执行效果及组织绩效目标,其研究对象不仅限于组织外部的公众市民参与,也关注公共部门内部人员参与的作用机制,其中一个隐含的逻辑是在适当条件下强化参与式管理,使利益相关者对公共事务决策享有一定发言权,会增强组织成员积极性,形成的生产力水平更高。杰西·W.坎贝尔(Jesse W. Campbell)(2016)认为参与

---

[1] Arnstein SR. A ladder of citizen participation[J]. Journal of the American Planning Association, 2019, 85 (1): 24 - 34.

式决策体现决策合法性要求,降低传统命令式管理的负面影响,有助于增强公务人员公共服务动机与效能感,提升工作目标绩效。[1] 刘张立等(2021)以中国乡镇干部及公务员为研究对象,发现在高压力与竞争环境下参与式管理对良好的组织绩效具有正向影响作用,有助于降低官员绩效产出中的博弈行为。[2] 总的来看,尽管对于参与式决策和参与式管理的分析角度很多,但这些分析基本认同其核心本质,即公共组织通过积极吸收组成成员介入管理活动以及绩效目标实施过程,使组织个体与决策者及管理者发生良性交互作用,激发成员个体投入一种鼓励贡献并分担责任的组织环境中,并影响其目标绩效实现行为。

从组织绩效活动的外部主体参与来看,既有研究主要立足于通过公共参与机制,降低组织活动中信息不对称以及回应社会系统对于信息公开的需求,实践表明这有利于改变信息不对称诱发的组织内蒙蔽行为倾向。事实上,信息不对称强化了考核对象施加异化行为的主观动机,借助权力与资源优势,基层官僚可能利用信息漏洞对工作绩效表现进行人为操纵,而外部有效参与是抑制该情形的有力途径。公共组织系统外部力量(如社会团

---

[1] Campbell JW., Im, T. Perceived public participation efficacy: the differential influence of public service motivation across organizational strata[J]. Public Personnel Management, 2016,45(3): 308-330.

[2] Liu Z., Yang Y., & Wu J. Participatory management, goal ambiguity, and gaming behaviors in performance management: evidence from township government cadres in mainland China[J]. Public Performance and Management Review, 2021,44(1): 58-80.

体和公众)参与既是一种有计划的行动,也是施加组织活动监督的手段,它通过内外之间的信息双向交流,使公共活动以及绩效管理运作可以充分为外界知晓,提高公共信任度,最大程度减少组织成员个体因谋利动机引发的异化行为。此外,在绩效考核制度背景下,主体参与还表现为参与式目标设置,即通过对组织目标设定的外部介入,及时发现目标设计与运行层面存在的问题,帮助组织获得有关绩效改进的行动建议与监督,进而推动政策制定与执行朝更有效的方向发展。对于该层面,国内外学者进行了一些有益探索。

参与作为当代管理学及政治学研究领域的热点话题,经过多年发展已经形成较丰富的成果,学者们达成不少共识。研究者普遍认为,参与可以建立组织成员个体对组织发展的良性预期,树立管理监管理念,增强成员之间互动交流,降低组织活动异化行为风险。近年来国内研究也产生了大量探索,但总体来看着眼于组织外部社会公众参与的研究成果较多,而聚焦公共部门政策执行活动以及目标绩效实现过程中的内部参与的研究不足,即存在"重外轻内"的情形,缺少公共部门内部公职人员参与对其行为输出的影响机制研究。有鉴于此,本书研究以中国基层政府"稳评"政策执行为探测窗口,获取并增进该层面的研究启示。

3.3.2 目标模糊、主体参与及基层"稳评"执行异化研究假设

1. 目标模糊对基层"稳评"执行异化假设

根据前文理论分析及构念界定,目标模糊对组织内政策执行异化行为具有潜在关联影响,客观绩效测度与主观感知的模糊程度越高,考核主体施加异化行为以回应制度压力的可能性越大。这一逻辑链条除了反映在制度设计本身存在的客观属性,也体现在基层执行主体对于"稳评"制度及多目标考核情境的认知。

首先,目标规范的模糊性。现实中,基层政府及相关职能部门在制定"稳评"政策实施规范过程中,为了展现与中央政府及上级机构的表面一致性,多数都是照搬宏观性政策指导原则和总体要求,"依葫芦画瓢",用语内容高度相仿,整体上呈现相对笼统模糊的政策实施规范,如对"稳评"制度的设立原则、评估范围、评估方向、评估责任等表述,不乏诸如"应评尽评""合理可行""谁决策、谁评估、谁负责"等含混性语言,政策文件层层转发、层层加码,而落脚到一线部门的具体操作信息却往往是语焉不详。笔者曾对西部 S 省 26 个县区与东部 J 省 11 个县区政府网站公开发布的"稳评"官方文件进行文本分析比较,结果发现在文字说明上雷同率极高,几乎照搬套用上级部门的政策指导性用语,而明确的细则明显欠缺,即便针对专业性较强政府部门的"稳评"工作文件(如发改委、自然资源部门、项目工程管理部门)也表现出很强的政策指令模糊性特征。实际上,行政层级越高的地方政府,"稳评"政策对外诠释的目标模糊度越大,信息失真的可

能性越突出,而目标规范模糊性客观上会给基层执行活动带来干扰,也意味着不同执行者对"稳评"政策目标及实现方式的认知理解发生偏差,这间接影响其行动取向,在绩效考核体系下以扭曲异化行为应对"稳评"工作目标的主观动机增大。同时,根据当前各地区"稳评"组织管理体制及工作程序要求,基层政府部门"稳评"实施工作一般以相应评估报告作为主要考核督查依据,重大工程项目报告编制及上级督查则以最终行政审批要件形式予以跟踪,并要求呈交有关主管部门备案(如政法委、发改委),其间评估报告真实性及质量认定存在监督盲区。

其次,目标责任的模糊性。对于地方政府而言,重大投资项目类别多样,建设周期长,其招引、跟踪、运营、管理等过程具有复杂性,相应"稳评"工作实施与多个纵向横向政府部门关联,决策方、评估方、责任方三者关系互有交叉重叠和利益冲突,评估方未必是实际的项目风险承担者,项目决策方也未必是最终评估责任的承受者,这一现象在某些跨域型工程建设项目中表现得尤为明显(如由中央企业投资而落地基层政府的配套工程建设项目)。即便是委托社会第三方实施项目评估,社会风险责任的最终承担者也可能因为"共谋"发生事实上的目标模糊性。换言之,现实基层"稳评"执行存在风险分配的模糊边界,而自上而下层层施压的行政指令可能加剧内部冲突,其结果是在部门间和府际形成对"稳评"政策执行的权责模糊认知,并间接诱发基层部门策略性扭曲行为。研究表明,多任务目标下政府受制于有限的治理能力,政策执行和管理活动实施状况往往取决于目标需求和利益之间的竞争和博弈①,根据政策执行理论的模糊—冲突模型,当一项制度或政策实施过程兼具模糊性和冲突性特征时,其现实运作模式很可能发生"象征性执行"的异化现象,即脱离政策预期目标的虚假执行,甚至出现投机性操纵行为以实现个体私利。

再次,考核优先权模糊性。一直以来,目标责任考核是中国本土情境下公共治理目标实现的关键抓手,旨在利用绩效考核工具推动特定政策目标,但在现有中国地方政府考核体系中,考核目标存在多重性与优先性的客观特征,并影响基层官僚的行动选择。② 基层考核对象面向众多复杂多级目标设定"无所适从"以及"考评规避责任"等问题带来一系列心理冲突,诱发个体层面的认知障碍。尽管各地考核指标体系中安排了优先权(具体表现为权重分数、领导重视度),"稳评"工作也被设置为其中一项子目标,但具有同等位次以及较高优先权的考核指标数量众多,且不同指标绩效实现状况可能对应不对等的责任承付与行动成本,考核对象需要将有限资源在优先权相似指标配置进行权衡,出现复杂冲突的心理感知结果,从性质上来看这种感知状态具有考核优先权目标模糊的概念特征,对于无力承担多目标压力的基层考核对象而言,脱离实际目标的异化行为可能成为一项风险性选择。特别地,经济发展和社会稳定双重任务考核设

---

① 陈科霖.中国国家治理的三元结构与互动逻辑[J].公共行政评论,2018,11(6):207-208.

② 赵继娣,何彦伟,汤哲群.街头官僚优先处置何种任务?——一项基于离散选择实验的任务选择逻辑研究[J].公共管理与政策评论,2022,11(4):69-84.

定与实际官僚组织激励存在不兼容的事实冲突,在基层组织层面一定程度反映了对考核优先权认知的模糊性状态,并作用于基层官僚的策略性回应行动。国内有学者认为,目标责任管理体制下,中央政府对地方政府实际推行的是一种目标高约束性和手段低约束性并行的模糊性思路,也就是说,在大的制度环境允许的前提下,基层政府无论怎样做,只要能够恰当地符合基本政策要求而"不出事",就会被上级默许乃至认可①。这一状况为考察基层"稳评"执行中的异化行为提供了启示思路。

此外,目标模糊与基层"稳评"执行异化关系还可能与考核对象对目标责任追究的主观认知有关。一直以来,在地方政府目标考核文本表述中,"稳评"责任履行不力的惩戒方式与一些常规类考核目标并无明显区别,具有很大程度的重合性,如使用"严厉追究相关人员责任""视情况严重性给予严肃处理""取消部门评优资格"等模糊语言,具体追责形式、内容界定往往语焉不详,实际运行效果更是大打折扣,这很大程度上可能对考核主体策略行为选择形成影响,间接诱发"稳评"作业活动及绩效报告输出中的蒙蔽性行为。根据制度理论,制度压力的内容模糊且不易形成共识理解时,受到压力影响的组织及个体可能使用扭曲手段予以回应。综合以上分析及国内外成果,此处提出如下研究假设:

H1:目标模糊对基层"稳评"政策执行异化行为的形

---

① 王汉生,王一鸽.目标管理责任制:农村基层政权的实践逻辑[J].社会学研究,2009,24(2):61-92.

成具有显著正向影响,模糊认知程度越高,异化行为越有可能发生。

2. 主体参与对基层"稳评"执行异化假设

主体参与在绩效管理和政策执行研究中获得更多关注,异化行为研究视角主要集中在两个层面:一是信息不对称背景,即如何通过强化参与,降低信息不对称带来的效用损失及人为操控;二是从组织目标管理角度出发,研究"参与式目标设置"(participatory goal setting)的影响。"稳评"制度是基于对重大工程项目(政策)进行风险评估的目标预设和审批前置手段,运行过程体现一定程序性活动,主要依赖地方目标责任考核予以推动。现实中,政府部门是重大项目的主要牵头方或发起方,占据项目建设内容及运作状况的信息优势,公共部门与利益相关方之间存在不可回避的信息差,而信息不对称通常被视为政策异化行为形成的重要诱发因素,在缺乏有效外部参与的状况下,可能发生基层部门控制"稳评"作业过程及评估报告输出以实现特定利益的后果。根据已有研究观点,组织内掌握信息的一方常常会通过敷衍、欺诈、篡改等手段获取小团体及私人利益。同时,信息不对称也表现为政府系统内部上下层级信息资源的实际掌控状态,即制定"稳评"目标考核的上级职能部门或主管部门与一线执行组织之间存在信息不对称,前者很难实际监控不同部门"稳评"执行中的全部活动,其间执行方可能施加扭曲异化行为消极应对,甚至制造虚假的"稳评"工作政绩,以满足本部门及基层官僚在多目标考核环境下的特定利益需求。

立足组织管理参与式目标设置角度,公共部门体系的内部参与状况也可能与政策异化行为产生关联。通常,"稳评"制度已纳入地方目标责任考核,参与从组织内部来说体现为考核对象对"稳评"考核的影响状态。伴随考核中参与式管理的不足或失效,可能发生目标设置与基层实际相冲突的情况,作为一种被动适应的方式,基层考核对象可能通过虚假、控制等异化行为予以回应,这种方式的出发点往往是避免由于难以完成考核目标导致的不利影响。在该层面,国外一些研究也佐证了在目标考核体系下参与式管理与异化行为之间的关系,个体参与绩效考核的相关讨论受到关注,不应忽视组织内部参与对于考核目标实现的隐性作用。调研中发现,基层考核对象往往被动接受上级施加的层层考核目标而实质性参与受限,这反映上级部门或许缺乏对考核对象实际状况的全面了解,缺少对实现"稳评"目标能力的认知。更为关键的是,当考核对象感知到自身参与的渠道受到阻碍时,可能视为上级制定考核程序及过程的不公正,在行政位阶层级作用下,目标责任指标分解并转移压力,基层部门不得不被动接受考核目标,进而将异化行为作为一种消极回应,这一层面的相关理论逻辑支撑也得到国外有关研究的佐证。根据笔者对东部 X 市 T 区政府职能部门的调查访谈,"稳评"工作考核以上级主管部门下发行政指令,强制予以执行,考核对象参与考核目标几为空白,强制性施压方式诱发了现实多种矛盾,引发基层部门对绩效目标的"消极抵抗"。基于以上分析,此处提出如下命题假设：

H2：主体参与对基层"稳评"政策执行异化行为的形成具有显著负向影响，参与程度越低，异化行为越有可能发生。

3. 主体参与对目标模糊的关系假设

"稳评"作为一项风险评估导向的政府职能活动，影响关系链条复杂，实际运行与多个利益主体关联，包括决策者、基层考核对象、跨部门组织和公众、媒体、专家、社会第三方等外部主体，共同构成"稳评"制度目标实现的主体影响源。国外一系列研究发现，扩大有效主体参与将对制度目标制定内容和结构产生影响，使制度规则以更加明确、清晰、可控的形式展现，从而减少目标模糊和信息不对称带来的政策执行冲突。对基层"稳评"实践来说，外部社会主体的参与或将有利于推动重大工程项目信息披露和公开，展现一线部门的反馈信息，促使"稳评"制度设计及规则制定能够符合社会利益需求及基层组织实际，降低制度目标模糊性。有效的外部主体参与也有助于加强监督，使"稳评"活动信息及相应工作考核更具有针对性和操作性，改变封闭式环境下照搬上级原则性标准的模糊性缺陷，使之真正成为推动基层"稳评"工作的有力管理工具。

立足公共部门内部参与式管理视角，"稳评"主体参与一定程度上反映考核对象对于"稳评"目标设置的影响，可以促进行政体系内部上下级之间的信息沟通，避免简单粗暴式行政指令施压带来的负面影响。国外的研究经验显示,管理者在制度目标设置中对下级提供参与机会的多寡,直接影响组织目标设置质量和实现效果。[①] 埃德蒙·C.斯塔兹克(Edmund C.Stazyk)等人针对公共部门的研究发现,"参与式管理"缺失使下级意见和真实想法难以被上级有效吸收利用,决策以自上而下的强制指令为主,政策不透明、繁文缛节等组织痹症将更严重,最终带来下级对于组织目标的认知模糊、角色紊乱等问题。[②] 相反,当组织部门及考核对象个体面对复杂工作指令时,主动的参与式管理有助于调动组织成员工作积极性和上下级联系,向上级传递对特定目标的认知信息,降低制度规则模糊度以及由此产生的角色冲突。"稳评"作为绩效考核的一部分,与其他任务一起构成复杂的绩效目标体系,其间存在多角色和多目标情境下的行动选择矛盾。"稳评"制度设计及考核规则制定过程中,内部主体有效参与对于产生清晰恰当的行动指向具有特殊价值,参与不充分无法得到基层部门的真实信息,可能发生只注重表面的形式化表达,出现模糊泛化、脱离基层实际的抽象规定等,进而导致"稳评"目标设置虚化和个体角色冲突。基于如上分析,提出如下研究假设:

H3:主体参与对于目标模糊具有显著负向影响,表

[①] Bruijn HD. Performance measurement in the public sector: strategies to cope with the risks of performance measurement[J]. International Journal of Public Sector Management, 2002, 15(7): 578 - 594.

[②] Stazyk EC, Pandey SK and Wright BE. Understanding affective organizational commitment: the importance of institutional context[J]. American Review of Public Administration, 2011, 41 (6):603 - 624.

现为随着内外参与的削弱,"稳评"政策执行的模糊性可能更突出。

4. 目标模糊中介作用的研究假设

前文理论分析述及,目标模糊是诱发考核主体策略行为的重要因素,对制度目标的模糊性认知也影响个体行动选择取向。"稳评"政策执行目标模糊更多体现在制度设计及相应目标责任考核,反映基层考核对象及一线执行者对于具体规则和考核目标认知的一种不明确、不清晰的感知状态,以及隐性的角色冲突,这一认知状况作用于考核对象的主观判断,并影响其应对行为。目标模糊带来的冲突往往意味着基层官僚不得不在多重目标下进行利益权衡,确立最符合自身利益需求的行为路径,多目标背后隐藏着上级注意力趋向和资源配置的差异。国外一些研究认为,公共部门目标模糊的形成因素是多元的,其中制度自身特征与考核目标设置环节占据重要位置,包括任务设计、优先性、领导倾向、参与、控制机制等都具有一定程度影响。埃德蒙德·C.斯塔兹克(Edmund C. Stazyk)和霍莉·T.戈尔德尔(Holly T. Goerdel)[①]利用美国国家行政研究计划(National Administrative Studies Project,NASP)的调查数据进行实证研究探索,验证了目标模糊对组织管理有效性的负向影响,以及在目标决策政治支持和绩效管理有效性之间的中介效应。

---

① Stazyk EC, Goerdel HT. The benefits of bureaucracy: public managers' perceptions of political support, goal ambiguity and organizational effectiveness[J]. Journal of Public Administration Research and Theory, 2011, 21(4): 645-672.

相关研究表明,目标模糊可能会通过一定的组织机制对考核对象的行为选择产生衔接作用。

从我国基层政府"稳评"执行实践来看,目标模糊也是影响考核对象行为策略与实施结果的关键因素之一。如"稳评"规则中有关"属地管理"以及"谁决策、谁评估、谁负责"等基本规则设计要求的权责划分原则,可能导致决策者与评估工作执行方实际存在合体的现象,而评估实施责任与问责机制模糊性,政府体系"条条"与"块块"之间存在的复杂交叉状况,进一步增加了"稳评"工作执行过程的不确定性。美国学者玛利·K.菲尼(Mary K. Feeney)等人研究认为,目标模糊状态导致公共部门不得不耗用大量资源以应付工作中的繁文缛节。[①] 随着繁文缛节的增加,考核对象施加人为异化行为的空间将扩大,可能出现采取各种变通方式进行回应,或者利用制度漏洞进行消极应付。具体到基层"稳评"实施活动,在目标考核转移压力作用下,考核对象可能利用目标模糊和参与不足,人为控制"稳评"作业活动与评估报告输出,制造发布夸大、歪曲的工作绩效以应对考核压力。结合国内外研究成果及现实调查,此处提出以下理论假设。

H4:目标模糊在主体参与和"稳评"政策执行异化行为之间具有中介作用。

---

① Feeney MK. Personnel flexibility and red tape in public and nonprofit organizations: distinctions due to institutional and political accountability[J]. Journal of Public Administration Research and Theory, 2010, 20(4): 801-826.

综上,本书围绕目标模糊、主体参与的理论构念和基层"稳评"政策执行异化行为的形成,提出如下研究假设模型,如下图3-5所示。

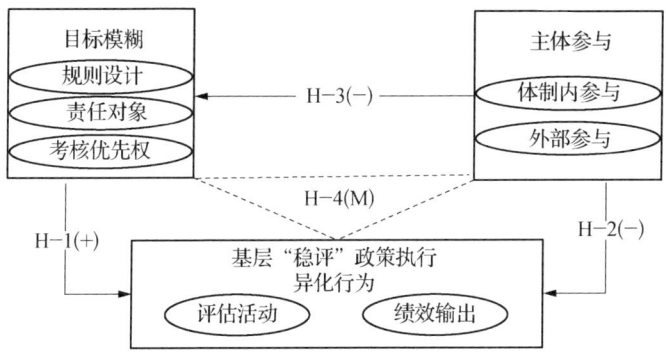

图3-5 目标模糊、主体参与和"稳评"政策执行异化行为假设模型

3.3.3 构念:公开性与组织支持

1. 公开性

21世纪以来,信息公开性(透明性)研究快速进入企业管理和公共管理研究视域,围绕政府管理及公共政策层面涌现出大量成果,学者们给出了不同定义及判断。黛比·L.拉比那(Debbie L. Rabina)以构建公开性信息政府为命题,认为公开性反映了政府信息传输的自由度和监管空间,公民有权接触政府运作相关流程信息以实现社会监督目标。① 本·亚伦(Ben-Aaron)等人从透明性视角引入对公开性的讨论,提出了政府公共政策应遵循

---

① Rabina D L. Open government: collaboration, transparency, and participation in practice [J]. Government Information Quarterly, 2011, 28(1):129-130.

的"积极透明性"和"反应透明性"两个维度,代表了政府决策者的回应能力。① 奥地利学者丽萨·施密特胡伯(Lisa Schmidthuber)等人以欧洲国家调查为背景,提出了政府公开性水平是国家民主和民众民主参与能力的体现,与社会信任度密切关联,应强化政府系统公开性为导向的体系改革,增进信息透明度。② 整体来看,尽管相关研究来自不同情境,分析视角和具体思路也存在差异,但均强调组织及个体对所施加影响的公共机构具有信息索取和参与的权限。

在政府及公共行政研究领域,有关信息公开性分析主要聚焦于其影响效应与作用机制,反映决策环境、组织及成员个体行为、政治系统改革等层次,突出信息公开性的特殊意义。例如,芮国强、宋典③通过社会公众调查分析,揭示了政府信息公开的内容、渠道和效果对政府信任有着积极的促进作用,并提出政府部门应拓展更多的信息公开渠道,提升社会公众对政府的信任水平。刘佳立足地方公共财政的视角进行实证研究,结果显示地方政府财政透明与行政管理支出呈现显著负相关关系,财政信息的透明和公开促进了地方行政管理成本的降低,提

---

① Ben-Aaron J, Denny M, Desmarais B, et al. Transparency by conformity: a field experiment evaluating openness in local governments[J]. Public Administration Review, 2016, 77(1): 68 – 97.

② Schmidthuber L., Ingrams A., Hilgers D. Government openness and public trust: the mediating role of democratic capacity [J]. Public Administration Review, 2021, 81(1): 91 – 109.

③ 芮国强, 宋典. 信息公开影响政府信任的实证研究[J]. 中国行政管理, 2012(11): 96 – 101.

出加大财政信息公开范围和力度,打造高效透明政府。[①]倪星和许凤显以韩国李明博政府和朴槿惠政府执政期间的375个样本为对象,依托政府机关权力指数和信息公开年度报告等统计数据进行实证研究,发现信息公开程度与政府清廉度显著正相关,信息公开缓解了行政权力给政府清廉带来的负向影响。[②] 与此同时也有一些研究表明,公开性对政府公共组织的作用机理十分复杂,不同组织文化、行动情境、政治体制等产生多维度作用,对其影响应确立更审慎的认知路径。例如,荷兰学者亚历克斯·英格拉姆(Alex Ingrams)以荷兰警察系统信息公开为背景,分析发现制度与环境的复杂性,包括政府预算压力、法治规范限制、部门界限等因素对警察系统信息公开产生负向影响,并反作用于任务网络。[③] 这些研究的启示是,对于公共部门信息公开性与其效应,应当结合具体情境从更多元视角探索其内部关联。

本书探讨绩效考核情境下信息公开性对中国基层"稳评"政策执行异化行为形成的影响机制,相对于广义的公开性来说,此处的公开性主要表现为绩效目标实现过程的透明度,以及考核对象所在组织对外开放"稳评"活动信息并进行反馈处理的能力。来自中国基层政府的

[①] 刘佳.地方政府财政透明对支出结构的影响——基于中国省级面板数据的实证分析[J].中南财经政法大学学报,2015(1):21-27.

[②] 倪星,许凤显.行政权力、信息公开与政府清廉度——基于韩国中央政府机关的实证研究[J].理论与改革,2021,239(3):102-117+156.

[③] Ingrams A. Managing governance complexity and knowledge networks in transparency initiatives: the case of police open data[J]. Local Government Studies,2017,43(3):364-387.

实践表明,信息透明性影响社会信任度,在相对封闭的环境条件下考核主体更可能发生欺骗、蒙蔽、人为操控等异化行为,从而破坏政策执行效果。根据以上研究,此处将公开性界定为基层政府"稳评"政策执行过程中开放必要信息和工作绩效显示的透明度状况。

2. 组织支持

组织支持理论(organizational support theory)由美国著名社会心理学家罗伯特·艾森伯格(Robert Eisenberger)等人在社会交换理论和组织拟人化思想的基础上提出,迄今已经有大量关于组织支持的研究文献在心理学、管理学、政治学等社会科学领域全球顶尖期刊发表。在研究主题上,学者们围绕组织支持的概念结构、因果关系和作用机理展开,形成了较为完整的分析框架及话语,对组织行为研究有重要影响。[①] 按照该理论观点,对于组织绩效和目标实现过程中的奖励、赞赏和认可,组织成员形成了对其工作付出或贡献重视程度以及目标关注程度的总体认知和看法。换言之,组织支持被看作组织成员的一种心理感知,即确信个体需要帮助完成工作目标以及面对巨大压力的工作环境时,组织能否给予必要的支持。

"组织支持"的结构内容或测量维度是学界研究的焦点,迄今尚未形成统一认识,但总体来看比较主流的划分

---

① Prysmakova P., Lallatin N. Perceived organizational support in public and nonprofit organizations: systematic review and directions for future research[J]. International Review of Administrative Sciences, 2023, 89(2):467-483.

可以归为三个层面。第一,单维度组织支持。这属于一类传统认知,按其观点组织支持被视为组织内成员的心理感受,其界定与社会支持、个体工作压力相关,强调组织成员在面临外界增大压力时,可以从组织中获得情感上的支持。通常认为,这种单维概念的测量不利于综合把握组织支持的作用机制,以及组织内部结构对个体行为的影响。第二,双维度组织支持。这种观点强调组织支持不应当是从单一的情感维度来看待,工具维度(如信息、设备、资源等)也是关键的构成内容,并作用于组织绩效结果。张燕等以中国本土情境为背景,阐析了组织支持概念与西方情境下认知的某些差异,强化了上下级关系、程序正义、目标绩效等要素内涵,将东方国家文化因子纳入其中,特别是提出"上级支持"这一要素对组织支持理论构念的充实[1]。第三,多维度组织支持。持该观点的国内外学者最为集中,提出组织支持结构维度呈现多元化,应根据不同类型组织实际状况来提炼组织支持的结构内涵。例如,国内学者宝贡敏和刘枭[2]以中国为背景,认为组织支持由感知组织制度支持、感知组织制度保障、感知主管任务导向支持、感知主管关系导向支持、感知同事工作支持和感知同事生活支持构成,是一个多维的复合性概念。已有研究发现,组织支持使成员感知到

---

[1] Zhang Y., Farh JL., Wang H. Organizational antecedents of employee perceived organizational support in China: a grounded investigation[J]. International Journal of Human Resource Management, 2012, 23(2): 422-446.

[2] 宝贡敏,刘枭. 感知组织支持的多维度构思模型研究[J]. 科研管理, 2011, 32(2): 160-168.

组织对其工作的回应程度、提升成员的情感承诺和工作满意度,对于提高现实组织绩效具有重要意义,其反映了组织成员对于组织目标和工作绩效实现过程中资源供给的心理判断。同时,随着研究的不断深入,组织支持理论不断与其他理论相融合,其中依托资源依赖论(resource-dependence theory)的探索最为突出。资源依赖理论通常把组织视为一个政治行动者,认为组织行为策略与资源获取、权力支持密切相关。实现制度目标需要依赖多种不同资源,而这些资源不可能也无法完全由单一组织内部提供,权力和政策供给构成组织目标绩效实现的基础。一般认为,组织管理过程强调程序性和权威性,在一定政策框架下推进组织目标,而相应资源保障也就成为绩效活动中不可或缺的条件,直接影响组织行动。以上研究观点为下文提出有关组织支持的理论假设提供了有力依据。

根据张燕等人的研究,组织支持的重要表征是组织成员认知的上级支持对于特定组织目标达成及资源供给的实际影响效应。上级(注:中国情境下体现为主管政府部门及主要领导)作为目标实现的决策者与监管者,承担组织目标规划、绩效评价和传达指令信息的角色,正因为如此,组织成员通常把上级态度作为组织支持的关键内容。加拿大学者帕斯卡·派勒(Pascal Paillé)以加拿大魁北克省公共部门为研究对象进行实证分析,结果发现成员感知上级支持与其工作投入和信任具有显著关系,这种支持既来自上下层级情感层面,也体现在政策工具层面,感知到的上级支持越强,个体工作投入和信任水平越高,反之则出现负向效应①。此后有研究引入"领导—成员交换"(Leader-Member Exchange)的概念及研究视角,对组织系统上下级关系及衍生效应进行阐析,丰富了组织支持的理论内容。以上研究角度不同,但传递一个明确信息,即上级支持对组织内个体行为及工作目标实现具有重要作用,这对本研究基于组织支持的理论假设构建提供启示。

以中国基层政府为背景的政策执行和绩效管理实践中,组织支持的内容主要表现在两个方面。一是从考核角度,即基层考核对象感知到的政策实施支持,包括考核内容和有效性。当考核对象感知考核规则和上级支持有限时,可能对政策本身产生怀疑,导致目标考核"有名无实"或流于形式,也可能由此对绩效目标采取消极敷衍应对,产生扭曲异化执行行为等。二是从领导支持角度,即一线执行者感知到的主管部门及组织领导对实现特定任务目标所提供的支持性资源,包括人力、物力、信息、财力、必要的行政授权等。比如,基层政府运行中"领导出面"是一种组织支持体现,反映了领导注意力分配与后续可能的资源配给。当考核对象发现上级或主管部门必要的工具性支持不足,甚至虚有其名、有名无实时,将会激发排斥心理作用,在考核施压下有可能为追求短期政绩而采取一系列扭曲性"策略行为",包括消极应付考核目

---

① Paillé P, Grima F, Bernardeau D. When subordinates feel supported by managers: investigating the relationships between support, trust, commitment and outcomes [J]. International Review of Administrative Sciences, 2013, 79(4): 681-700.

标。综上,组织支持的理论构念与基层考核对象的行为选择有隐性关联,这就为本研究构建基层"稳评"政策执行异化行为的关系假设奠定基础。

3.3.4 公开性、组织支持与基层"稳评"执行异化研究假设

1. 公开性与基层"稳评"执行异化的关系假设

制度分析理论框架下,关于公开性和组织内异化行为关系的研究中,学者们主要立足于公开性体制与结构创造的信息交互环境,探讨对提升制度合法性、抑制人为性操控异化行为的影响作用。从中国本土情境出发,"稳评"制度与地方政府重大工程项目的报批上马密切关联,具体作业活动中涉及调查评估、信息传递、组织保障、考核督查等多个环节,尤其关键的"稳评"报告是项目决策的重要支撑材料,也是基层考核对象政策执行工作绩效的体现,与基层部门及考核对象利益密切相关。当"稳评"过程及结果信息公开性得不到保障、基层工作绩效封闭时,行政系统激励和接受监督的有效性无疑受到损害,一线执行者行动预期或发生变化,受到地区经济发展冲动及短期政绩需求的强烈刺激,"稳评"执行可能出现人为操控、制造虚假结果等异化行为。乔赛亚·波士顿(Joshua Boston)等的研究也提出,伴随组织体系公开性环境的缺失,内外约束关系将会失衡,个体投机机会主义和发生"道德风险"的概率大大提高[1],这种通过操控手段

---

[1] Boston J., Homola J., Sinclair B., et al. The dynamic relationship between personality stability and political attitudes [J]. Public Opinion Quarterly, 2018, 82(SI):257-279.

实现小团体内部特定利益或目标的扭曲行为应当引起高度重视。同时,缺乏必要的信息公开也可能会使基层执行者对"稳评"制度产生负面预期,以操控异化方式快速推进项目上马的行为动机或上升,以至于出现回避"稳评"作业活动、调整及制造虚假评估结果等应对策略。换言之,公开性影响基层执行者对"稳评"政策执行环境和目标实现的主观认知及外部约束,异化行为也就可能成为一种消极应对的策略手段,并进而作用于实际"稳评"作业活动过程及结果输出。

绩效管理研究表明,当组织内公开性环境不足以对绩效结果形成有效约束,且难以通过其他正常途径构成必要的制约时,可能诱发异化行为。例如,卡尔金·亚历山大(Kalgin Alexander,2016)针对俄罗斯地区公共部门绩效考核进行研究,发现政府信息公开与绩效数据异化行为之间存在显著关联,信息公开性欠缺,可能刺激考核对象采用数据信息操纵、蒙蔽欺骗等扭曲行为。[①] 在公共组织行为研究中,公开性还反映为组织成员在多目标环境下的资源配置,即将有限资源放到公开性强和关注度高的目标上,减少公开性低的目标的资源。"稳评"作为一项融合复杂利益的政策行动,其执行离不开必要的资源依托,而公开性不足对基层官僚来说一定程度上意味着约束度下降,其完成目标的相应资源供给预期或发生变化,受地方目标考核有限性因素倾向,考核对象可能对

---

① Kalgin A. Implementation of performance management in regional government in Russia: evidence of data alienation [J]. Public Management Review, 2016, 18(1):110 - 138.

"稳评"作业过程及工作绩效施加与制度目标不符的控制,包括行政干预、敷衍消极应对、偷工减料等。

同时,国外多项实证研究发现,信息公开性程度对组织行为选择产生影响,相关理论模型及分析也不断涌现,并在一定程度上获得国外情境层面的检验,而面向中国本土特定政策执行的实证研究相对缺乏,基层"稳评"执行异化行为形成的背后是否有信息公开性因子的潜在影响,该层面尚未有来自中国行政组织背景下的科学检验。基于此,本研究提出如下假设:

H5:公开性对基层"稳评"政策执行异化具有显著负向影响,公开性水平或程度越低,异化行为越有可能发生。

2. 组织支持与基层"稳评"执行异化的关系假设

前文理论分析述及,当感知的组织支持不足时,绩效考核环境下的考核对象采取扭曲异化手段应对目标考核压力的现象更有可能出现,这一逻辑思路可以借鉴引入基层部门"稳评"执行的系列行为解释。现实"稳评"实施的主要对象是重大工程建设项目,涉及多元行动主体,其间因项目建设往往伴随复杂的利益冲突,"稳评"执行和一线评估作业活动需要工具性资源的配合支撑,更需要来自行政系统内的坚定支持,在中国地方行政体制下这主要体现为上级主管部门及主要领导的支持,包括政策诠释、考核督查、物质保障、信息整合、机构协调等外部层面的具体支持,以及基层考核者对"稳评"政策的心理认同。事实上,组织支持取向和程度往往决定基层"稳评"

工作目标绩效的实现状况,也间接影响基层考核者个体的行为选择。

国外大量研究从实证分析角度提供了有关证据,表明考核对象对于目标活动中组织支持的判断会关联异化行为的发生。例如,M.H.乔丹(M.H. Jordan)等人对公共组织部门的研究表明,有效的组织支持有助于强化组织成员与上级之间的良好关系,巩固组织系统内积极的工作承诺,并由此影响组织与个体绩效产出,相反,则可能导致工作中出现消极怠工、绩效异化等不良行为[①]。面向"稳评"执行,课题组成员通过对西部和东部省份6个区县基层部门的实地调查,也发现了类似的行为轨迹:当上级部门尤其是主管领导态度坚定,提供强有力组织协调及配套支持时,"稳评"执行往往能够进展顺畅,目标考核的促进和激励作用更加突出,背离政策目标的扭曲性行为受到约束和控制;反之,基层部门对"稳评"政策执行取向则表露出更多的消极情绪,欺骗蒙蔽等投机行动更可能发生,甚至出现抵制工作目标、制造虚假评估活动和工作绩效等异化行为。这一行为现象间接反映出组织支持对基层部门"稳评"政策执行的实施过程及绩效产生影响,支持度不足可能引发有违政策目标的异化行为。

根据实践调查,组织支持的另一个层面体现在相关

---

① Jordan MH, Lindsay DR. and Schraeder M. An examination of salient, non-monetary, factors influencing performance in public sector organizations: a conceptual model [J]. Public Personnel Management, 2012,41(4):661-684.

支撑政策是否得到有效应用,以及考核对象个体对具体政策的心理认知,这包括绩效公平、赏罚奖惩、专业培训等。结合地方"稳评"实践背景,目标绩效考核充当着关键指挥棒,其中围绕责任追究的心理认知构成考核对象行动选择的重要基础,即目标考核机制是否能够为基层"稳评"实施提供实质性支撑。考核对象当发现考核取向或实际责任承负不合理、不公正时,或降低对政策的心理认同,间接影响工作积极性和具体行动,为了短期政绩可能发生"稳评"实施中的异化行为。换言之,考核机制若不能为"稳评"执行提供有力支撑,问责目标尤其是惩戒环节不能得到有效实现,基层考核对象以扭曲异化的行为方式应对政策执行的可能性增大。因此,目标考核机制本质上是一种支持性治理工具,释放政策支持信号,并影响基层部门行动选择。

我国"稳评"相关研究中,学者们针对目标责任考核体系的不足提出了若干意见,揭示出刚性欠缺、责任虚置、结构不合理等问题,亟待优化完善。同时,一些地方政府基于"稳评"的目标考核还主要停留在工作任务分解下压、层层转移责任层面,而不是真正帮助一线部门解决工作实践中的难题。在此境况下,基层考核对象多有怨气,在认知理念和行动上容易产生抵触,用扭曲行为予以回应。根据以上分析,并结合艾森伯格关于组织支持的理论成果,本研究将组织支持分为"上级支持"和"惩戒问责"两个维度,并提出如下研究假设:

H6:上级支持对基层"稳评"政策执行异化具有显著

负向影响,考核对象感知到的上级支持水平越低,异化行为越有可能发生。

H7:惩戒问责对基层"稳评"政策执行异化具有显著负向影响,考核对象感知到的惩戒问责支持程度越低,异化行为越有可能发生。

3. 公开性的调节作用

实践中,地方"稳评"制度运行管理和考核机制通常遵循以下轨迹模式,即上级经济发展规划部门(如发改委)或主管机构(如政法委)牵头设立"稳评"工作领导小组,各自或联合制定目标考核要求、考核指标等,基层组织根据政策指令具体实施执行,在考核指挥棒作用下推进系列作业活动过程和工作绩效。根据前文理论分析,"组织支持"和"公开性"两大因素可能对基层考核对象"稳评"政策执行中的行为取向具有交互影响。通过对区县政府一线部门调查,初步发现以下基本特征:在基层部门直接承担参与评估的"稳评"项目中,执行活动总体信息公开程度较高时,代表上级部门对"稳评"的关注和重视,相应资源供给及目标考核层面会提供实质性的支持保障,基层部门完成"稳评"目标的能力更加坚实,有助于推动"稳评"政策目标及考核机制有效实现;相反,当执行活动公开性较低甚至从未公开时,代表内外部监督约束和上级关注度不高,可能降低上级部门给予"稳评"实施的必要资源支持和考核激励效果,基层部门实现"稳评"目标的内驱力和操作性受到明显干扰,由此可能发生一系列象征性执行、操控干预行动,出现敷衍塞责、欺骗蒙蔽、绩效信息造假等违背政策目标的异化行为。进一步,本书在"组织支持"理论构念上确立了两个分析维度:"上级支持"和"惩戒问责"。二者或对基层部门"稳评"工作产生明显影响,进而作用于考核对象,通过施加人为异化以获取短期利益的负面行为取向可能加剧。

国内外一些学者针对不同公开性(或透明性)环境下的影响效应提供了类似证据。例如,瑞典学者珍妮·德·利奇特(Jenny de Licht)利用1 032个参与者进行政策行为实验,发现信息公开性可以增加政治决策的公共接受度,在不同政策领域中具有调节作用,有限的公开性可以带来决策收益,同时也降低了潜在成本。[1] 李文彬、何达基(2016)以中国广东省为数据源,将信息透明性与政府行政绩效进行研究,验证了不同情境下信息公开对于政府绩效和公民满意度的关系,发现政府透明度对客观绩效与公民满意度的关系产生正向调节作用,但是当政府透明度较高而公开信息不为公众所信任时,透明度则会产生逆向调节作用。[2] 借鉴以上研究成果思路,并结合中国"稳评"制度的地方基层实践,初步认为信息公开性影响组织部门的政策执行动力,也间接关联上级部门对于"稳评"政策执行实施的支持度。较充分的内外部信息公开意味着组织系统自身对该项政策的支持承诺,

---

[1] Licht JD. Policy area as a potential moderator of transparency effects: an experiment[J]. Public Administration Review, 2014, 74(3): 361-371.

[2] 李文彬,何达基. 政府客观绩效、透明度与公民满意度[J]. 公共行政评论, 2016, 9(2):93-111.

基层部门推动实施"稳评"的相关资源支撑及绩效考核指向或更坚实,工作绩效实现更能体现制度目标;反之,信息公开性水平受限时,也影响基层主体对政策自身的支持感知,较低的认知可能使基层考核对象及一线执行者做出消极判断,解读为上级(如主要领导)对"稳评"政策执行的实质认可度不够,相应目标责任考核更多是"形同虚设",进而传递到一线部门工作活动,造成蒙蔽扭曲、内部操控、消极敷衍等主观异化行为。换言之,在不同的信息公开条件下,组织支持对基层"稳评"政策执行异化行为的形成可能存在差异影响,作为一个调节变量影响基层考核对象对于行政体系实质性支持的认知和异化行为表现。

根据以上研究分析,此处提出如下理论假设并求验证:

H8:公开性变量能够调节"上级支持"与基层"稳评"执行异化行为的关系,当信息公开性不够充分时,"上级支持"对异化行为形成的影响变弱。

H9:公开性变量能够调节"惩戒问责"与基层"稳评"执行异化行为的关系,当信息公开性不够充分时,"惩戒问责"对异化行为形成的影响变弱。

综上所述,整合前文分析提出如下理论假设框架:

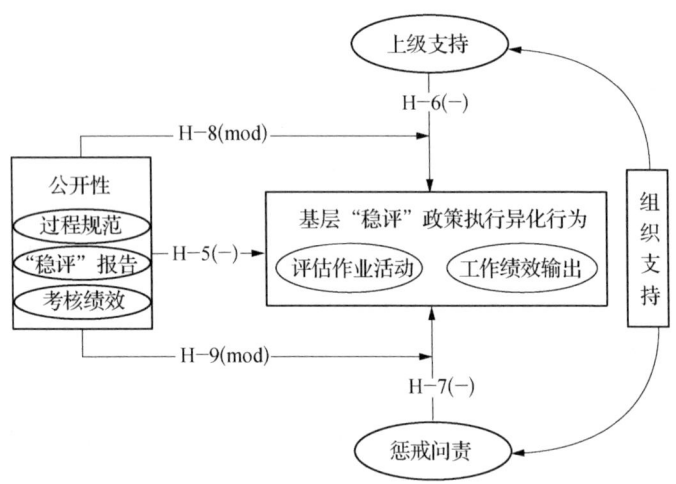

图 3-6 公开性、组织支持与基层"稳评"政策执行异化行为关系假设

3.3.5 构念：个体特征与机会主义

"稳评"作为一项中国特色的风险治理政策及投资项目前置审批程序，纳入各地目标责任考核体系，而基层官僚及一线执行者个体是政策执行与考核的实体对象，也是最不确定的因素。"上面千条线，下面一根针。"基层考核对象面对目标任务繁多的考核内容，其行动选择不仅与外部制度压力、组织环境相关联，也与个体特征有隐性联系。按照高阶理论，即管理人员组织行为中注入了大量自身所具有的经验、性格、价值观等特征，并外化为人口统计特征，如年龄、性别、受教育背景等。[①] 现实中，基

---

① Hambrick DC．Upper echelons theory：an update[J]．Academy of Management Review，2007,32(2)：334-343．

层政府"稳评"政策实施的具体经济社会环境、组织文化、主要领导倾向等有区别,甚至同一地区不同职能部门之间也有一定差异,处于特定情境下的不同考核对象的职业发展阶段、知识结构、社会资本、价值观等状况往往迥异,对待同一目标考核的主观认知与具体行动也有较大差别。国内外已有不少文献将性别、年龄、工作资历、亲社会动机等个体特征因素纳入组织行为研究领域,探寻微观个体层面的影响机制。基于此,为了全面地认知基层"稳评"政策执行异化行为形成背后的主观因素,有必要将个体职业特征和心理状态纳入考察范围。

1. 考核对象个人特征

从人口统计学及绩效考核角度来看,基层政府公务人员个体特征一般包括性别、年龄、籍贯、受教育状况、工作经历、社会地位、社会资本、职业预期等,这些因素在中国行政体制下对于个人的职业发展空间、晋升激励及注意力分配有着特殊影响[1]。其中,任职时间、工作年限、教育背景、社会资本、政党身份、离职与调任意愿等因素通常被列入与人力资本相关的个体职业变量,而包括性别、民族、宗教、婚姻状况和年龄等因素一般被归入社会人口学的职业特征变量,学者们结合以上多个变量在不同研究背景和视角下进行了大量实证性分析并得出诸多有价值的发现。综合来看,组织行为中针对个体特征的研究主要结合绩效考核体系,从个体职业发展空

---

[1] 曾润喜,朱利平. 晋升激励抑制了地方官员环境注意力分配水平吗?[J]. 公共管理与政策评论,2021,10(2):45-61.

间及晋升激励展开,关注其中蕴含的隐性关联及其作用机制。相关研究显示,考核对象的个人发展需求和职业发展阶段存在差异,一定条件下会影响其组织内行为选择取向和工作方式。公共部门绩效管理过程中,治理目标或发展目标被分解为若干权重不一的大小项考核子目标,借助特定形式释放包括晋升、奖惩、问责等激励信号,这种体制凸显了考核制度与个体职业发展的关联。"稳评"作为地方政府目标考核体系的子目标之一,在实施过程中受到不同岗位考核对象个体的主观认知,对个体职业发展的影响是探寻政策执行行为的一种路径。

组织行为学理论认为,激励在解释"人"和组织行为中扮演至关重要的角色。公共行政与公共政策研究一般区分两种类型的激励:物质激励和非物质激励。前者主要体现为金钱和物质奖赏,后者则采取职业荣誉、精神褒奖、职位提升预期等形式,其中非物质激励的价值主要体现于心理层面。以中国地方政府为背景的研究发现,激励水平与程度是解释基层官员政策变通行为的一个关键因素,也体现注意力分配影响下的个体行为[1],考核体系促使基层干部努力对外展现更好的显性政绩,以快速获得上级肯定,也有国外研究称之为"印象管理"[2]。在中国

---

[1] 练宏.注意力分配——基于跨学科视角的理论述评[J].社会学研究,2015,30(4):215-241.

[2] Bolino M, Long D and Turnley W. Impression management in organizations: critical questions, answers, and areas for future research[J]. Annual Review of Organizational Psychology and Organizational Behavior, 2016(3): 377-406.

式政治激励系统中,上级政府的竞争性选拔和任命是地方官员获取升迁的主要方式,因此提拔升迁成为基层官员最重要的政治激励方式,由组织部门主导的自上而下的目标考核定期对官员进行政绩评测,也体现党管干部、推进地方治理活动的一种制度性安排。大量研究表明,包括性别、年龄、学历、民族、任职时间等是影响官员职务升迁的关键个体特征,并在不同情境下对地方政府有关职能行为发挥作用,基于公共部门官员个体特征的组织行为研究也获得研究者青睐。李树(2017)等针对130位地级市市长信息进行分析检验,研究结果发现官员个体特征(年龄、学历、汉族身份)和政治关系对晋升速度的影响显著为正。[1] 郭刚(2010)面向中国县级政府考察官员任期与地区财政支出关系,结果显示处于任期内不同年份的地方官员,对经济决策与财政支出存在明显差异,官员任期的第三和第四年财政支出增长最快。[2] 这些研究成果进一步佐证了个体特征因素与地方考核对象职业发展有紧密联系,并对其工作行为产生影响,也给本研究提供了重要启示。

从已有国内外文献来看,针对特定政策执行异化行为与考核对象个体特征关系的研究较少,本书期望结合基层"稳评"政策的实施构建理论假设并检验以上关系链条,选择对基层考核对象在有限理性下影响最深的三个

---

[1] 李树,高珺,黄世琦.官员晋升速度能够影响地方经济增长吗?——来自中国地级市市长的经验证据[J].经济评论,2017,207(5):107-122.

[2] Gang G. China's local political budget cycles[J]. American Journal of Political Science,2010,53(3):621-632.

个体特征因素,包括年龄、职务、受教育程度。

2. 机会主义

机会主义,也称投机主义,这一概念本源自心理学,其基本蕴意为应付或妥协,此后在经济学、管理学、政治学等研究领域获得认知延伸及应用。按照新制度经济学,人的理性是有限的,人们在追求自身效用最大化时,会借助各种不正当手段谋取自身利益,机会主义的突出表现是不按规则办事,甚至为了达到目的不择手段。由于现实社会某些交易的特殊性使交易双方之间存在严重的信息不对称现象,掌握信息的一方可能通过欺诈、蒙骗等手段获取私利,不对称信息为机会主义行为提供了温床,而相应收益强化了个人的机会主义动机。现有研究中关于机会主义行为(倾向)的具体形式一般包括欺骗、违约、不诚实、歪曲数据、模糊问题、混淆交易、虚假承诺、偷工减料、掩盖、伪造、误导等。结合实际状况,有些学者也对机会主义进行了适当的分类。譬如,瓦什内和海德(Wathne & Heide,2000)对组织内机会主义行为进行了较为系统的归类,他们按照与环境的关系将机会主义行为分为"逃避""拒绝适应""违反"或"被迫重新谈判"四种形式,并设计了一个包含机会主义行为形式和结果的 2×2 阶矩阵。[①] 霍金斯(Hawkins,2009)等人重点探讨机会主义行为的操作化,他们对公开发表文献中涉及的机会主义行为测量问项进行了分类,将所有测量

---

① Wathne K., Heide JB. Opportunism in interfirm relationships: forms, outcomes, and solutions[J]. Journal of Marketing, 2000, 64(4): 36–51.

问项精炼归纳为18种基本表现(如表3-1),这一研究成果对于更全面地认识机会主义行为和测量机会主义具有重要启示意义。需要指出的是,机会主义倾向并不意味着所有的人在所有的时间都会以机会主义方式行事,但是总会有一些人在某些时间采取这种行为方式,并带来不良后果。达亚山卡·毛瑞亚(Dayashankar Maurya)(2019)等更鲜明提出,机会主义行为是一定情境下组织个体蓄意的,而非偶然。[1]

机会主义的影响效应也是制度分析与组织行为研究的关注点,其中一个方向是机会主义对绩效的作用机理。例如,冯国丽(2021)等人以中国情境下的政府—社会资本合作为研究对象,利用结构方程模型(SEM)探讨了PPP项目中的机会主义。结果表明:公共部门关系取向显著影响私营部门正义感知和机会主义行为形成,正义感知在公共部门关系作用于机会主义行为的过程中充当中介作用,工具关系取向更有利于减少机会主义行为。[2]

---

[1] Maurya D., Srivastava AK. Managing partner opportunism in public-private-partnerships: the dynamics of governance adaptation [J]. Public Management Review, 2019, 21(9-10): 1420-1442.

[2] Feng GL, Hao SY. and Li XG. Relationship orientation, justice perception, and opportunistic behavior in PPP projects: an empirical study from China[J]. Frontiers In Psychology,2021: 12.

表 3-1 机会主义的测量

中文	英文	测量问项的数目
逃避责任	Shirk obligations	28
利用	Take advantage	17
夸大	Exaggerate	10
误导	Mislead	6
违约	Breach agreements	7
隐瞒信息	Withold information	4
恶意谈判	Negotiate in bad faith	4
欺骗	Deceive	3
未能调整	Fail to adjust	2
干涉	Interfere	2
自私行为	Self-interested behavior	2
妥协伦理	Compromise ethics	1
忽视交易伙伴	Disregard trading partner	1
不公平行为	Unfair behavior	1
放弃责任	Abdicate responsibility	1
需要调控行为	Behavior requiring monitoring	1
敷衍塞责角色表现	Perfunctory role performance	1

来源：Hawkins T, Knipper M G, Strutton D. Opportunism in buyer-supplier relations: New insights from quantitative synthesis[J]. Journal of Marketing Channels, 2009, 16(1): 43-75.

以国内公共部门为背景的机会主义主题探讨也不断涌现，尤其针对地方官员的研究受到较多关注。2013 年，

《人民论坛》问卷调查中心采取分层抽样,对全国328名地方政府官员进行问卷调查,并发布《中国官员群体的机会主义倾向研究报告》。研究发现,中国地方官员具有较为突出的机会主义倾向,经济形势和政策导向中的不确定性因素,是导致官场机会主义倾向的重要原因(见图3-7)。在机会主义心态影响下,官员最可能忽视的往往是民意和长远规划,为了短期利益可能通过虚假性蒙蔽、异化等行为方式获取私利或实现特殊目的。

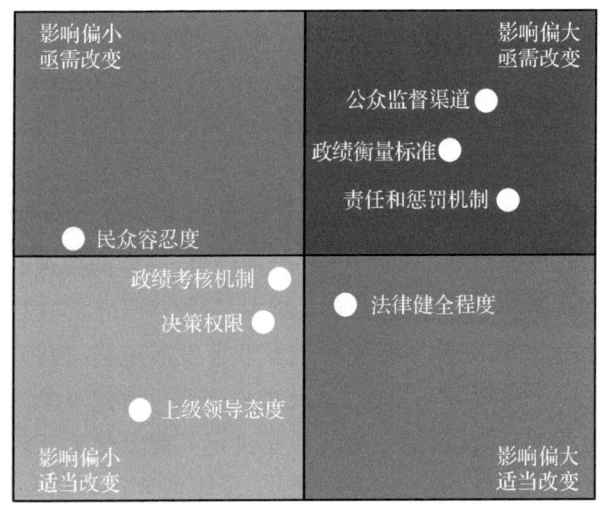

图3-7 滋长机会主义倾向的因素

来源:吴江.中国官员群体的机会主义倾向研究报告[J].人民论坛·学术前沿,2013:25.

综上,国内外学者从不同视角对公共部门个体机会主义倾向主题进行了探索性研究,提出与工作绩效、组织行为、信息传播等层面的影响关联,发现机会主义倾向与个体行为之间存在直接或间接的联系,包括中介效应和调节效应等。然而,对于机会主义在考核对象政策执行异化行为层面的可能影响,极少有研究涉及,实证性分析不足,这给本项研究提供了更多探索空间和思路。

3.3.6 个体特征、机会主义与基层"稳评"执行行为异化

1. 个体特征与基层"稳评"执行行为异化关系假设

经典的激励模型认为政府行政系统存在激励扭曲问题,通过将官员个体异质性特征因子引入传统晋升激励模型,可以从理论上发现年龄、任期、资源禀赋等因素会引起官员行动策略变化甚至扭曲行为。通常情况下,年龄是公共行政、公共管理,尤其是组织行为方向研究的重要职业特征变量,学者们大多认为它代表了组织内成员个体在特定领域积累的工作经验和专业水平,很大程度上能够反映差异化的行为取向以及背后隐性的微观心理机制。例如,中国政治行政系统中,依据领导干部选拔任用管理体制,个体年龄是评判其职业发展道路与晋升空间的一个重要导向指标,如果将公共部门考核对象的职业生涯划分阶段,则年龄往往是决定其能否进阶补位的最大影响变量,进入的时间越早,个体竞争优势越大,岗位升迁的机会也随之增加。同时,年龄对公务人员行动策略与绩效存在影响,如针对县级政府主官任职周期(初期、中期和后期)的研究发现,其行动策略有明显差异,经济绩效可能存在"先升后降"的倒 U 形变化。在该层面,国内外不少实证研究结合有关组织绩效背景提供了数据

层面的验证①,这虽然与本书研究对象不同,但结论具有一定借鉴意义。在基层公务人员年龄、工龄组合指标中,随着个体年龄的不断增大,基层部门任职时间的持续增长,晋升的年龄优势逐步降低,保守型发展策略似乎是更理想选择,也可能降低项目招商发展的个体冒进和"急于求成"心理,循规蹈矩、按部就班的工作行为方式更为明显。与此同时,行政系统工龄较长的人员也在较大程度上意味着工作经验的丰富与沉稳性,对行政体系运行规则与制度要求的认知度较深,个体实现特定绩效目标过程中展现出的策略、耐压力以及回应挑战的能力或更突出,不轻易突破制度规则而施加有悖政策的扭曲行为。袁凯华、李后建(2015)有关地方官员任期的研究发现,较长的任期可以引致官员的理性发展,有效降低短视行为发生频率②,也侧面反映出时间因素对官员异化行为的潜在影响。

"稳评"政策实施客观上对地方投资项目建设具有一定"抑制"作用,地方政府以项目驱动为特征的经济发展

---

① 关于年龄对地方官员晋升激励及组织行为研究可参阅:纪志宏,周黎安,王鹏,等.地方官员晋升激励与银行信贷——来自中国城市商业银行的经验证据[J].金融研究,2014(1);韩超.规制官员激励与行为偏好——独立性缺失下环境规制失效新解[J].管理世界,2016(2);Gao & Xiang. Promotion prospects and career paths of local party-government leaders in China[J]. Journal of Chinese Governance,2017,2(2):223-234;卢盛峰,陈思霞,杨子涵."官出数字":官员晋升激励下的GDP失真[J].中国工业经济,2017(7):118-136;Yu Z.,Wong HW. Time is power:rethinking meritocratic political selection in China[J]. The China quarterly,2020,245:1-28.

② 袁凯华,李后建.官员特征,激励错配与政府规制行为扭曲——来自中国城市拉闸限电的实证分析[J].公共行政评论,2015,8(6):59-82.

目标或受到影响,年龄、工龄较低的基层干部及考核对象快速实现经济发展绩效的期望或面临减缓,经济绩效考核和晋升压力下,个体可能更倾向冒风险突破政策约束,采取一些背离"稳评"政策实施过程及结果的扭曲行为手段。基于以上分析,此处提出以下研究假设。

H10:公职人员年龄与政策执行异化行为之间存在负向关系,任职时年龄越大的考核对象,越趋向保守型发展目标,异化行为发生的可能性越低。

根据职业资本(career capital)理论,受教育水平与职业经历对个体职业发展及行为表现有潜在关系。一般来说,组织系统中个体受教育水平决定其决策管理的视野宽窄和风格特征,处于更高岗位职务/职级的考核对象往往承担更大的工作责任,但与此同时带来的岗位压力和组织行为取向也有差异。按照中国地方政府的目标责任考核体系,定期考核是调整公务员职务级别、工资薪酬以及奖惩的重要依据,层层选拔的公职人员很大程度上代表科层体制内部对个人职业能力与履职水平的认可。职务职级较高的公职人员在权力资源、职责承担、工作视野、执行思维等方面,与普通人员之间存在一定差别,即便是县域一线的基层部门官僚,职务职级的些许差异也可能带来差异化的行为表现(Cai et al., 2022)[1]。这些

---

[1] Cai CK, Shen QY and Tang N. Do visiting monks give better sermons? "Street-level bureaucrats from higher-up" in targeted poverty alleviation in China[J]. Public Administration And Development, 2022, 42 (1):55-71.

隐性关联机制在国内一些实证分析中得到验证。

在该层面,一些研究者从角色压力和角色冲突的角度进行了相关探索,认为个体组织内阶层地位与扭曲不当行为之间可能存在一定联系。例如,美国学者卡梅利塔·特洛伊(Carmelita Troy,2011)等人以高阶理论为基础,研究组织机构中财务欺诈和舞弊行为,分析发现年龄、受教育水平、职务角色高低因素,与高级管理人员发生财务欺诈和舞弊行为的动机有显著关联[1],证实了个体特征对欺骗等异化行为的影响机制。蔡永顺(2000)面向中国基层政府的研究发现,制度压力等诱致的多角色冲突可能引发官员信息操纵、消极敷衍等行为,其中担任一定职务的考核对象个体是异化行为的主要群体[2],其背后反映了更为强烈的短期政绩实现需求。基于相关研究,并根据"稳评"制度实施的现实情境,本书认为职务、受教育水平可能是影响公共部门考核对象主观异化行为的个体特征因子。由此,以下提出研究假设,并通过基层"稳评"政策执行背景予以检验:

H11:公职人员受教育水平与政策执行异化行为之间存在负向关系,受教育时间越长的考核对象,越趋向理性行动,异化行为发生的可能性越低。

H12:公职人员职务与政策执行异化行为之间存

---

[1] Troy CJ., Smith KG., Domino MA. CEO demographics and accounting fraud: who is more likely to rationalize illegal acts? [J].Strategic Organization,2011,9 (4):259-282.

[2] Cai Y. Between state and peasant: local cadres and statistical reporting in rural China[J]. The China Quarterly, 2000, 163: 783-805.

正向关系,职务高的考核对象,越趋向激进的发展行动,发生异化行为的可能性越高。

2. 机会主义与基层"稳评"执行行为异化关系假设

行为科学的一个基本思想是,人的行为由一定动机支配,动机是行动的内因,不同动机会产生不同的行为表现。机会主义是当代行为科学、政治学、经济学领域的一个专有概念,反映传统"理性人假设"下个体的心理动机或状态。一般认为,具有较高机会主义倾向的个体,其工具性思维更为突出,善走"捷径"乃至突破已有制度规则,实现个人利益的动机更加强烈,扭曲行为表现更可能发生,包括在政策执行与目标绩效实现中采取蒙蔽、欺骗异化行为。

现实中,中国"稳评"政策执行主要是针对工程建设项目,与地方经济发展目标有一定隐性冲突,存在多主体复杂利益博弈。基层部门调查中发现,晋升激励及绩效考核背景下,基层官员为了短期的经济目标绩效可能滋长明显的侥幸盲动心态,设法突破一系列程序限制而推动投资项目上马,乃至在"稳评"作业活动以及工作绩效输出中出现蒙蔽异化行为。来自中国基层政府的研究显示,地方官员具有较为突出的机会主义倾向,经济形势和政策导向中的不确定性因素是导致机会主义倾向的重要原因[①]。在机会主义心态的影响下,地方官员最可能忽视的往往是民意和长远规划,有可能通过虚假、蒙蔽、人为

---

① 吴江.中国官员群体的机会主义倾向研究报告[J].人民论坛·学术前沿,2013,35(19):20-26.

控制等行为方式获取私利或实现特殊目的,这一状况在以工程建设项目为主要实施对象的"稳评"中更伴生复杂利益需求和博弈。一般认为,机会主义倾向并不意味着所有人在所有的时间会以机会主义方式行事,但是总有一些人在某些时间会采取这种行为,人的行为不确定性使我们倾向于相信机会主义导致的异化行为会随时发生。基于以上分析,此处提出如下研究假设:

H13:考核对象的机会主义倾向与"稳评"政策执行行为异化之间存在正向关系,个体机会主义倾向越显著,异化行为发生的可能性越高。

综上分析,本文将上述研究假设内容进一步以框图形式展现,如图3-8所示。该图围绕地方政府目标考核情境下的"稳评"异化行为,表明主体参与、目标模糊、公开性、上级支持和惩戒问责("组织支持"构念的子维度)、考核对象个体特征(年龄、职务)、机会主义倾向等因素对基层"稳评"异化行为的形成具有直接影响,其作用方向以"＋""－""mediating""mod"进行标注。其中"＋"表示影响为正,"－"表示影响为负,"mediating"和"mod"分别代表中介效应和调节效应。在"稳评"目标设置因素中,本文假设"主体参与"对"目标模糊"存在负向影响,"目标模糊"对于"主体参与"和异化行为关系具有中介效应;在基层"稳评"执行因素中,假设"公开性"调节"组织支持"(包括"上级支持"和"惩戒问责"两个子维度)和异化行为的形成关系。

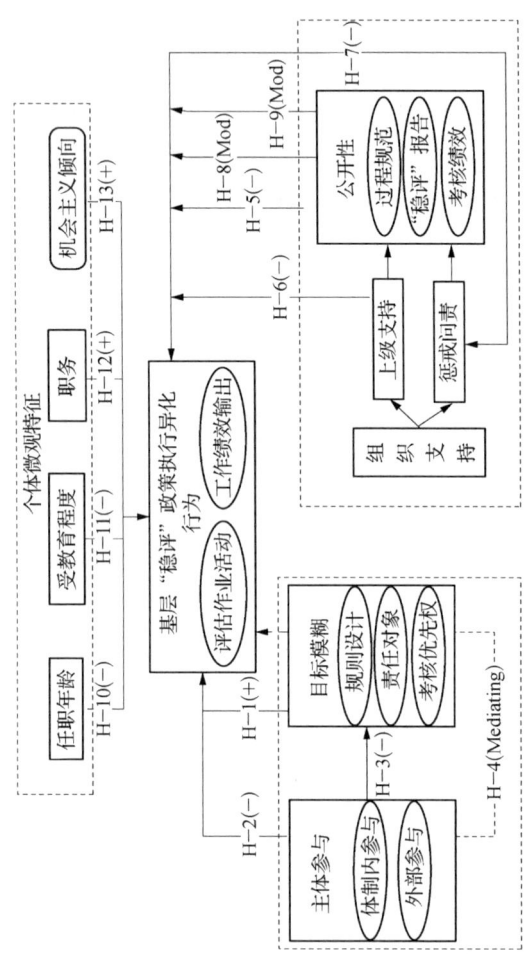

图3-8 基层"稳评"政策执行异化行为形成的概念假设

本章小结

对于中国地方政府行动及基层官员行为的研究,至少需要回应三个问题:一是在何种情境下发生了特定行为?二是做出了怎样的行为选择或策略?三是为什么做出这样的选择?现实中,由于"稳评"制度规则设计及相应考核体系自身存在缺陷不足,作为"理性经济人"的基层部门及考核对象会出现偏离政策目标的蒙蔽性异化行为。基层"稳评"政策执行中出现的偏差异化行为是一个尖锐的公共政策及治理问题,其背后的关联影响因素十分复杂,可探索挖掘的研究视角也不会拘泥于一个方向。本章深入分析相关理论及研究成果,结合基层政府部门"稳评"运行的实践现象,提出并界定了"工作作业过程"和"绩效输出"两个层面的政策执行异化行为概念,构建了以"考核目标设置—资源支配环境—行动主体特征"为支撑要素的理论分析框架,并对相关理论构念、研究逻辑关系进行了详细辨识说明。在此基础上,进一步建立了目标模糊与主体参与、组织支持与公开性、个体特征与机会主义倾向在内的概念假设,为后续实证分析检验构建了理论模型。

第4章
实证研究设计与分析

根据前文理论论述,制度分析视域的异化行为以及政策异化的研究测量方法各有偏重,大致遵循制度—结构—行动者感知的总体思路,采取实证分析路径引入混合研究工具居多。有的学者采用了心理学实验或准自然实验方式,依据"刺激—反应"原理进行实时控制并观测数据,也有更多的学者立足组织系统中行为者感知的角度,依托规范量表工具进行探索。本书构建的基于中国地方"稳评"政策执行的理论分析框架,立足本土绩效考核背景并确立异化行为形成的宏观—中观—微观理论构念,其关联影响具有非线性特征,不适合建立纯线性模型,综合国内外系列研究成果及情境实际,欲采取独立设计规范量表,对建构变量操作化处理,通过考核对象(政策执行者)对"稳评"实施的认知态度与反应调查获得数据,并检验提出的理论假设。

4.1 构念操作化与测度

实证研究中一个重要环节是理论构念的操作化,操作化过程及其效度影响某项研究的可信度和有效性

(Haucke et al.,2021)①。由上章建构的分析框架,确立了中国本土情境下基层"稳评"政策执行异化行为的理论模型及相关构念,对其实证检验首先需要进行理论构念的操作化。在该层面,本书借鉴成熟经验做法,遵循以下原则:

首先,在国内外大量文献检索基础上,寻找广泛使用且高效度的相关度量指标,厘清概念内涵及外延,尽可能保持名词直译,寻求构念测度的理论支撑;其次,如果不能找到恰当的构念度量指标或符合中国本土语境的概念,则根据现有研究文献对所确立的构念因素进行广泛讨论,特别是吸收"稳评"领域专家及政府实务部门的建议,初步归纳出能够反映该构念主要特征的操作化方式,使之符合中国情境;再次,对来源于西方文献的测量概念及量表,在不改变本意的前提下,借助常见的回译方式(Alreck,2004)②对提法和表述方式进行一定调整,以使后续调查问卷题项在语法上更加易于被试者理解。对于新变量的构造,借鉴相关研究成果构造初始因素集,根据预调研采集数据对初始指标进行探索性因子分析(EFA),以确定这些指标所度量的结构变量,而后利用新的调研数据进行前后对比,通过对比结构特征,检验所提取度量指标是否能够充分描述出所构建结构变量的理论内涵,即内容效度体现情况。

---

① Haucke M., Hoekstra R., Ravenzwaaij DV. When numbers fail: do researchers agree on operationalization of published research? [J]. Royal Society Open Science,2021,8(9).

② Alreck PL. and Settle RB. The survey research handbook[M]. Boston:McGraw-Hill,2004.

以下将根据上述原则详细说明理论构念的操作化及量表编制过程。

4.1.1 "稳评"政策异化行为

前文述及,国外学界针对政策执行中的异化问题及绩效操纵行为有不少探索,也形成了特定情景下的理论构念及测度指标,传播比较广泛的是荷兰学者拉斯·塔默斯(Lars Tummers)等人提出的政策异化概念,侧重表达公共机构及公共服务专业人员对于政策决策与实施的一种认知心理隔离状态和被动回应行为,并可能导致政策执行低效乃至失败。塔默斯(2012)在《公共管理评论》(Public Administration Review)中专门就政策异化的理论构念及其测量进行了翔实说明,并利用21名专家访谈和478名公共服务人员调查,形成了涵盖23项条目的测度量表并面向医疗政策进行实证检验[1],对后续研究具有典型意义。恩津(Engen,2017)坚持公共行政研究的情境嵌入观点,采取10步程序方法和高值信效度检验,进一步建构形成了有关政策异化的测量量表。[2] 此后,米凯拉·希基斯科瓦(Michaela Hiekischová,2019)依托捷克本国的劳动部门改革展开政策异化研究,验证了塔默

---

[1] Tummers L.Policy alienation of public professionals: the construct and its measurement[J].Public Administration Review,2012,72(4):516-525.

[2] Engen. A short measure of general policy alienation: scale development using a 10-step procedure[J]. Public Administration, 2017, 95(2):512-526.

斯提出的应用量表。① 特别是基层政策异化行为的测度获得国外学者关注,相关成果在塔默斯(2014)②、柯尔曼(Keulemans,2020)③、塔克(Tucker,2022)④等人的研究中均有涉及。这些研究建构的政策异化量表及调查问卷并不完全适合中国实际,但其某些诠释和问卷调查题项依然对本书研究具有重要借鉴价值。

根据前文分析,本研究以中国地方政府目标责任考核为背景,对基层考核对象及执行者的心理认知和行为选择进行考察,将基层"稳评"政策执行异化界定为一种扭曲行为(misbehavior),导致实际执行与政策预期目标相悖,可以提炼概括为两个维度:"作业活动异化"和"工作绩效异化"。前者是指基层考核对象"稳评"政策实施中干预一线作业过程的投机心理及行为表现,主要体现为对评估过程和报告的人为性控制,以获取工程项目快速上马等经济目标利益;后者是指向上级部门和对外输出虚假性工作绩效的蒙蔽行为,主要体现为虚报"稳评"

---

① Hiekischová M. Policy alienation among employees of the labor office of the Czech republic [J]. Transylvanian Review of Administrative Sciences,2019,15(57E):5-20.

② Tummers L., Bekkers V. Policy implementation, street-level bureaucracy, and the importance of discretion [J]. Public Management Review,2014,16(4):527-547.

③ Keulemans S., Walle S. Understanding street-level bureaucrats' attitude towards clients: towards a measurement instrument [J]. Public Policy and Administration,2020,35(1):84-113.

④ Tucker DA., Hendy J., Chrysanthaki T. How does policy alienation develop? Exploring street-level bureaucrats' agency in policy context shift in UK tele-healthcare[J]. Human Relations,2022,75(9):1679-1706.

工作业绩、策略性应对上级检查或督查,以获取绩效考核优势目标。

依据上述概念界定,在大量文献检索梳理基础上,吸收或参考已有的政策异化成熟量表以及组织系统绩效操纵调查项目,结合前期地方政府部门调研及专家访谈,建立基层"稳评"政策执行异化测度量表。具体来说,设立态度变量和行为变量,由相应测量题项组成,如表4-1所示。

表4-1 基层"稳评"政策执行异化测度(初测)

变量维度	测量题项	吸收参考初始来源	问项测量方式
态度变量	1. 上级最看重的考核目标任务优先办理		
	2. 按照领导要求开展"稳评"工作		
	3. 本部门曾经发生避开"稳评"推进项目建设		
	4. 会根据经济发展需要调整"稳评"工作程序		
	5. "稳评"工作要为项目发展服务		
	6. 应当公开交流"稳评"工作信息(反向)		
	7. "稳评"政策实施很有必要		
	8. 上级政策如何执行我们无法选择		
	9. "稳评"政策促进本地工程项目建设		

续表

变量维度	测量题项	吸收参考初始来源	问项测量方式
行为变量	1. 工作业务检查"报喜不报忧"	Yang（2009）①；Schrijver（2010）；Tummers（2012，2014，2015）；Engen（2017）；Hiekischov（2019）；Keulemans（2020）；Kroll（2021）②；吴少微，魏姝（2018）③	Likert 五级量表；5. 完全符合，4. 大致符合，3. 一般，2. 不太符合，1. 完全不符合
	2. 向上级汇报注意突出"稳评"工作亮点		
	3. 采用各种方式争取领导和上级部门对"稳评"工作认可		
	4. 会根据自己组织和个人需要做出选择性行动		
	5. 如果其他部门工作出现虚假信息，我也会去做		
	6. 即便领导指示有误，我也会按要求去办		
	7. 设法调整"稳评"报告编制内容		
	8. 不会完全按照上级文件的规定程序工作		
	9. 曾经提供与实际不符的评估报告		
	10. 评估报告信息向外界公开（反向）		
	11. 本部门定期发布"稳评"业务开展情况		

---

① Yang K. Examining perceived honest performance reporting by public organizations: bureaucratic politics and organizational practice[J]. Journal of Public Administration Research and Theory, 2009, 19(1): 81-105.

② Kroll A., Vogel D. Why public employees manipulate performance data: prosocial impact, job stress, and red tape[J]. International Public Management Journal, 2021, 24(2): 164-182.

③ 吴少微，魏姝.官员晋升激励与政策执行绩效的实证研究[J].江苏行政学院学报，2018(4): 101-110.

4.1.2 "稳评"政策执行异化的影响构念测度

第三章内容立足中国地方政府绩效考核背景,从考核目标设置、资源支配环境、行动主体特征三个维度,确立了基层"稳评"政策执行异化的影响机制分析框架,并以此为基础具体引入相应表征的理论构念。同样,这些构念的操作化测量既借鉴国内外成熟的研究成果,也吸收了国内专家意见进行合理调整转换,以充分体现中国本土研究情境。以下对相关构念测量进行说明。

在考核目标设置维度,确立了"目标模糊"与"主体参与"两个理论构念。依托有关目标模糊的理论研究并结合中国基层"稳评"政策实施运作特征,本书将目标模糊界定为:"稳评"规则制定及相应目标考核过程中,基层考核对象及一线执行者对于内容认知的不明确、不清晰状态及心理冲突。有关目标模糊的实证研究较为广泛,尤其在组织行为和绩效考核领域比较突出,这里借鉴潘迪(Pandey,2006)[1]、章成苏(Chan Su Jung)和哈尔·G.闰尼(Hal G. Rainey)(2011)[2]、刘张立(2020)[3]等人面向不同层次的政府公共部门人员设计的调查量表,强调突出制度情境下的目

---

[1] Pandey SK. Connecting the dots in public management: political environment, organizational goal ambiguity, and the public manager's role ambiguity[J]. Journal of Public Administration Research and Theory, 2006, 16 (4):511-532.

[2] Jung CS and Rainey HG. Organizational goal characteristics and public duty motivation in U.S. federal agencies [J]. Review of Public Personnel Administration,2011, 31 (1):28-47.

[3] Liu Z., Yang Y. & Wu J. Participatory management, goal ambiguity, and gaming behaviors in performance management: evidence from township government cadres in mainland China[J]. Public Performance & Management Review, 2020,44 (1):58-80.

标模糊观测,考察了管理者角色模糊、组织繁文缛节、工作激励、绩效考核之间的关系,从中吸收构念测量及调查题项表述思路。按照前文论述,"稳评"政策实施与目标考核过程中的参与力量来自考核对象自身和外部社会主体,前者代表了基层执行者针对"稳评"政策规范及考核规则的参与性管理,后者则代表来自政府体制外的外部社会监督。塔默斯(Tummers)在其有关政策异化量表设计中,特别强调了主体参与的重要角色,并从不同层次引入以"powerlessness"命名的测量项目,对本研究有启示意义。基于此,本书研究将主体参与理论构念界定为:"稳评"作业活动及目标考核过程中,基层部门公务人员个体及外部社会公众的介入程度。在具体测量中,吸收伊斯梅尔·巴坎(Ismail Bakan,2004)等人开发的五维 29 题"参与式管理"量表[①]、刘张立(2020)等人针对中国乡镇政府领导干部的问卷调查,以及塔默斯(Tummers,2012)构建政策异化量表中有关个体参与感知类选项;外部参与层面,参考朱正威(2014)等设计应用的"社会稳定风险评估公众参与意愿量表"[②]作为"稳评"外部社会参与的测量工具。综合以上内容,根据"稳评"政策在中国地方政府运行及目标考核特征,结合专家及政府实务人员调查访谈意见,优化调整既有文字表述措辞以适合中国本土情境,提出相应测量颢项。该测量项共设计 18 道,如表 4-2 所示。

---

① Bakan I., Suseno Y., Pinnington A., et al. The influence of financial participation and participation in decision-making on employee job attitudes [J]. International Journal of Human Resource Management, 2004, 15(3):587-616.

② 朱正威,李文君,赵欣欣. 社会稳定风险评估公众参与意愿影响因素研究[J]. 西安交通大学学报:社会科学版,2014,34(2):49-55.

表 4‑2 目标模糊与主体参与测量题项

变量维度	测量题项	吸收参考初始来源	问项测量方式
目标模糊	1. "稳评"工作实施规定是具体清晰的 2. 上级对"稳评"考核标准规则是明确的 3. 我理解"稳评"实施的评估主体规定 4. 我清楚"稳评"实施的评估责任规定 5. 面对经济发展与"稳评"工作考核目标,总会感到不知所措 6. 我不明白"稳评"工作目标考核责任要求(反向) 7. "稳评"与长期发展目标不存在冲突(反向) 8. 我理解上级部门制定的"稳评"实施规定	Pandey(2006, 2011), Jung & Rainey(2011), 李声宇(2016)①, Liu(2020)	Likert 五级量表:5. 完全同意,4. 大致同意,3. 一般,2. 不太同意,1. 完全不同意
主体参与	1. 上级部门针对"稳评"工作征求本部门意见 2. 上级制定工作目标考核会吸收本部门意见 3. "稳评"考核办法得到部门人员普遍认同 4. 群众可以查阅工程项目"稳评"报告资料 5. 在我看来,基层人员无法影响上级政策制定 6. 在我所在部门,政策实施总会鼓励大家讨论 7. 我和同事们对"稳评"工作如何开展很无力 8. 面向群众的工作可以根据其需求做出政策调整 9. 本部门吸收专家学者参与"稳评"工作 10. 群众可以深入了解投资项目实施过程	Pare(2004), Tummers(2012), 朱正威(2014), Michaela(2019), Liu(2020)	Likert 五级量表:5. 完全符合,4. 大致符合,3. 一般,2. 不太符合,1. 完全不符合

---

① 李声宇.目标模糊如何影响公共组织的研究述评[J].公共行政评论,2016,9(6):164-188.

前文述及,在资源支配情境维度,本研究确立了"组织支持"与"公开性"两个理论构念。地方"稳评"政策能否有效执行,离不开强有力的系统内外支持,从实践层面来看主要体现在两个方面:一是立足考核问责角度的反馈支持,即对于基层"稳评"工作中的有偏行为给予的惩戒问责强度,包括问责内容和效度;二是从权力系统资源角度的前馈性支持,即上级部门及主管领导对"稳评"政策目标实现提供的相关资源支撑状况,包括人物力、信息、财政、行政授权等。"感知的组织支持"(POS)理论构念及其操作化在国内外研究中被广泛使用,但与中国本土情境有一定差异,需在此基础上优化调整。本研究借鉴了尼维斯和埃森伯格(Pedro Neves & Robert Eisenberger,2014)提出的组织支持量表[1],进一步借鉴了中国本土学者开发的相关量表内容,如宝贡敏和刘枭(2011)[2]、张宗贺和刘帮成(2017)[3]等人的研究成果。为确保测量题项的有效度,课题组成员利用多种机会进行前期若干次预调查和专家访谈,在此后的小样本试测中采纳意见对部分题目措辞进行了完善修正,以适应中国地方政府环境下问卷调查的需要和契合性。最终确立测量题项共计15道,其中"上级支持"题项9道,"惩戒问责"题项6道。另一方面,公开性是本研究考察基层"稳评"政策执行异化

---

[1] Neves P and Eisenberger R. Perceived organizational support and risk taking[J]. Journal of Managerial Psychology,2014,29(2):187-205.

[2] 宝贡敏,刘枭.感知组织支持的多维度构思模型研究[J].科研管理,2011,32(2):160-168.

[3] 张宗贺,刘帮成.人—职位匹配、组织支持感与个体绩效关系研究——以公共部门员工为实证对象[J].管理学刊,2017,30(6):42-51.

的信息维度。已有的关于公开性和异化行为关系的研究文献中,学者们主要立足信息透明性和外部组织的介入状态,探讨组织完成目标的资源配置与行为选择。受到经济利益目标驱使,在"稳评"实施公开性不足时,基层考核对象可能通过操控执行过程和工作绩效方式,应对目标考核及上级检查。总体来看,国内外研究者普遍使用公共部门"透明性"的概念来指代信息公开性,本书吸收苏珊娜·J.彼得洛夫斯基(Suzanne J. Piotrowski,2007)[①]、于文轩(2017)[②]和金素喜(Soonhee Kim)(2019)[③]等人针对公共部门研究的透明性水平量表,并根据中国"稳评"实践特征对有关量表内容措辞进行调整,最终确立题项7道。以上内容参见表4-3。

表4-3 组织支持与公开性测量题项

变量维度	测量题项	吸收参考初始来源	问项测量方式
上级支持	1. 上级部门重视我针对工作提出的意见	Neves & Eisenberger (2014),宝贡敏和刘枭(2011),张宗贺和刘帮成(2017)	Likert 五级量表:5. 完全同意,4. 大致同意,3. 一般,2. 不太同意,1. 完全不同意
	2. 上级部门重视"稳评"工作目标和人员积极性		
	3. 上级领导对"稳评"工作关注度高		

---

① Piotrowski SJ., and Van Ryzin, GG. Citizen attitudes toward transparency in local government[J]. The American Review of Public Administration, 2007, 37(3):306-323.

② Wu W, Ma L. and Yu WX. Government transparency and perceived social equity: assessing the moderating effect of citizen trust in China[J]. Administration & Society, 2017, 49 (6):882-906.

③ Kim S., & Lee J. Citizen participation, process, and transparency in local government: an exploratory study[J]. Policy Studies Journal, 2019, 47 (4):1020-1041.

续表

变量维度	测量题项	吸收参考初始来源	问项测量方式
上级支持	4. 上级部门针对"稳评"工作提供专项资金		
	5. 上级部门针对"稳评"工作配备专业人员		
	6. 当"稳评"工作推进遇到困难时,上级部门会提供帮助		
	7. 上级领导经常考察部门"稳评"工作实施情况		
	8. 上级部门出台文件中,"稳评"提及频率很高		
	9. 本部门"稳评"工作获得上级部门奖励		
惩戒问责	1. 本部门"稳评"工作曾受到上级公开批评		
	2. "稳评"对本部门人员岗位调整影响很大		
	3. 当"稳评"工作出现失误时,会受到严厉惩罚		
	4. 上级部门将"稳评"工作考核结果作为职级晋升依据		
	5. "稳评"工作有误升职晋级无望		
	6. 部门领导曾因"稳评"工作不力追究责任		
公开性	1. 本部门重视"稳评"工作业务宣传	Piotrowski & Ryzin(2007),Wu(2017),Kim(2019)	Likert 五级量表:5.完全符合,4.大致符合,3.一般,2.不太符合,1.完全不符合
	2. 本部门引入社会组织参与"稳评"工作		
	3. 本部门"稳评"报告定期对外公开发布		
	4. 上级主管部门就"稳评"工作实施会内部通报		

续表

变量维度	测量题项	吸收参考初始来源	问项测量方式
公开性	5. 部门工作完成情况会定期内部排名		
	6. 没有社会参与会削弱部门"稳评"工作(反向)		
	7. 本部门"稳评"工作纳入专家论证		

在行动者主体选择的微观层面,本书引入考核对象机会主义倾向和"个体特征"两个构念维度。相关研究表明,受到机会主义心理与目标绩效压力影响,组织中成员个体可能发生欺骗蒙蔽、制造虚假信息、违背组织承诺等扭曲异化行为,以实现特定小团体或个人私利。结合基层政府绩效考核环境及"稳评"政策特征,本研究将机会主义变量操作界定为:基层部门考核对象在"稳评"政策执行活动及工作绩效实现中展现出的投机性心理倾向。对机会主义的测量,以往研究多集中于经济学及商业领域,为了体现中国行政环境下官员的个体行为特征,本研究采用 2013 年《人民论坛》问卷调查中心的研究成果,该项研究采取分层抽样对全国 328 名地方官员进行问卷调查,并发布《中国官员群体的机会主义倾向研究报告》。研究发现,在机会主义心态的影响下,地方官员最可能忽视民意和长远规划,有可能通过人为的虚假异化等方式获取个体私利或实现特殊目的。以此为基础,借鉴上述问卷调查结果,根据基层部门访谈确立相关表述措辞,形成题项 5 道(表 4-4 所示)。

表 4-4 机会主义倾向变量测量题项

变量维度	测量题项	参考来源	问项测量方式
机会主义倾向	1. "干得好不如干得巧" 2. 业务开展应当按照领导要求处理 3. 只要能快速出成绩,用什么方法是次要的 4. 通常做事情会先看看周边同僚的行动再做决定 5. 如果工作不合个人预期,我不会继续干下去	吴江(2013)①	Likert 五级量表:5. 完全符合,4. 大致符合,3. 一般,2. 不太符合,1. 完全不符合

在考核对象个体特征维度时,本研究引入基层考核对象在有效理性条件下对其行为影响最深的三个变量——年龄、受教育水平和职务,探索考察上述变量是否以及在多大程度上影响基层"稳评"政策执行异化。为了后续便于统计分析,对上述变量进行相应的操作化编码,具体如下。年龄分为 5 类:A.24 周岁及以下(赋值为 1);B.25—34 周岁(赋值为 2);C.35—44 岁(赋值为 3);D.45—54 岁(赋值为 4);E.55 岁以上(赋值为 5)。受教育水平按照惯例以学历为标识,分为 4 类:A.高中或以下(赋值为 1);B.中专与高职(赋值为 2);C.本科(赋值为 3);D.研究生及以上(赋值为 4)。职务变量根据本研究面向区县级基层公务人员的职务特征,将科员及以下赋值为 1,科级人员赋值为 2,处级人员赋值为 3。

---

① 吴江.中国官员群体的机会主义倾向研究报告[J].人民论坛·学术前沿,2013,35(19):20-26.

4.1.3 测试问卷质量控制

在社会科学非实验法的实证研究中,对概念的测量主要是应用各种形式的测验量表(如问卷),这就涉及测量质量问题,也直接关系到整项研究的质量。本研究主题是中国本土情境下的基层"稳评"政策执行异化的影响作用机制,现有针对政策异化的研究并无关联量表,而西方相关概念存在跨文化应用性问题,故采取了自行设计量表方式并最终形成规范性调查问卷。上一节对有关理论构念测量题项做出阐析,这里就后续问卷设计环节及预测试质量检验进行概要说明。

首先,在集中阅读国内外文献基础上,针对政策执行异化行为的相关概念、测量、影响因素及作用机理等内容,以及中国"稳评"政策实施的有关研究成果进行系统的梳理分析,综合考察已有研究与本研究涉及概念变量的联系,从中提炼确定原始题项。初始问卷的部分题项借鉴吸收了西方研究中成熟的量表内容,大多数来自国际顶尖期刊发表成果。其次,为了保证问卷所列问题体现中国本土情境特征或能够被受调者理解,本课题组针对"稳评"政策执行这个主题适时开展了部分访谈,访谈对象包括一些基层官员、城市社区居民及"稳评"第三方评估公司从业人员,内容主要包括以下几个方面:(1) 地方"稳评"运作工作机制、政策执行监督考核机制以及责任追究机制,地方政府在执行"稳评"政策中采取的具体方法、成效及存在的问题;(2) 通过对建筑工程企业、社区居民的访谈,了解其对当地"稳评"政策执行的基本情况的认识,把握相关利益主体的行为动机及其内在逻辑;

(3) 邀请国内从事公共安全、公共政策系统评价、公共项目投资建设领域的高校专家及企业管理者、一线从业者进行讨论,听取其对调查问卷的建议,并酌情调整问卷形式、内容安排(如正反题项设置)、提问方式等,以使得设立的题项在语言措辞上更符合基层"稳评"政策运行状况和受访者的阅读习惯,能够被一线公职人员正确理解。

在此基础上,笔者在本研究调查问卷正式投放前又进行了三次前测、调整和反复修改。第一次借助S省委政法委下属部门基层工作调研之机,同有关区县政府机构主要领导和主管机构人员进行访谈,主要就当地"稳评"实施状况了解情况,增删调整了问卷测量问题,尤其对题项中不够清楚、明确的措辞进行修正,以确保不出现理解歧义;第二次利用S省全省"稳评"工作经验交流会之机,对地方政府主管机构内正在从事或参与考核"稳评"工作的公务人员发放60份问卷和小部分访谈,根据统计分析结果和反馈意见,及时修改问卷中不合适的问题选项;第三次是面向J省2个区县的基层公务人员(含在职MPA学员)共发放120份调查问卷进行小样本前测,对量表题项进行统计信度与效度检验,根据结果再次酌情调整后形成最终问卷。有关问卷量表的尺度,充分考虑研究主题特殊性及基层部门参调人员实际情况,采取了Likert等距式五点尺度,选择的具体计分方式为:"①"为1分、"②"为2分、"③"为3分、"④"为4分、"⑤"为5分。

在此基础上,为了验证预测试问卷中题项设置的有效性,进一步采取统计学惯常做法进行区分度分析。具体做法是:将每个样本包含所有问题的得分进行加总,求出单个样本的总分,然后按照总分进行排序,将分数最高的27%样本作为高分组,将分数最低的27%样本作为低分组,如有反向意义设置的题项需要做反向计分处理,而后针对每个问题求出高分组和低分组的平均分,并对该平均分做 T 检验(T-test)。如果两者间呈现出显著的差异性(p 值<0.05),则意味着该问项具有良好的区分性,应当予以保留;如果 T 检验结果表明两个平均数间没有显著差异(p 值<0.05),则所设置的题项是无效的,应当删除该项。根据最终的检验结果,高分组与低分组之间有明显的统计意义上差异,说明预测问卷中所有题项有着良好的区分度。

此外,预试样本可靠性检验需要关注处理变量测量的共同方法偏差(common method variance,又称同源偏差),这一偏差是由于同样数据来源或测量环境、项目语境及项目本身特征造成的预测变量与效标变量之间的共变性,以及受调者为满足"社会期望值"动机可能做出自我保护性反应,导致出现调查偏差,其对研究结果产生信息混乱和潜在误导。根据以往惯例,同源偏差的控制方法主要采用"程序控制"和"统计控制"两种途径。前者是在研究设计与测量过程中采取一定控制措施,如对测量进行时间、空间、方法上的分离,确保被试者匿名性、减小测量猜度、平衡题项顺序等;后者最常用的是实施单因素检验(Harman's single-factor test)[①],具体做法是把所有变量进行一项探索性因素分析,检验未旋转的因素分析结果,确定解释变量变异最少因子数,如果只析出一个因子或某个因子解释力特别大,即可判定存在严重的同源偏差。根据以上原理,本项研究控制同源偏差主要采取如下措施和检测方法:(1) 在问卷编排设计环节采取变量名称、问项交错排列,引入反向题项等措施,页首导语明确加注说明"本次调查仅用于科学研究,不会将结果对外公布",要求被试者隐去其姓名和单位,仅提供与个人职业特征相关的信息,以减少调查对象的"社会期望型"填写动机;(2) 问卷题项采用中性、客观的词语,不用任何贬义和明显诱导性词语,避免使用双重意义的词句及需要依赖记忆才可回答的问题;(3) 问卷发放过程中注意时间与地点区域的合理交错,即不在同时同地发放全部问卷;(4) 依据菲利普·M.博布科夫(Phillip M.Podsakoff,2003)等人提出的做法[②],对调查问卷的所有题项进行单因素检验,在未旋转时得到的第一个主成分即可反映 CMV 值。利用 SPSS 软件进行检验,结果显示因子分析在未旋转情况下得到 5 个特征值大于 1 的公共因子,解释的所有变量总变异数是60.262%,其中最大一个因子特征值为8.99,它解释的总变异数仅为

---

① 周浩,龙立荣.共同方法偏差的统计检验与控制方法[J].心理科学进展,2004(6):942-950.

② Podsakoff PM., Mackenzie SB., Lee JY., et al. Common method biases in behavioral research: a critical review of the literature and recommended remedies[J]. Journal of Applied Psychology, 2003, 88 (5): 879-903.

37.459%，没有出现单独因子或者共同因子解释所有变量大部分协方差的现象，按照博布科夫给出的判定标准，可以认为，预试的回收样本数据不存在明显同源偏差问题，所获数据质量的可靠性有保障。

4.2 数据及描述性统计

4.2.1 样本选择与容量

运用调查问卷方式进行深度机制研究，样本的选择与容量至关重要。本研究对象定位区县级基层政府部门的考核对象，样本采集也落脚于该行政层次，其原因在于："稳评"制度最初发起于以四川什邡为代表的基层政府实践，区县级政府是政策执行与目标考核的核心行为主体，对政策实施有着更灵敏的感知。同时，县域治理及公共职能履行一直以来受到研究者的广泛关注，是透视了解中国基层行政系统运行的重要窗口，对本项研究亦具有很好的匹配度和代表性价值。为了保障本项研究数据分析的有效性，在样本选择过程中始终坚持三个基本原则：一是受试对象必须是来源于区县级政府及以下机构部门中直接从事"稳评"工作或密切接触过"稳评"工作的人员，其所在组织系统确立了相应目标考核要求或规范指南；二是针对同一时间、同一部门投放的调查问卷不超过10份，以保证及时发现并纠正问卷填写中的问题，最大程度减少统计分析中可能存在的同源偏差；三是问卷发放时空范围坚持多样性，充分考虑区域经济社会发展的总体水平与地方实际状况,采取跨时段、跨地区错位方式投放,保证适当间隔一定时间。

本研究主要采用结构方程模型(SEM)工具进行数据处理分析,该方法的样本容量需要满足一定要求,但关于容量的标准,迄今学界观点依然存在分歧,没有适用于SEM所有情况的经验法则。詹姆斯·C.安德森和大卫·W.戈宾(James C. Anderson & David W. Gerbing,1998)认为100~150的数量可为下限[1],低于该数量将会严重影响参数估计的准确性。赫伯特·W.马什(Herbert W. Marsh,1994)等人根据统计实验提出,要根据观察变量的数量来确定样本量大小,如果观测变量与所涉及的分析因素的比值是3或4,则样本数至少为100[2];杰弗里·J.胡格兰和A.布姆斯玛(Jeffrey J. Hoogland & A. Boomsma,1998)则提出需要满足"样本数和观测变量与分析因素的比值具有互补关系效果"[3],所涉及的概念(或概念维度)平均至少4个题项来描述,样本量应达到模型估计参数数量的10倍以上,模型越复杂,倍数就越大。除了需要估算的自由参数数量和潜在变量的指标数量之外,SEM研究样本量还取决于数据特征以及被测模型相关的其他

---

[1] Anderson JC., Gerbing DW. Structural equation modeling in practice -a review and recommended 2-step approach [J]. Psychological Bulletin,1998,103 (3): 411-423.

[2] Marsh HW., Hau KT., Roche L. et al. Problems in the application of structural equation modeling [J]. Journal of Educational Psychology, 1994, 86(3): 457-462.

[3] Hoogland JJ, Boomsma A. Robustness studies in covariance structure modeling: an overview and a meta-analysis [J]. Sociological Methods and Research, 1998, 26(3):329-367.

因素,如研究设计、模型复杂性等。当然,样本容量也并非越多越好,因为样本数的增加可能导致部分数据的偏离。相关研究显示,国内外采用 SEM 工具的实证研究文献中,确立的样本数大多在 200—500。结合已有成果并依据调查实际状况,本项研究初步确立的样本容量控制在 500 左右。

4.2.2 问卷发放与回收

问卷合理投放与回收是获取高质量研究结果的关键环节,而回收率高低和无偏性反应状况很大程度上决定了调查研究的成败(Newman,Cherney & Head,2017)[1]。考虑本项研究的特殊性,普遍性调查分布很难实现,只能采取非概率抽样为主,辅以部分随机概率抽样。同时,中国区域发展与政府治理水平差异性较大,为尽可能体现梯次特征与样本的代表性,本研究选择了东部、中部、西部的三个省份,对这些省份下辖代表性区县机构部门展开问卷调查,并在具有相对便利条件的东部 J 省和西部 S 省展开部分访谈,检验和佐证调查结果。

问卷发放主要有现场和网络两种形式,各有优势和不足。现场发放是传统的调查方式,可以保障问卷填答对象的相关性、实施针对性填答指导和实现较快回收,从而提升问卷反馈整体质量。网络答卷回收借助了信息技术平台,能够跨越时空地域限制,降低调查成本,去除后

---

[1] Newman J., Cherney A. and Head BW. Policy capacity and evidence-based policy in the public service[J]. Public Management Review, 2017,19(2):157-174.

期人工输入数据时可能出现的人为差误,但是填答监控与人员相关性可能受到影响,对于深度研究采取该方式需严格控制。事实上,本项研究立足基层"稳评"政策主题本身具有一定敏感性,调查中不熟识的政府部门及个人很容易直接拒绝,网络投放方式由于监控困难,回收率和有效性受限,因而经过慎重考虑,最终选择以现场投放为主,辅助网络渠道投放。

问卷整体投放和回收具体分为三个阶段:首先,通过私人关系渠道,课题组成员赴S省下辖2个区县实地发放纸质问卷200份,并当场回收,部门涉及当地发改局、自然资源和规划局、商务局、重点项目办等机构工作人员,均与"稳评"政策的制定、执行密切关联,回收中发现问卷有明显纰漏及时向填写者指出并要求重新填写;其次,借助基层干部专项教育培训之机,向东部J省下辖的4个区(县)各投放纸质问卷260份,调查对象涉及当地招商局、开发区管委会和乡镇干部,同时基于社会网络的人际关系转寄向关联部门人员投放50份;再次,借助承担X市应急管理第三方评估课题之机,向J省下辖6个区(县)组织机构中从事"稳评"工作人员现场发放问卷120份,并依托X市政府机构的内部信息平台投放问卷100份。通过各种渠道投放的问卷总量为730份,实际回收符合形式要求的问卷为645份(占比为88.3%),对问卷再次细致整理及逐一编号,按照数据清洗原则进一步剔除无效内容的问卷,确立的标准是:(1)出现3道以上题项未填写时,视为无效;(2)出现连续5道以上题项答案相同(即同一序号顺序连续勾选),视为被调查人填答不认真,按照无效处理；(3) 同一受调部门回收问卷中出现完全雷同答案时，仅保留其中一份最完整的内容；(4) 个人职业特征选项未填答完整导致无法进行后续分析，视为无效问卷。经过以上甄别整理过程，最终获得有效问卷为539份，有效率为83.57%。无论是回收问卷总量还是有效卷率均达到开展统计分析和SEM工具应用的基本要求，进而借助SPSS软件对有效问卷进行数据化处理，形成支撑本研究的数据库。

4.2.3 描述性统计分析

本研究问卷的发放时间为2019—2022年，时间跨度长的主要原因是为了获取高质量数据而采取实地发放和调查的方式，既要通过一定渠道联系确定调查部门，也要考虑基层被测者的实际工作状况，使之配合完成问卷填写，保障数据采集顺利实施，同时也客观上有利于减少样本的同源偏差。实验问卷回收的部分个体特征信息如表4-5所示。

表4-5 有效样本的构成分布

调查题项	个体特征类型	频数(n)	百分比(%)
性别	男	478	88.68
	女	61	11.32
年龄	24周岁及以下	41	7.6
	25—34周岁	123	22.8
	35—44周岁	276	51.2
	45—54周岁	83	15.4
	55周岁及以上	16	3.0

续表

调查题项	个体特征类型	频数(n)	百分比(%)
受教育程度	高中及以下	22	4.1
	中专及高职	107	19.9
	本科	341	63.3
	研究生及以上	69	12.8
职务	科员及以下	389	72.2
	科级	87	16.1
	处级	63	11.7

在最终筛选出的539份有效问卷样本中,性别比例呈现男性占88.68%,女性仅为11.3%,男性比例远超女性。这间接反映出基层部门"稳评"政策实施工作以男性公务员为主的基本状况。也可以认为,在现实基层区县级组织机构中,安全稳定工作通常由男性公职人员占据主要角色,"稳评"作为地方安全维稳以及社会综合治理的组成部分,面临较高强度的职能履行,女性公职人员参与相对有限。

25—44岁年龄区间最为集中,占到总体样本比例的74%,其他区间段(小于25岁或大于44岁)的样本公职人员较少,呈现出明显的偏态分布态势,这表明基层政府部门"稳评"政策执行及工作推进以中青年公职人员为主,同时该部分年龄层次人员是基层部门的中坚骨干力量,其自身工作经验有助于问卷填写。

受教育程度方面,样本显示本科层次人员占据较高比例(63.3%),中专与高职占19.9%,表明样本个体的整体受教育程度较高,这客观上也有助于被测群体更好地理解问卷内容,保证问卷填答的信息质量。

职务职级状况方面,调查结果显示科员及以下层级个体最多,占总样本人数比例为72.2%,科级干部占16.1%,说明接受调查对象大多集中在科员级,这符合区县级基层政府部门公务人员职务职级的实际,该群体也往往更直接接触地方"稳评"制度的实施活动,熟悉现实工作操作,故有利于本项研究主题的探索。

图4-1是利用SPSS 26.0软件输出的有效样本人口特征频数分布情况。

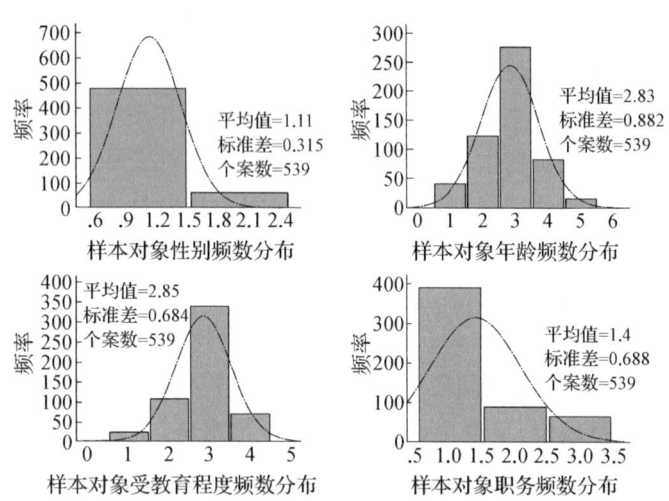

图4-1 样本对象个体特征值频数分布图

对统计数据实证分析之前,还需要把握描述性统计量状况,主要反映各调查变量的均值、标准差、偏度和峰度等。均值(mean)表示被测者对每一个调查变量的平均认同程度;标准差(Std.D)检验被测者对变量测试项的评价偏差程度,标准差小表明被测者对测试项评价很相似,标准差大则表明差异较大。偏度(skewness)和峰度(kurtosis)是描述数据分布形态的两个统计量,一般认为数据的偏度绝对值<3,峰度绝对值<10时,说明数据符合正态分布,模型值没有被高估。统计结果显示,本调查数据的均值在 4 以上,标准差在 1.0 以下,偏度绝对值小于2,峰度绝对值小于5,符合正态分布检验,整体上各项数据质量较好。

4.3 信度效度分析

4.3.1 信度分析

信度(reliability)是指调查数据的可信程度,反映主观性采集数据在特定构念测量上的稳定性与一致性,体现变量构成指标的可靠性,信度较高的调查能够在重复测验时获得高度相关的结果。目前,对于采用 Likert 量表方式设计的问卷测量工具,通常是通过 Cronbach's α 系数和 CITC 值(Corrected Item Total Correlation,量表题项总体相关系数)来估计,两者均可以检验同一构念下不同测量题目的内在一致性,取值范围均为 0—1。一般来说,以上系数愈高,即工具测量的信度愈高。探索性研究中,信度大于 0.7 方可接受,处于 0.7—0.9 属高信度,而低于 0.5 则需要重新修改调查量表,剔除无关变量(吴明隆,2003,p.109)[①]。根据主流研究经验,Cronbach's α 值大于 0.7 时比较合适,本项研究亦将 0.7 这一水平作为评判理论构念测量量表的信度水平标准。CITC 值的计算方法是:求出测量同一构念题项分值的平均数,再与全部题项的分值平均值逐一求 Pearson 系数,若某一题项的 CITC 值<0.3,则认为其与所测变量其他题项的内部一致性较差,应予以剔除。

利用 SPSS 分析调查项目的内部一致性,结果显示:13 个测试项(不含个体特征变量)的克朗巴哈系数整体达到 0.819,高于 0.7 的规范要求值,表明本项调查具有较高信度。对每个潜变量及可测变量进行检验,部分结果如表 4-6 所示。结果显示可测变量 α 系数均达到 0.7 以上,甚至超过 0.8,删除任一题项,克朗巴哈系数无显著提高,可以得出本调查的内部一致性和稳定性较好。

表 4-6 量表可测变量的信度分析值情况

潜变量	测量指标	可测变量	CITC 均值	整体 Cronbach's α
目标模糊	B1 规则设计	3	0.517	0.761
	B2 责任对象		0.479	
	B3 考核优先权		0.521	
主体参与	C1 体制内参与	2	0.635	0.839
	C2 外部参与		0.702	

---

① 吴明隆. SPSS 统计应用实务:问卷分析与应用统计[M]. 北京:科学出版社,2003.

续表

潜变量	测量指标	可测变量	CITC均值	整体Cronbach's α
组织支持	D1 上级支持	2	0.519	0.874
	D2 惩戒问责		0.606	
公开性	E1 过程规范	3	0.532	0.791
	E2 "稳评"报告		0.613	
	E3 考核绩效		0.492	
机会主义	—	1	0.613	0.789
政策执行异化	A1 评估作业活动	2	0.621	0.902
	A2 工作绩效输出		0.538	

4.3.2 效度分析

效度（Validity）分析是测量工具对其所要测量特性的程度估计，或者说量表在多大程度上测量了所构建的潜变量，反映测量工具内容与抽象概念、命题之间的匹配程度。效度测量的方式具有多样性，现实中广泛使用的是内容效度（content validity）和结构效度（construct validity）两大类。前者是来表征量表对测量内容的代表程度；后者是测量工具的使用是否真实表征了所依据的理论结构，以及对该理论结构的体现程度，一般通过收敛效度（convergent validity，又称会聚效度）和区别效度（determinant validity，亦称区分效度）来反映。

在内容效度方面，本项研究采取了一些措施来保证问卷的内容效度。首先，调查问卷中所有测量变量的选取均建立于大量文献研究基础上，且多数研究成果来自世界顶级权威期刊,得到不同环境背景下的实证研究检验;其次,所使用的调查问卷经过了前期实地调研、专家访谈及小范围前测,涵盖区县基层政府部门从事"稳评"工作的考核对象,对问卷初始题项内容的相关性及清晰度进行了研讨,经历反复讨论分析和修正而成;再次,问卷设计过程中咨询了长期关注"稳评"主题研究的专家学者,就测量项目与所涉及的内容进行符合性判断,征询有关变量测量及量表开发等问题,并吸收合理建议予以完善,最大程度保证理论构念关系的清晰度。以上这些措施保证了问卷具有较好的内容效度。

使用现有或改编量表进行测量时,题项与潜变量(因子)的从属关系是已知的,由于被试和施测环境的差异,得到的数据未必符合已有的理论模型,故需通过 CFA 检验量表的结构效度(骆方和张厚粲,2006)[1],即检验指标是否测量了同一变量。结构效度分析具体操作中有多种实现方式,此处采用两种最常见的应用途径:一是因子分析,二是拟合度指标。为此,首先假定模型中各个潜变量彼此相关,代入样本有效数据在 AMOS 中进行迭代运算,使用最大似然估计法进行参数估计,并用固定系数法测量观测变量和潜变量之间的因子载荷系数,结果显示载荷值绝大多数达到>0.7 的标准,且所有值均在最小容忍限度(>0.4)以上,这表明观测指标和结构变量之间存

---

[1] 骆方,张厚粲.使用验证性因素分析检验测验的多维性的实验研究[J].统计研究,2006,23(4): 76-79.

在统计意义上的显著性,收敛效度是可靠的。按照温忠麟、侯杰泰(2004)[①]等人的建议,选取拟合度指数来测试结构效度。一般认为,如果 CFI(Comparative Fit Index)和 TLI(Tucker-Lewis Index;也称为 NNFI, Non-normed Fit Index)大于 0.9(越大越好),RMSEA(Root Mean Square Error of Approximation)和 SRMR(Standardized Root Mean square Residual)小于 0.08(越小越好),说明构建模型整体上拟合良好,量表结构符合预期。表 4-7 为构建模型的拟合度指标,结果显示各指数满足研究条件。

表 4-7 模型各测量项验证性因子分析的拟合效果

	χ^2	χ^2/df	GFI	CFI	TLI	NFI	RMSEA	SRMR
目标模糊	7.943	2.038	0.961	0.947	0.979	0.934	0.032	0.067
主体参与	13.228	2.374	0.973	0.956	0.926	0.932	0.027	0.057
组织支持	9.450	1.659	0.954	0.962	0.917	0.947	0.053	0.034
公开性	7.264	1.496	0.927	0.933	0.942	0.928	0.046	0.068
机会主义	11.943	1.751	0.939	0.971	0.967	0.933	0.049	0.051
政策执行	8.63	2.278	0.965	0.958	0.981	0.951	0.031	0.058
量表总体	127.423	4.936	0.941	0.939	0.967	0.935	0.042	0.062

区别效度是结构效度分析的重要组成部分,指应用不同方法测量不同构念时,观测到的数值应该能够加以区分,简单来说就是一个构念区别于其他构念的程度。对于区别效度的检验,研究中有多种方法工具,如 AVE

[①] 温忠麟,侯杰泰,马什赫伯特.结构方程模型检验:拟合指数与卡方准则[J].心理学报,2004,36(2):186-194.

平方根判断法、HTMT 法、MSV 和 ASV 判断法、独立性检验法等(Hair et al.,2017;吴明隆,2010)[1]。比较常见的情况,区别效度可以通过每个潜变量的 AVE 值是否大于潜变量间相关系数的平方来判断。理查德·P.巴戈兹和伊友宰(Richard P. Bagozzi & Youjae Yi,2012)提出也可以通过 χ^2 差异值来检验,其标准为:$\chi^2>3(p<0.05)$,区别效度显著;$\chi^2>6(p<0.01)$,区别效度非常显著。[2] 本项研究采用这一方法进行判定。基层"稳评"政策执行异化影响模型共有 6 个潜变量,两两配对需要检验共 21 对不同的区别效度,如表 4-8 所示,χ^2 差值均大于 6,达到统计意义上非常显著水平($p<0.01$),这表明本项研究结构变量具有显著的区别效度,数据可用于后续假设检验。

表 4-8 模型区别效度检验

因子变量	1	2	3	4	5	6	7
"稳评"政策执行异化	—						
目标模糊	113.76	—					
主体参与	89.02	112.34	—				

---

[1] Hair JF., Hult GT. M., Ringle CM.et al. A primer on partial least squares structural equation modeling (2 ed.)[M]. Thousand Oaks, CA: Sage, 2017.
　吴明隆. 结构方程模型:AMOS 的操作与应用[M]. 重庆:重庆大学出版社,2010.
[2] Bagozzi RP and Yi Y. Specification, evaluation, and interpretation of structural equation models[J]. Journal of the Academy of Marketing Science, 2012,40(1):8-34.

续表

因子变量	1	2	3	4	5	6	7
公开性	89.14	158.23	81.29	—			
上级支持	63.26	96.47	67.34	78.37	—		
惩戒问责	57.39	104.26	83.18	71.26	68.23	—	
机会主义	110.28	193.05	134.22	114.35	117.28	107.19	—

注：所有 Chi-square 差值在 $p<0.01$ 水平上显著（$df=1$）
统计意义上的显著性水平包括三种，分别是 * $p<0.05$（影响关系显著），** $p<0.01$、*** $p<0.001$（影响关系非常显著）。

4.4 结构方程模型检验

结合本项研究作用机制的主要特征，选取结构方程模型（SEM）对变量关系进行检验。结构方程模型是一种建立、估计和检验因果关系模型的新型统计方法，可以替代传统的多重回归、通径分析、因子分析、协方差分析等统计方法，能够清晰地分析单项指标对总体的作用和单项指标间的相互关系。进一步而言，相对于传统的多元统计方法，SEM 工具有以下优点：（1）可以分析潜变量及观察变量之间的复杂关系，并提供总体模型检验和独立参数估计检验；（2）容许自变量和因变量含测量误差，可以准确估计出测量误差的大小和其他参数值，从而提高整体测量的准确度；（3）可以同时处理多个因变量之间的关系，特别是应用于中介效应、调节效应的检验；（4）容许更大弹性估计模型的拟合程度，灵活处理追踪数据，带自相关误差结构的数据库（时间序列分析)和带有非正态分布变量以及缺失数据的数据库。本研究除了通过 SEM 对量表效度进行检验,也借助该工具完成概念模型的分析验证,即对构建框架相关变量影响方向和强度(显著性)进行检验,从而判断所提出的理论假设。

4.4.1 模型构建与初始检验

基于第三章理论阐释及搭建的概念模型,本节首先根据 AMOS 26.0 构建了初始结构方程模型,从整体上反映研究变量之间的潜在关系,如图 4-2。该初始模型中,包括了 6 个潜变量(不含个体特征变量)以及相应观察变量,围绕基层"稳评"政策执行异化这一主题形成逻辑作用关系,此外按 SEM 规则还包含残余变量和残差变量,未进行数据分析前路径系数默认为 1。

模型构建之后,需要对模型的拟合程度进行评价,包括对路径系数、载荷系数的显著性检验以及模型拟合程度评价。拟合程度评价又分为绝对拟合指数、相对拟合指数和简约拟合指数,分别用多种指标来衡量以反映数据对概念模型的支持程度。为了描述方便,这里先简要给出 SEM 研究中常用的拟合参数及其判定标准,如表4-9所示。

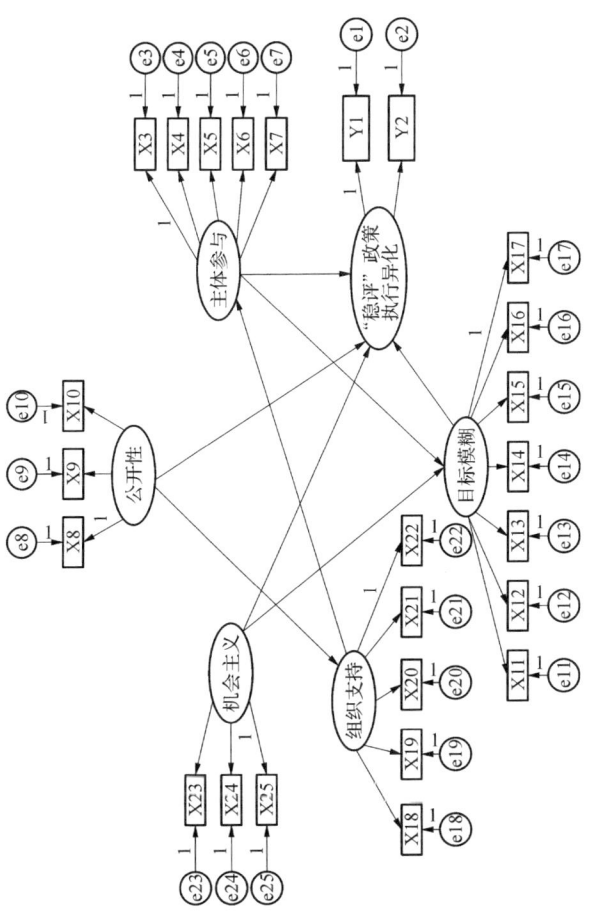

图 4-2 初始模型结构图

表 4-9 SEM 应用拟合指数及评价标准

指数名称	指数含义	评价标准
χ^2/df	卡方比率,衡量拟合模型与真实模型接近程度	2.0—5.0
GFI	模型拟合方差和协方差能够解释数据方差和协方差的程度	≥0.80
AGFI	将自由度纳入考虑后对 GFI 的调整	≥0.80
NFI	假设模型与独立模型的差异	≥0.80
NNFI	将自由度纳入考虑后对 NFI 的调整	≥0.80
IFI	将自由度和样本量纳入考虑后对 NFI 的调整	≥0.90
CFI	既考虑假设模型与独立模型之间的关系,也考虑了假设模型与理论模型的卡方分布离散程度	≥0.90
RFI	考虑了 NFI 低估和 NNFI 波动问题的相对拟合指数	≥0.90
RMSEA	用自由度对 FI 进行了调整	≤0.080
CN	样本规模的适配情况	≥200
SRMR	标准化的残差均方根指数	越小越好

为了清晰展现结构变量之间的内在关系及假设检验,这里按照分类嵌入方式输入有效样本数据,分项检验相关理论假设。图 4-3、图 4-4 为潜变量"目标模糊"以及观测变量(规则设计、责任对象、考核优先权)、"主体参与"及观测变量(体制内参与、外部参与),对于基层"稳评"政策执行异化的检验路径系数。根据检验结果,观测变量"目标责任对象"对基层"稳评"政策执行异化的路径

系数标准化值为0.34，$p<0.001$[①]；"规则设计"的路径系数为0.42，$p<0.001$；"考核优先权"的路径系数为0.11，$p<0.01$，正向影响关系呈现统计意义上的显著性。由此可以得出，潜变量"目标模糊"对基层"稳评"政策执行异化具有显著正向影响，假设H1获得验证。换言之，基层考核对象在"稳评"政策实施过程中，对于制度规则具体设定、目标考核指向及相关目标任务优先权的心理认知十分重要，当主客观层次存在较高程度的模糊性认知时，人为性政策异化行为更有可能发生。此外，检验潜变量"主体参与"对基层"稳评"政策执行异化的影响关系，图4-4结果显示，考核对象部门内部参与（体制内参与）的路径系数为-0.37，$p<0.001$，呈现显著负向关系；社会参与（外部参与）的路径系数为-0.43，$p<0.001$，负向影响同样显著。综合来看，主体参与对基层"稳评"政策执行异化具有显著负向影响，前文理论假设H2获得统计意义上的验证。由此可解释为，基层"稳评"政策执行及目标责任考核实施过程中，扩大考核对象组织内部参与和外部社会参与，对于降低考核对象人为的政策异化行为发生可能性具有积极的促进作用。

[①] 用C.R.统计检验相伴概率P观测参数显著性，若$P>0.05$，需要对模型进行修正。下同。

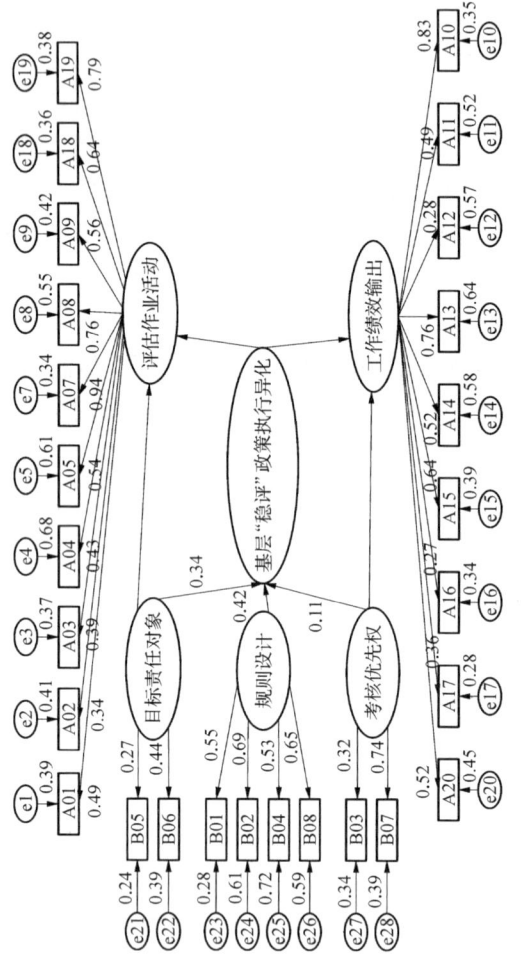

图 4-3 目标模糊对基层"稳评"政策执行异化影响路径

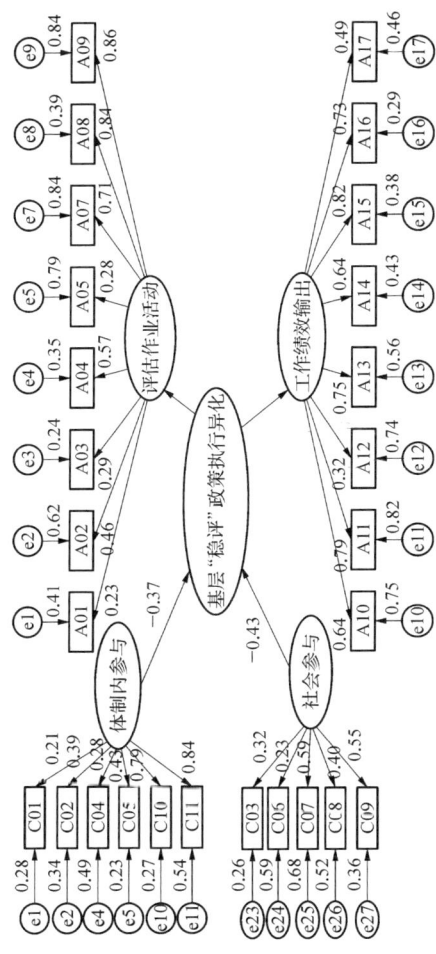

图 4-4 主体参与对基层"稳评"政策执行异化影响路径

在获取影响路径系数基础上,进一步形成对构建模型的拟合程度评价。表4-10为拟合评价的相关输出,由此结果可以看出,目标模糊与主体参与变量的相关拟合值绝大多数在 SEM 拟合判定标准范围之内,符合既定规则需要,这表明构建模型数据拟合处于合理范围。

表4-10 目标模糊与主体参与变量对"稳评"
执行异化模型的拟合度指数

潜变量	χ^2/df	GFI	AGFI	RMSEA	CFI	NNFI
目标模糊	4.136	0.91	0.87	0.059	0.83	0.94
主体参与	5.437	0.84	0.79	0.065	0.92	0.89

进一步输入有效数据,检验主体参与及目标模糊潜变量之间的作用关系,如图4-5所示。结果显示,被测者(考核对象)基于"稳评"政策认知的组织系统体制内参与对目标模糊路径系数估计值为-0.21($p<0.001$),呈现显著负向影响;个体感知的社会参与对目标模糊的路径系数估计值为-0.47($0.01<p<0.05$),呈现显著负向影响。综合所得结果,主体参与变量对目标模糊变量具有统计意义上的负向显著关系,前文假设 H3 获得验证。

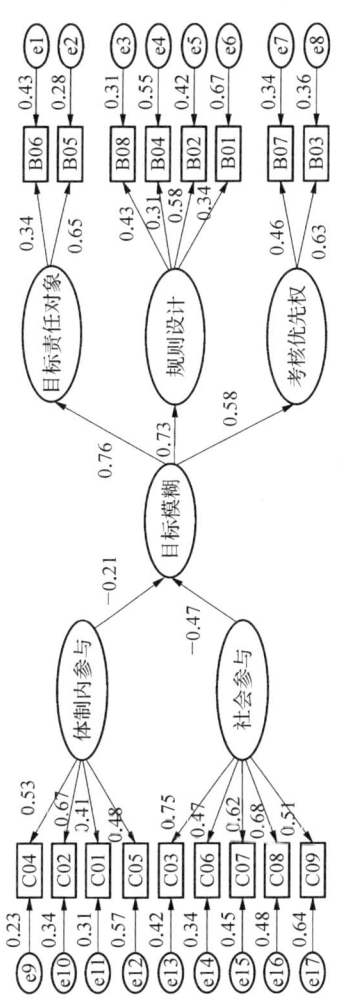

图 4-5 主体参与对目标模糊的影响结构图

根据第三章建立的理论框架,组织支持(上级支持、惩戒问责)、公开性潜变量因素对基层"稳评"政策执行异化可能构成隐性关联影响,经过前文相关基础性检验后,通过 SEM 工具进行参数检验。

从初始模型拟合结果来看,$\chi^2/df=3.179$,RMSEA=0.084,按规则属于基本拟合;GFI=0.763,AGFI=0.812,均较大偏离>0.9 标准的合理空间,属于不拟合,换言之,原始搭建模型不能很好地匹配数据,经过认真分析可能是由于被测者对不同问卷题项的认知理解比较接近。为此,依照 SEM 的分析要求需要对该模型进行适度修正,具体目标是实现 Chi-square 减少,p 值增加。根据模型的修正指数(modification indices),增加误差关系变量 eps 的相关关系,并运用最大似然估计法重新进行 500 次迭代运算,最终得到如图 4-6 的修正模型输出结果。

修正后模型拟合结果显示(表 4-11),$\chi^2/df=$ 4.579<5,GFI=0.894,AGFI=0.93,RMSEA=0.073(<0.08),CFI=0.92,NNFI=0.87(接近 0.9 标准值),这表明修正后模型数据拟合比较合理。

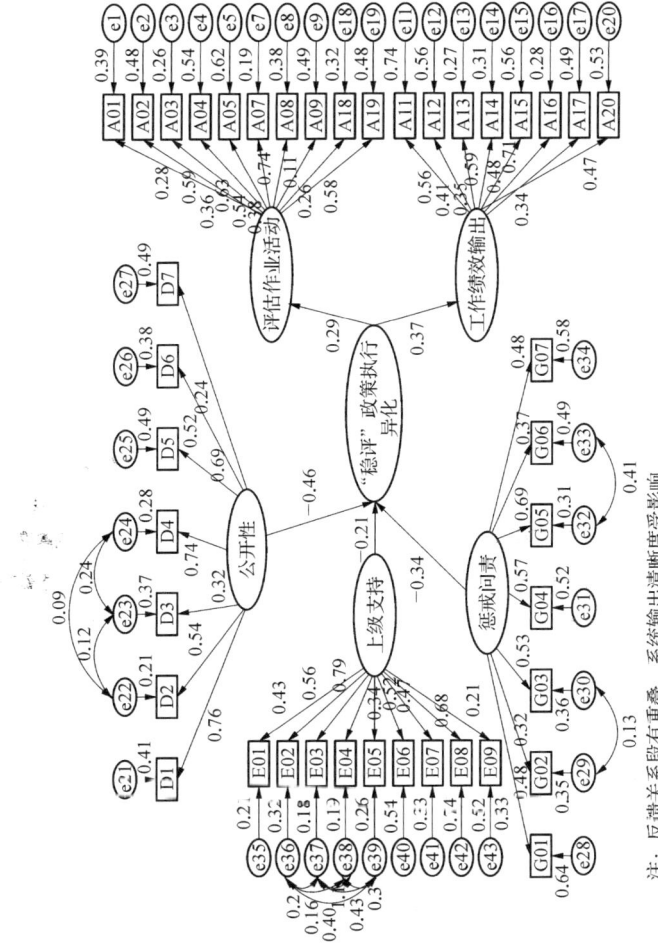

图4-6 组织支持与公开性对"稳评"行为异化影响结构

注：反诮关系段有重叠，系统输出清晰度受影响。

表 4-11　组织支持、公开性变量构建修正模型的拟合度指数

拟合指标	χ^2/df	GFI	AGFI	RMSEA	CFI	NNFI
显示值	4.579	0.894	0.93	0.073	0.92	0.87

根据以上参数估计结果，公开性潜变量对基层"稳评"政策执行异化的回归系数估计值为-0.46，$p<0.001$，表明围绕"稳评"政策实施及目标考核信息公开对于基层政策执行异化具有显著的负向影响，假设 H5 得到验证，其现实启示是应当高度重视地方"稳评"政策实施过程的信息透明度，强化系统内外综合监督。

按理论模型构建，组织支持潜变量分为"上级支持"与"惩戒问责"观测子变量，分别进行参数估计。结果显示，"上级支持"对基层"稳评"政策执行异化的回归系数标准化估计值为-0.21，$p<0.01$，负向影响统计显著，前文假设 H6 获得验证；"惩戒问责"变量对基层"稳评"政策执行异化的回归系数标准化估计值为-0.34，$p<0.001$，负向影响显著，前文假设 H7 获得验证。这也表明，现实中来自行政系统内部的强有力资源供给特别是主要领导支持，对于"稳评"政策的有效实施、防范政策执行异化具有重要影响，不仅体现在上级主管部门及决策者给予"稳评"实施的坚定资源支持，也体现在相应惩罚问责机制的有效应用。

4.4.2　中介效应检验

本节将对目标模糊潜变量因素对基层"稳评"政策执行异化的中介效应进行检验分析，基本路径为：主体参与因素通过目标模糊的中介作用对基层"稳评"政策执行异化的发生产生影响。

首先对中介效应问题做概要说明。按照统计分析原理,如果自变量 X 对因变量 Y 的影响是通过另一变量 M 来实现的,则称 M 为中介变量。图4-7分别给出了不存在中介变量(a图)、存在一个中介变量(b图)以及存在两个中介变量(c图)的情况。当存在中介变量时,其对自变量和因变量之间关系产生的作用即中介效应,通常情况下可以分为两种:完全中介效应与部分中介效应。而部分中介效应在一些研究中也常被简称为中介效应。对于中介效应检验,学界一直以来形成了多种方法,也存在很多争议,最传统的方法包括鲁本·M.巴伦和大卫·A.肯尼(Reuben M. Baron & David A. Kenny,1999)[1]提出的三步型因果逐步法(causal steps approach),以及此后大卫·P.麦金农(David P. MacKinnon,2002)[2]等人总结测验获得的14种不同方法,各有优势和不足。温忠麟和叶宝娟(2014)[3]针对中介效应检验提出了一个分析模式,被国内学界广泛采纳,这一过程可以描述如下:(1) 检验回归系数 C,若不显著,说明自变量 X 与因变量 Y 之间无明显相关关系,停止中介效应分析,否则转入下一步骤;(2) 做部分中介检验,即分别检验系数 a 与系数 b,若显

---

[1] Baron RM and Kenny DA. The moderator-mediator variable distinction in social psychological research: conceptual, strategic, and statistical considerations[J]. Journal of Personality and Social Psychology, 1999,51(6):1173-1182.

[2] MacKinnon DP, Lockwood CM, Hoffman JM. et al. A comparison of methods to test mediation and other intervening variable effects[J]. Psychological Methods, 2002(7): 83-104.

[3] 温忠麟,叶宝娟.中介效应分析:方法和模型发展[J].心理科学进展,2014,22(5):731-745.

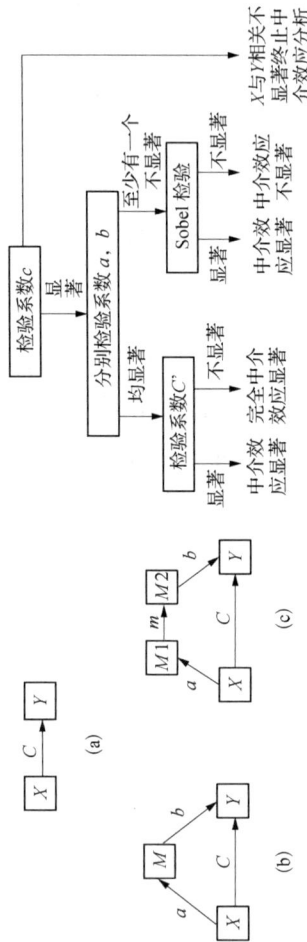

图4-7 中介效应关系检验示意图(温忠麟、叶宝娟,2014)

著则转入步骤(3),否则转入步骤(4);(3) 做完全中介检验,即在控制中介变量 M 后,检验系数 C',若不显著,则表明存在完全中介效应,否则说明存在(部分)中介效应;(4) 当系数 a 与系数 b 至少有一个不显著时,则需要进行 Sobel 检验 $Z=\hat{a}\hat{b}/\sqrt{\hat{a}^2 s_b^2+\hat{b}^2 s_a^2}$,其中 S_a 和 S_b 分别为回归系数 a 与回归系数 b 的标准差。如果检验结果显著($z>1.96$),则表明中介效应显著,否则中介效应不显著;(5) 检验过程结束。本书研究遵循上述步骤对目标模糊变量的中介效应进行检验。

前一节已对主体参与(体制内参与和社会参与)与目标模糊(目标责任对象、规则设计、考核优先性)、目标模糊与基层"稳评"政策执行异化之间的关系进行了验证,结果显示统计意义上的显著性,进一步根据假设将目标模糊作为中介变量纳入搭建的理论模型进行检验。按照上述逐步回归的中介效应判定方法,如果主体参与对基层"稳评"政策执行异化的负向影响,在目标模糊变量介入以后发生变化但是依然统计显著,则说明该中介变量是部分中介;如果主体参与对基层"稳评"政策执行异化的负向影响,在目标模糊变量介入以后由原先的统计显著变为了不显著,则说明该中介变量发挥了完全中介效应。

从图 4-8 所示的最终检验结果来看,引入目标模糊这一中介变量后,主体参与对基层"稳评"政策执行异化形成的负向影响关系依然显著(路径系数 $r=-0.09, p<0.01$),但显著性状况较之原先介入前明显降低(0.31^{***} →

0.06**)。根据以上中介检验规则,无需再进行 Sobel 检验的步骤,可以判定目标模糊因素充当了主体参与和基层"稳评"政策执行异化之间的部分中介作用,理论假设 H4 获得验证。

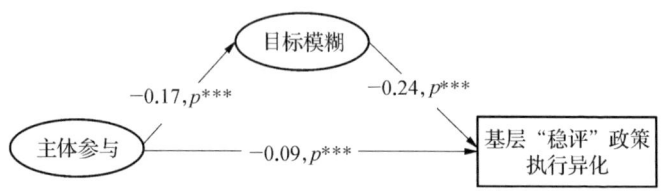

图 4-8 目标模糊的中介效应检验结果

4.4.3 调节效应检验

按照前文理论分析,这里将"公开性"设置为一个调节变量探讨其对基层"稳评"政策执行异化与"组织支持"(上级支持和惩戒问责)潜变量之间的作用关系。

首先对调节变量及其检验进行概要说明。巴顿(Baton,1999)将调节变量(moderator)定义为"对一组自变量和因变量关系具有方向性或相关强度影响的第三个变量"(其简要作用关系参见图 4-9)。统计学相关研究中,调节作用与交互作用时常被混淆,前者是指一个变量(X_1)影响了另外一个变量(X_2)对解释变量 Y 的影响;后者是指两个变量(X_1 和 X_2)共同作用时对 Y 的影响不等于两者分别影响 Y 的简单数学之和。调节效应的检验同样有多种方法,这里参考应用巴顿构建的经典调节效应检验程序进行分析(图 4-9),即:第一步,检验自变量(X)和因变量(Y)之间的关系,如果结果显示两者之间存在统计意义上的显著关系,则进入下一步骤;第二步,求出 X 和调节变量 M 的乘积项,构成交叉变量 $D(D=X*M)$,分析该交叉变量与因变量 Y 之间是否存在统计显著性,如果显著则说明 M 具有显著的调节作用;第三步,根据一定比照标准做出统计判断,若纳入交叉乘积项分析后判别系数 R^2(或调整后的 R^2)出现了显著性绝对值增加且交叉乘积项自身亦呈现出统计显著性,则说明变量调节效应发生实质作用。简单来说,可以通过比较纳入交叉项 D 后的模型变量回归系数是否增加,来判定调节效应对因变量 Y 变异的解释度。

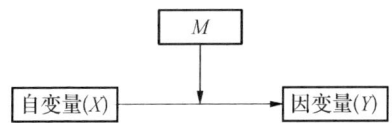

图 4-9 调节变量(M)对自变量(X)与因变量(Y)的作用关系

本节按照以上分析步骤依次代入相关变量进行观察分析,在检验之前首先对乘积项进行了去中心化处理,即用变量值减去均值,以减少因素变量高阶化产生的多重共线性(multi-collinearity)现象[①],同时将体现个体特征因素的被测者年龄、受教育程度、职务作为控制变量纳入分析。表 4-12 报告了调节效应检验结果。

Model 1 是"公开性"变量和"上级支持"变量对基层"稳评"政策执行异化的共同影响检验模型,分析结果显

---

① 方杰,温忠麟,梁东梅等.基于多元回归的调节效应分析[J].心理科学, 2015,38(3):715-720.

示:公开性变量标准回归系数为-0.126($p<0.001$),上级支持维度的标准回归系数为-0.183($p<0.01$),均呈现负向影响统计显著性。进一步加入"公开性"与"上级支持"的乘积项后形成 Model 3,检验结果发现:相对单一的"上级支持"变量影响作用,其乘积项的回归系数并没有如预期呈现出统计意义上的显著性($r=0.023,p>0.05$)。换言之,理论假设中公开性变量的调节效应不成立,否决了前文概念模型中提出的理论假设 H8,即"公开性"变量调节组织支持变量中的"上级支持"维度与基层"稳评"政策执行异化之间关系,亦无法得出结论:信息公开性水平越低,上级支持对基层"稳评"政策执行异化的负向关系越弱。

与以上检验方法相同,Model 2 为"公开性"与"组织支持"的另一子维度——"惩戒问责"对基层"稳评"政策执行异化的共同影响检验模型。分析结果显示,公开性变量的标准化回归系数为-0.121($p<0.001$),"惩戒问责"维度的回归系数为-0.194($p<0.001$),均呈现负向影响作用。Model 4 是加入"公开性"与"惩戒问责"的乘积项后再次进行数据输入检验,相较于单一的"惩戒问责"变量影响作用下的 F 检验值和 R^2 值($F=12.831, R^2=0.346$),Model 4 的相应指标值均有所增加($F=13.727, R^2=0.365$),adjusted R^2 则正向变化了 0.134,同时"公开性"与"惩戒问责"交互项的标准化回归系数显示为-0.214,并且呈现统计显著性($p<0.01$)。这一结果验证了前文所构建的理论假设 H9,表明"公开性"能够调节"惩戒问责"与"稳评"政策执行异化之间的关系,信息公

开性水平越低,惩戒问责与"稳评"政策执行异化的负向关系越弱。换言之,基层政府部门"稳评"实施过程中,当信息公开性相对不够充分时,惩戒问责对"稳评"政策执行异化的影响变小。

表 4-12 公开性变量的调节效应检验结果

	变量项	Model 1	Model 2	Model 3	Model 4
控制变量	年龄	−0.062	−0.046	0.018	−0.052
	受教育程度	0.034	0.037	0.037	0.028
	职务	−0.019	0.054	0.064	0.017
结构路径	公开性	−0.126***	−0.121***	−0.440**	0.146**
	上级支持→"稳评"政策执行异化	−0.183**		−0.316**	
	惩戒问责→"稳评"政策执行异化		−0.194***		−0.214**
	(公开性 * 上级支持)→"稳评"政策执行异化			0.023	
	(公开性 * 惩戒问责)→"稳评"政策执行异化		0.308**		0.426**
	F-value	13.547**	12.831***	10.293	13.727**
	R^2	0.208	0.346	0.346	0.365
	Adj R^2	0.316	0.344	0.357	0.375
	ΔAdj R^2	0.029	0.028	0.182	0.134

注:N=539. * 为 $p<0.05$; ** 为 $p<0.01$; *** 为 $p<0.001$.

为了进一步厘清"公开性"如何调节"惩戒问责"变量与基层"稳评"政策执行异化之间的关系,参考借鉴艾肯

(Aiken,1991)[①]、科恩(Cohen,2003)[②]、海耶斯(Hayes,2013)[③]等人的研究,以"公开性"变量的均值分别加减一个标准差后的值作为标准,区分出"高公开性组"与"低公开性组"两组样本,以惩戒问责为自变量,以基层"稳评"政策执行异化为因变量,分别对其进行路径分析,获取相应标准化回归系数,并得到如图4-10所示的两条直线。从该图可以看出,在公开性相对较高时,惩戒问责对于基层"稳评"政策执行异化的负向影响也变强,体现为回归系数绝对值较大,直线比较陡峭;而在低公开性组中,其回归直线表现则较为平缓。由此可见,公开性潜变量在"惩戒问责"与基层"稳评"政策执行异化之间表现出统计意义上的调节作用。故此,前文提出的理论假设H9得到验证。

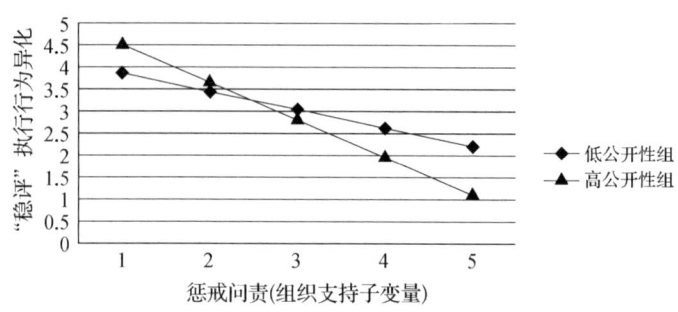

图4-10 公开性变量的调节效应检验

---

① Aiken LS, West SG. Multiple regression: testing and interpreting interactions[M]. London: Sage, 1991: 212.
② Cohen J., Cohen P., West SG. et al. Applied multiple regression and correlation for the behavioral sciences (3rd ed.)[M]. Mahwah, NJ: Lawrence Erlbaum Associates, 2003.
③ Hayes AF. Introduction to mediation, moderation, and conditional process analysis: A regression-based approach [M]. New York: Guilford Press, 2013.

4.4.4 微观个体因素验证

根据前文理论分析,本研究设立了个体特征和机会主义潜在变量对基层"稳评"政策执行异化的概念假设,其中个体特征选择了年龄、受教育水平和职务三个变量,并根据变量特点设置了定距编码。譬如,个体职务层面科员及以下设为1、科级编码为2、处级及以上编码为3。与定量数据不同,定距数据的分析需要以特殊方式处理,这是因为相同编码在不同变量解释上具有不同意义,编码变动同一大小值代表的含义也存在差异。鉴于以上定距数据自身特点,一般不采用结构方程(SEM)进行路径分析,综合考虑常用工具方法的优势和不足,此处应用SPSS 26.0 统计软件中的最优尺度回归(optimal scaling regression,也称最优标度回归)进行个体特征变量的分析验证。首先对该工具应用进行概要说明。

在做线性回归分析中,会遇到变量(如分类变量或者等级变量)的结构性问题。事实上,现实中大量统计数据是分类数据,也由此带来回归分析中的一些突出问题。例如收入级别在问卷测量中往往被收集为高、中、低、极低 4 档,若将其分别编码为 4、3、2、1 直接作为自变量纳入回归分析,实际上是假设这 4 档间的差距完全相等,或者说它们对因变量的数值影响程度是均匀上升/下降的。这显然是一个过于理想和不符实际的假设,有可能导致错误的分析结论。另一方面,对于诸如民族、宗教等无序多分类变量,不可能为其给出一个单独的回归系数估计值来表示该类变量带来因变量的变化趋势。对于上述分类变量,统计上标准做法是采用哑变量(dummy variable)

进行转换拟合,但哑变量的操作方式较为烦琐且假定要求较高,这一分析思路实际上很难实现预期研究目标。最优尺度回归分析(optimal scaling regression analysis)专门用于解决分类变量统计量化的问题,它通过给定类资料的不同类别赋值最终计算出优化的回归方程,适合于研究变量为分类有序变量的情况。其基本原理是:基于拟合模型框架,分析各级别对因变量影响的强弱变化情况,在保证变换后变量间线性联系的前提下,采用一定的非线性变换方法进行反复迭代,由此寻找拟合程度高的方程式,为原始分类变量找到最佳的量化评分,随后在模型中使用量化评分代替原始变量进行分析。最优尺度回归分析一般包括以下五个基础性工作。

(1) 模型设定。根据理论或以往研究成果设定假设的初始理论模型;

(2) 模型识别。检验所研究模型是否能够求出参数估计的唯一解,如不能则构建模型无效;

(3) 模型估计。可以使用多种方法进行模型参数估计,最常用的估计方法是最大似然法和广义最小二乘法;

(4) 模型评价。在取得参数估计值后,需要对模型与数据之间的拟合状况进行分析,通过相关拟合指标做出判断;

(5) 模型修正。若发现模型不能很好地拟合数据,则需要对模型进行多次修正,在这一过程中通过参数的再设定可以增加模型的拟合程度。

本研究分析数据是针对调查对象的 Likert 五点式量表获得,单项题目设立的刻度区间为1—5,客观数据则是经过编码处理后的定序数据。因定序数据编码尺度存在差异,为避免采用一般线性回归分析可能导致的量纲偏差,本研究借鉴有关研究成果采用最优尺度回归分析进行操作,以解决因定距变量的量纲难以统一导致的统计结果偏误。

通过 SPSS 26.0 软件的最优尺度分析,最终检验结果如表 4-13 所示。

表 4-13 最优尺度回归结果

变量项		Model 1	Model 2
		因变量:基层"稳评"政策执行异化	
个体特征	年龄	-0.027***	
	受教育程度	-0.041	
	职务	0.032*	
	机会主义倾向		0.018***
统计值	F-value	45.281**	21.358***
	R^2	0.676	0.424
	Δadjusted R^2	0.385	0.463

注:n=539.* 为 $p<0.05$;** 为 $p<0.01$;*** 为 $p<0.001$.

Model 1 是个体变量(年龄、受教育程度、职务)与"稳评"政策执行异化之间的最优尺度回归结果,从中可以看出,任职时年龄变量对"稳评"政策执行异化行为的标准化回归系数为 -0.027($p<0.001$),呈现统计意义上的显著性,即公务人员个体任职年龄对基层"稳评"政策执行异化行为构成显著影响,前文构建的假设 H10 得到数据层面的有效支持,而受教育程度的标准化回归参数为

－0.041，数值为负但未呈现统计的显著性，间接表明基层人员个体的受教育水平与"稳评"政策执行异化不存在明显的线性关联，假设 H11 未得到调查数据的验证。与此相对，Model 1 还探索加入了个体职务变量，结果表明职务与基层"稳评"政策执行异化呈现统计意义的正向显著性（回归系数 0.032，$p<0.05$），但显著性水平相对较弱。鉴于本书研究是针对区县级政府调查来源，对该结果的理解可以阐释为：在区县级政府层面，基层人员尤其是乡镇级别晋升空间非常小，晋升难度非常大，个体职务级别上升途径受到不同程度挤压，科级甚至是更多人的职级天花板，区县部门具有一定职务的公职人员（如科级）拥有更大自由裁量权并面临直接的考核压力，在多种目标任务情境下，高职级基层官僚陷入复杂角色冲突及压力承载更为突出，实现短期经济绩效的利益诉求更加强烈，"稳评"政策执行活动以及工作绩效输出过程中发生异化行为的可能性趋于增加，回避或弱化制度程序的蒙蔽扭曲性行为更容易出现。当然，这不代表职务、职级较低的基层人员没有以上情形，也需要更完整的样本数据予以佐证。

此外，Model 2 加入了机会主义倾向变量进行检验，考察它对基层"稳评"政策执行异化的影响。检验结果显示，机会主义变量的标准化回归系数为 0.018，且在 $p<0.001$ 的水平上统计显著，这表明基层部门人员的机会主义倾向对"稳评"政策执行异化具有显著的正向作用，考核对象个体机会主义心理倾向越高，"稳评"实施活动中发生有悖于政策目标的异化行为可能性越大，即冒险违

背政策要求而满足短期利益需求。事实上,机会主义是现代制度环境下政策异化发生的一个重要因子,人的行为不确定性使我们宁愿相信机会主义倾向的现实存在并会发生作用。由此,前文假设 H13 得到调查数据层面的支持印证。

4.5 研究结果汇总

整合以上总体分析结果,可以得出本项研究关于基层"稳评"政策执行异化影响机制的全要素模型,如图 4-11 所示。

从全要素模型的结果可以看出,本项研究有关基层"稳评"政策执行异化的影响路径基本上得到调查数据层面的验证,这表明本书所构建的理论概念模型较为合理。概要归纳如下基本作用路径。路径 1:政策设计及目标考核作用于基层考核对象个体认知,构成执行部门及考核对象行为选择的基本组织情境。路径 2:基层行政系统中政策运作参与因素的潜在缺陷,通过内外环境发生作用并诱致作用于"稳评"执行,其中目标模糊因素的中介作用亟待关注。路径 3:基层"稳评"制度实施过程中上级支持和惩戒问责因素,直接影响并作用于可能的异化行为,惩戒问责状况对"稳评"政策执行异化影响更突出。路径 4:组织系统内部支持环境通过政策执行信息公开性影响异化行为的形成与表现,而公开性在惩戒问责与异化行为之间的调节作用呈现出统计意义的显著性。路径 5:微观层面的个体特征因素是基层"稳评"政策执行异化现象

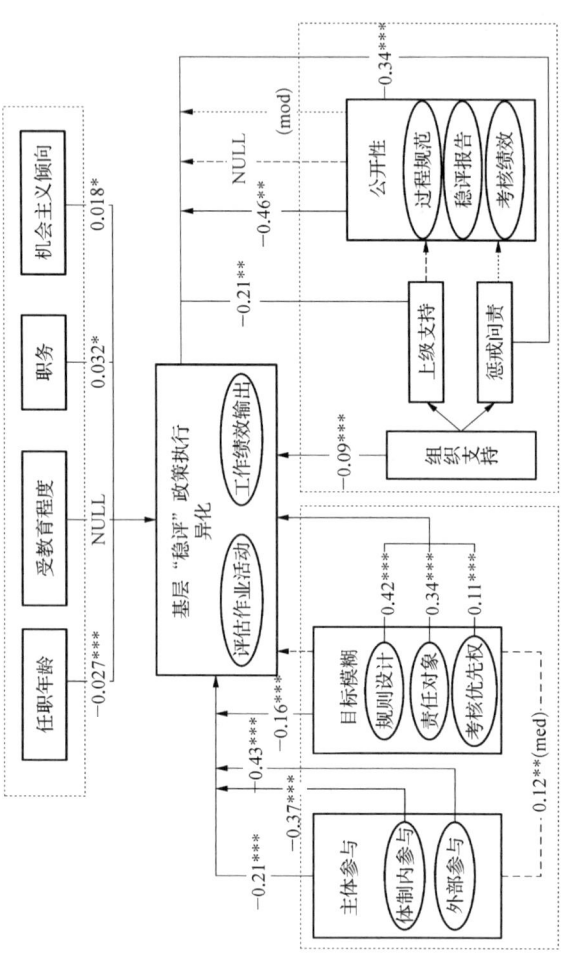

图4-11 基层"稳评"政策执行异化全要素模型检验

发生的不容忽视界面。

特别要指出的是,对比公开性和其他变量因素(组织支持、目标模糊、主体参与)对基层"稳评"政策执行异化的标准回归系数可以看出,公开性的影响作用更加突出。由此,为了防范基层部门"稳评"实施中的人为操控,降低重大事项决策的社会风险,与"稳评"相关的信息公开是重中之重,包括执行活动过程、评估报告输出、业务绩效考核等关键内容。地方政府及主管机构应以积极开明态度,推动"稳评"政策实施过程信息透明,增进系统内外的监督约束作用。

综上,本书通过采用结构方程模型以及最优尺度回归方法,对所构建的理论概念框架及其相关假设路径关系进行完整建模阐释,并依托调查样本数据予以分析验证,前文提出的中国基层"稳评"政策执行异化机制模型得到较好的检验佐证,最终结果如表4-14所示。研究表明:除了上级支持通过公开性的调节作用假设(H8)和个体特征中的受教育程度假设(H11)未得到数据层面证实外,其他搭建因素相关假设均呈现统计意义上的显著性,整体理论框架得到较充分验证。在中国政府架构中,区县级是最全面的"块状"行政区块,也是政策执行与国家治理的基础空间,要探寻诸如"稳评"实施行为逻辑,离不开对区县级基层组织情境的深刻揭示。因此,系统分析并合理预测县域体制环境、官僚行动策略与目标绩效之间的内在关联性,有利于得出更有针对性的研究结论。

表 4-14　全模型假设检验结果

假设编号	假设陈述	检验结果
H-1	目标模糊对于基层"稳评"政策执行异化行为的形成具有显著正向影响,模糊认知程度越高,异化行为越可能发生	支持
H-2	主体参与对于基层"稳评"政策执行异化行为的形成具有显著负向影响,参与程度越低,异化行为越有可能发生	支持
H-3	主体参与对于目标模糊具有显著负向影响,表现为随着内外参与的削弱,"稳评"政策执行的模糊性可能更突出	支持
H-4	目标模糊在主体参与和"稳评"政策执行异化行为之间具有中介作用	支持
H-5	公开性对基层"稳评"政策执行具有显著负向影响,公开性水平或程度越低,异化行为越有可能发生	支持
H-6	上级支持对基层"稳评"政策执行具有显著负向影响,考核对象感知到的上级支持水平越低,异化行为越有可能发生	支持
H-7	惩戒问责对基层"稳评"政策执行具有显著负向影响,考核对象感知到的惩戒问责支持程度越低,异化行为越有可能发生	支持
H-8	公开性变量能够调节"上级支持"与基层"稳评"执行异化行为的关系,当信息公开性不够充分,"上级支持"对异化行为形成的影响变弱	不支持
H-9	公开性变量能够调节"惩戒问责"与基层"稳评"执行异化行为的关系,当信息公开性不够充分,"惩戒问责"对异化行为形成的影响变弱	支持
H-10	公职人员年龄与政策执行异化行为之间存在负向关系,任职时年龄越大的考核对象,越趋向保守型发展目标,异化行为发生的可能性越低	支持
H-11	公职人员受教育水平与政策执行异化行为之间存在负向关系,受教育时间越长的考核对象,越趋向理性行动,异化行为发生的可能性越低	不支持
H-12	公职人员职务与政策执行异化行为之间存在正向关系,职务越高的考核对象,越趋向激进的发展行动,发生异化行为的可能性越大	支持

续表

假设编号	假设陈述	检验结果
H-13	考核对象机会主义倾向与"稳评"政策执行行为异化之间存在正向关系,个体机会主义倾向越显著,异化行为发生的可能性越高	支持

4.6 实证分析讨论

4.6.1 目标设置层面

1. 目标模糊与基层"稳评"政策执行异化

目标模糊是制度分析中目标设置的重要概念之一,反映了组织个体对于目标设定及制度规则的一种认知状态,由于具有阐释组织行为的现实意义,多年来这一概念在公共管理及公共政策领域得到广泛应用。本书以中国"稳评"政策的实施为背景,提出该政策情境下的目标模糊内涵,结合地方目标绩效考核环境主要归于三个方面:一是基层政府部门对于地方经济发展目标与"稳评"制度目标认知的心理定位偏差,考核对象普遍存在的追求经济绩效的传统思维惯性往往阻碍"稳评"政策真正落地;二是考核对象在认知理解"稳评"政策框架中的评估主体、规则制定、目标标准、考核优先权等方面存在的不清晰、不明确的心理障碍,对"为什么评、由谁来评、如何去评"等关键问题出现模糊心理认知;三是主管部门及决策者在制定诠释考核目标中存在的抽象化、难量化的客观状况,多元目标考核环境下基层考核对象接收不明确的传递信息,驱使其以蒙蔽性异化行动回应以实现短期经济利益或特定需求。目标设置偏差一定程度上强化了基层考核对象的策略性回应,这对一线"稳评"业务操作和工作绩效考核产生了不良效应。本研究实证分析表明,目标模糊对基层"稳评"政策执行异化的现象生成具有显著正向影响,目标模糊程度越高,考核对象越有可能采取虚假敷衍、人为操控、虚假扭曲等异化行为。这一验证结果与已有的其他研究领域发现有着相似之处,为认识公共政策领域目标模糊的衍生效应提供了新的实证证据。进一步而言,"稳评"制度设计及相应绩效考核体系构建过程中,政策目标认知和规则的不明晰,将可能导致基层考核对象对"稳评"制度自身产生认知偏误,进而影响到其行为选择。在此情境下,感知的目标模糊程度越高,基层考核对象采用异化行为手段应对"稳评"制度及工作绩效考核的动机越突出。

对此,降低目标模糊因素对政策执行带来的负面冲击,需要从目标设置环节强化针对性举措。首先,根据地方政府及组织部门实际,厘定细化"稳评"制度规则及其目标实现范围、限度,转变存在的宽泛、抽象政策表述,推动建立符合各个专业部门状况的"清单式""条款式"细则规范以及工作内容标准,解决目标设置中不清晰不明确的现实缺陷。其次,上级政府及组织部门在目标考核制定过程中,应确保考核工作指标具有明确的落地指向,有必要引入"稳评"考核公开监测机制,使考核指向发挥应有的激励作用。为此,要高度重视绩效考核指标之间的合理配置和衔接,形成考核作用"合力",共同服务于组织系统发展目标。再次,强化"稳评"规则及考核标准的公开透明,"一把尺子量到底",保障"稳评"制度及目标考核的权威性和公信力。

2. 主体参与和基层"稳评"政策执行异化

主体参与视角在本研究中主要体现在两个层面:一是如何通过参与降低信息不对称带来的政策效用衰减;二是参与式目标设置对考核主体行为选择的正向影响。

本书认为,"稳评"是针对重大工程建设项目进行风险评估的重要前置性手段,其实施过程嵌入基层政府的维稳工作职能并以目标考核加以规制约束。从信息管理的角度出发,地方政府及相关部门是重大建设项目的发起方或招引主体,占据重大建设项目内容及运作状况的信息优势,"稳评"的执行主要由基层部门直接或间接负责,在缺乏有效外部参与监督时可能发生操控"稳评"作业过程及工作绩效的不良结果。同时,信息不对称还表现为行政系统内部上下级之间,即"稳评"政策制定及考核的上级部门与一线执行部门之间的信息不对称,当受到目标考核挤压时,可能诱发下级部门扭曲性操纵行为。此外,从参与式目标设置角度来看,主体参与体现为考核对象对"稳评"考核目标设置的间接影响,以及展现对"稳评"工作考核的介入空间。当考核对象难以通过有效渠道充分表达自身意见,或关键意见未能得到充分重视、从而不能达到影响考核目标设置预期时,正常实现考核目标的难度或增大,可能发生考核对象采取"抄近道"、虚假欺骗等方式应对绩效压力。换言之,伴随"稳评"考核过程中参与式管理的不足或失效,个体可能感知到苛刻的考核目标不能真正反映基层部门实际状况,作为一种被动适应方式采取扭曲异化等策略手段。为此，本书研究引入了主体参与结构变量，旨在考察对基层"稳评"政策执行异化的影响，实证研究结果较好地证实了二者关系。主体参与使政策执行倾向从"内部操作"转为"外部监控"，故有助于消减信息不对称和考核目标漏洞，降低蒙蔽异化行为风险，该研究发现也进一步丰富拓展了主体参与在中国行政环境下的理论认知。

基于此，这里提出如下改进思路：面向社会建立开放透明的"稳评"工作通道，涉及相关重大项目应确保信息发布和传递有序公开，接受社会力量监督；同时，在地方"稳评"执行规则确立及绩效考核设计阶段，决策部门应尊重保障考核对象的体制内参与空间，创造条件与不同部门考核对象进行沟通，重视其话语权及合理建议，改变原有限于目标任务分解单向施压的工作方式，扩大自下而上的内部决策参与，这对于帮助基层部门公职人员建立清晰准确的政策目标认知，促进"稳评"政策实施及有效考核激励发挥不可忽视的作用。

3. 目标模糊和主体参与

本研究认为，主体参与一定程度反映了政策目标设置的实际运作过程，可以促进上下级、行政系统内外之间的信息沟通，使决策者、管理者和督查者更好地掌握基层部门的需求特征以及行动能力。一系列研究表明，参与式管理的缺失往往使下级意见难以被上级有效吸收利用，决策体现自上而下的强制指令，政策不透明、繁文缛节症状将更严重，最终带来下级目标认知模糊程度提高、角色紊乱加剧等问题。相反，主动的参与式管理有助于调动组织成员积极性，向上级传递目标认知信息，降低个体角色的目标模糊程度以及由此产生的角色冲突。"稳评"作为我国基层政府部门社会风险应对的一个职能体现，与行政体系内其他工作职能任务构成目标集，其间多角色和多重目标情境下存在一定隐性矛盾，在制度设计及绩效考核规则制定过程中，内部主体参与对于产生清晰恰当的行动指向具有特殊意义及作用，而参与过程不充分时，基层考核对象在绩效压力驱使下可能会采取只注重表面形式的策略应对，以操控性的人为手段回应常态考核需要，加剧体制内人员对"稳评"的非理性模糊认知。本研究的实证分析结果表明，基层"稳评"政策执行中主体参与与目标模糊之间具有显著的负向影响，在参与机制不畅的情况下，"稳评"执行主体的目标模糊认知度有所加强，这一结论被来自中国本土行政环境的调查数据支持。

此外，本研究的实证分析发现，当加入目标模糊变量后，主体参与对"稳评"政策异化变量的影响有所减弱，而目标模糊维度表现出统计意义上的显著性，即目标模糊在主体参与和基层"稳评"政策执行异化之间充当了一定中介作用。这一发现表明，当制度设计及绩效考核工作中的内外参与水平提高时，有关"稳评"实施的信息交互将更为充分，考核主体的目标模糊认知程度或受到削弱，有助于降低"稳评"非理性认知，降低政策执行异化行动发生的可能性。

4.6.2 资源支配层面

1. 公开性与基层"稳评"政策执行异化

国内外研究表明,公开透明的信息机制对于个体行为动机以及组织目标实现具有显著影响,当信息公开性获得较为充分保障时,有悖制度目标的异化行为更可能受到控制与约束,有利于规避或缩减"内部操纵"和小集团操控空间,提升组织目标的有效性。本研究以中国基层政府"稳评"制度运行为考察对象,探索信息公开性的约束条件与政策执行异化之间的关系。实证研究结果显示,信息公开性与基层"稳评"政策执行异化具有负向的关系,扩大重大工程建设项目评估作业过程及相关报告的信息公开,增加基层部门"稳评"工作透明度,有助于抑制考核对象工作中扭曲性策略行为的发生。与之相反,缺乏有效的信息公开保障将增加实践中"稳评"政策执行异化的可能性。

本研究的一个现实启示在于,公开性是影响基层政府部门"稳评"政策执行异化行为的重要因素,一些地区多发的"稳评"评估过程扭曲、评估报告造假、绩效蒙蔽等异化行为,与系统内外信息的封闭阻塞有着紧密关联,尤其针对具体评估报告的输出存在信息"隧道效应"。"稳评"工作专业性强、牵涉面广、跨界特征突出,在缺少信息透明的环境下,经济发展压力和"稳评"目标冲突双重施压时,考核对象为追求政绩可能发生政策执行扭曲性行为。

基于以上发现,本研究提出以下建议。首先,在"稳评"制度设计及考核过程中,上级组织与考核主体需要了解下级部门的资源条件及工作环境,对信息公开的基础

(如数字政务水平)充分把握,保障在较为坚实的资源条件下推进信息公开,避免发生"意愿与能力脱节"的客观状况。其次,扩大"稳评"信息公开的有效渠道空间,将它列入工作目标考核的组成部分,除却特殊涉密内容外,重大工程建设项目"稳评"社会调查及评估报告应对外公开,增强制度实施透明度,接受社会公开监督,同时也应加强行政系统内部工作交流及信息开放。再次,主管部门在"稳评"政策实施过程中提供必要指导,鼓励工作方法创新,促进有效经验传播,创造必要的信息共享环境,这也有助于减少基层"稳评"工作中信息阻塞导致的蒙蔽异化行为。

2. 组织支持与基层"稳评"政策执行异化

研究表明,当感知组织系统支持不充分时,处于绩效考核压力下的组织成员更有可能采用虚假扭曲的方式应对压力,这一研究路径被应用到中国基层"稳评"政策执行实践活动以求得到验证。现实中,基层政府"稳评"面对的主要是各类工程建设项目,涉及面广,关联性强,利益矛盾比较突出,"稳评"实施活动不仅离不开有关工具性资源的供给支撑,而且需要来自行政系统内一系列政策支持,这在中国地方行政情境下主要体现在主管领导以及组织部门的积极支持,具体包括评估规则诠释、考核督查惩戒、物质资源保障等外部层面以及来自组织内部对于"稳评"工作的支持性认知。在相关理论分析和实践调查基础上,本研究将"稳评"组织支持归纳为"上级支持"和"惩戒问责"两个维度,实证研究结果显示以上两个维度对基层"稳评"政策执行异化具有显著影响,上级支持和惩戒问责程度越不充分,基层部门"稳评"实施过程中发生扭曲行为的可能性越大。

实践中,一些地区"稳评"制度运作中的行为表现也与以上结论基本吻合,即当上级组织尤其主要领导对"稳评"积极认同并给予有力配套支持时,"稳评"执行更显示出积极信号,而主管部门行动模棱两可且缺乏实质性支撑时,下级部门行动往往发生较多消极反应。组织支持的另一层面体现在对异化行为的惩戒问责状况,这主要表现为决策部门为完善目标考核制度所做的努力,即考核问责机制能否为"稳评"实施提供实质性支撑。考核激励机制不当,可能导致组织成员错误认知甚至视它为"形同虚设",从而采用消极回应策略。换言之,地方目标责任考核机制如果不能为"稳评"政策执行提供强有力保障,尤其针对内部操纵行为的惩戒不能得到有效实现,基层官僚扭曲性应对政策目标的可能性增大。因此,考核工作机制不仅释放监管部门加强目标管理的信号,也有助于抑制可能的投机行为,抑制政策执行异化发生空间。

根据以上发现,本研究提出两方面建议:其一,在"稳评"政策实施环节,上级主管部门尤其是主要决策者应完整、明确表明支持态度,从人力、物力、财力、信息等层面提供必要保障,并推动其实质性发挥效用,使基层考核对象认同"稳评"制度价值以及行政系统内部的责权承诺,通过系统内支持引导"稳评"沿着正确路径运行;其二,从组织支持的惩戒问责维度来看,应确保完善"稳评"政策执行中约束惩戒机制,使目标考核、日常督查、公开问责等手段成为有效的管理工具,保障制度的权威性和威慑力。

4.6.3 行动主体层面

现实中,"稳评"政策运行的经济发展环境、资源条件、组织文化具有较大差异,特定情境下不同公务人员的职业发展阶段、知识结构、社会资本状况往往迥异,故执行者认知和应对行为也有不同。为了全面地把握基层"稳评"政策执行异化发生机制,有必要将基层公务人员的职业特征因素纳入考察,以发掘特定现象背后的微观镜像。从政治社会学角度来看,政治是人与制度的不断互动所构成的复杂生活,制度结构规约局中人的行为,但结构离不开行动者的诠释,承受着行动者回应带来的张力。基于此,本研究面向中国基层"稳评"制度运行选择了任职年龄、受教育程度和职务三个因子进行探索性实证研究。分析结果表明,在县区级政府系统,考核对象任职年龄与"稳评"政策执行异化存在显著负向影响,任职时年龄越大的公务人员其晋升空间逐步变小,更趋向保守型决策,政策执行异化发生概率相对降低;职务较高的公职人员则存在相反现象。对于该结果的解释是:在我国科层制行政结构中,县区级政府处于政策执行和宏观政策目标实现的最前沿,也是一系列考核目标的直接承载对象,尽管组织内强调工作职能的分工合作,但实践中纵向合作面临多种矛盾,绩效压力承载强度和责权配置存在明显不平衡,角色紊乱问题更容易发生在较高职级人员中,其结果往往导致该类群体直接承担冲突性的考核目标(如"稳评"目标与项目经济目标),当外部约束监控力量有限时,掌握更大资源与裁量权的考核对象更倾向突破"稳评"政策要求,而施加策略性扭曲回应,突出表现为了短期经济利益操控评估作业活动、创造及夸大工作政绩。这一结论为理性认识基层考核对象"稳评"政策执行异化现象提供了新的视角。

此外，本研究还检验了个体机会主义倾向对基层"稳评"政策执行异化的影响。机会主义的概念本源自心理学，后在经济学、政治学等学科领域获得延伸。研究发现，机会主义倾向使得个体不惜通过欺诈、歪曲、制造虚假信息、违背承诺等手段实现其个人利益。需要强调的是，机会主义倾向并不意味着所有的人在所有的时间会以机会主义方式行事，但是总会有一些人在某些时间做出这种行为。通常认为，人的行为不确定性使我们宁愿相信机会主义倾向的存在，并会随时发生作用。尽管国内外学界从不同领域和视角对机会主义进行了探索研究，但对机会主义倾向与政策异化行为的关联及其影响程度缺乏挖掘，相应实证研究不足。本研究以基层"稳评"执行实践为切入口，以调查数据为支撑证实了机会主义倾向对于基层"稳评"政策执行异化具有显著影响，机会主义动机更容易驱使个体以扭曲异化方式应对"稳评"目标，在一线评估作业活动与"稳评"工作绩效过程中发生人为操控干预，以获取有利于自身利益的结果。这一研究发现拓展了机会主义与政策异化之间的理论分析视角，提供了来自中国行政系统基层官僚行为的证据。

第5章
"稳评"政策执行异化博弈仿真分析

中国地方行政体系具有独特的结构特征,考察基层"稳评"政策执行异化现象离不开特定的组织情境和行动者角色,对其研究视角也不限一隅。前文研究着力从"理性经济人"的理论预设出发,立足政府绩效考核的现实背景和"政策—心理—行为"的逻辑链条,用实证研究方法揭示背后的隐性机制,对所构建的宏观—中观—微观分析框架进行理论假设检验和详细讨论,这一分析思路整体上属于静态研究,遵循传统的科学假设验证思维。在此基础上,为了探寻政策执行异化行为"涌现"的动态机制,本章尝试引入复杂性系统观点,将基层"稳评"政策执行异化及控制置于不同行为主体间的互动系统,建立"执行异化—监督参与"框架的动态分析路径,应用演化博弈和仿真方法,探讨基层"稳评"政策执行异化的形成与演化,为防范基层行为主体扭曲执行行为和提升治理水平提供依据。在具体研究内容上,首先界定了"稳评"实施中的相关概念主体,对其间关联互动进行演化博弈分析;其次应用Netlogo仿真工具对主体间行为关系进一步验证,揭示系统运行中的显性特征,以此佐证博弈分析思路的可信性;最后,根据研究结果归纳若干治理控制启示。

5.1 "稳评"政策执行异化控制演化博弈

5.1.1 演化博弈思想及适用性

演化博弈论(evolutionary game theory)是在传统博弈论基础上发展起来的一种理论及研究思维,它借鉴了当代进化生物学原理,突破了个体完全理性和完全信息环境的传统假设条件,认为现实世界中各个博弈主体是按照生物生长或社会演化方式不断试错、修正、改进和选择的动态过程(Sandholm,2012)[①],直至产生出"一般规则"作为博弈环境下行为主体的行动标准,实现特定均衡结果。这一理论思想能够较好地逼近社会系统运行的实际状况,反映现实行为主体的多样性和复杂性,有利于解释分析社会系统个体互动条件下的行为取向及决策均衡问题,为调控和管理个体及群体行为提供理论依据,因而在当代社会科学研究领域中具有广泛应用。

普遍意义上的演化博弈理论具有如下特征:研究对象是随着时间变化的某群体,解释说明该群体达到的某一状态以及如何达到;影响群体变化的因素既具有随机性和扰动现象(突变),又具有通过选择机制而呈现出来的规律性(如群体适应、模仿、壮大或消亡过程中的演化);群体的选择过程潜伏着突变动力,不断产生新状态或新特征。此后,约翰·梅纳德·史密斯和乔治·R.普莱

---

① Sandholm, W.H. Evolutionary game theory[C]. Meyers, R. (eds) Computational complexity, New York: Springer, 2012.

斯(John Maynard Smith & George R. Price)首次提出"演化稳定策略"(evolutionarily stable strategy)[①]的概念,彼得·D.泰勒(Peter D. Taylor)和利欧·B.琼克(Leo B. Jonker)在考察生态系统演化现象时提出了"复制者动态"(replicator dynamic)的基本概念[②],二者共同构成了演化博弈论的核心论断,表征演化博弈运行的稳定状态和向这种稳定状态的动态收敛过程。演化稳定策略可以简单表述为:假定群体A原策略为x,变异方策略为y,且y策略占整体比例为ω,收益为$\theta(y)$,则采取x策略所占比例为$(1-\omega)$,收益为$\theta(x)$,其中$\omega \in (0,1)$。若$\theta(x) > \theta(y)$,群体A不会向变异策略y演化,此时该群体的演化稳定状态为原策略x;反之,若$\theta(x) < \theta(y)$,群体A会逐渐向策略y演化,此时策略x不再是该群体的演化稳定策略。可以看出,每个演化稳定策略对群体自身一定是最优策略,否则必定存在某个与其相对的能够获得更高收益的策略。与此同时,"复制者动态方程"是演化博弈理论中运用最为广泛的选择机制定量模型,其基本思想是:群体策略博弈中,纯策略增长率与相对支付或适应度(纯策略所获支付与群体平均支付之差)成正比。具体可表述为,若采取新策略s_i所获收益大于原有平均收益,则某群体会学习"适应"和模仿该策略,最终使新策略采用比例增大,而原策略萎缩甚至趋于消失。这一过程可以引入以

[①] Balkenborg D and Schlag KH. Evolutionarily stable sets[J]. International Journal of Game Theory, 2000, 29(4):571-595.

[②] Sandholm WH., Dokumaci E., and Lahkar R. The projection dynamic and the replicator dynamic[J]. Games and Economic Behavior, 2008, 64(2):666-683.

时间（t）为变量的测试函数,用动态微分方程来表示：

$$\frac{\mathrm{d}x_i}{\mathrm{d}_t} = [f(s_i,x) - f(x,x)]x_i$$，其中，$f(s_i,x)$ 表示选择新策略 s_i 所获得的收益；$f(x,x) = \sum x_i f(s_i,x)$ 表示群体所获平均收益。此后,为了更好地描述策略动态演化,把演化博弈论中的静态概念与动态过程统一起来,杰克·赫什雷弗（Jack Hirshleifer）进一步提出了演化均衡（evolutionary equilibrium）分析[①],认为若从动态系统某平衡点的任意小邻域内出发的轨线最终都演化趋向于该平衡点,则该平衡点是局部渐近稳定,这样的动态平衡点就是演化均衡。

综合以上研究,演化博弈论主要探讨群体行为选择机制,对于探寻分析中国基层"稳评"政策实施运作中的策略行为同样具有很强的适用性及解释力。现实中,基层政府部门作为一个有限理性群体,在既有体制中表现出高度的适应性和学习特征,能够跟随内外环境（如考核和规制）的变化动态调整其主体行为,进而适应"稳评"政策目标以及绩效活动的需要。同时,作为制度运行设计的重要组成部分,上级监管机构及社会群体参与构成"稳评"政策运行过程的关键影响群体,其实际存在状态也构成各个行为主体互动的客观情境,对"稳评"政策执行产生影响,通过多重的群体之间互动最终"涌现"出包括异化行为在内的复杂系统特征。按照演化博弈理论,基层

---

① Hirshleifer J. Economics from a biological viewpoint[C]. Biology and the Social Sciences, 2019:145-184.

执行者(考核对象)和体制内外监督主体的博弈过程包括两个可能的行为机制:选择机制和变异机制。前者是初期群体博弈中能够获得较高收益的行为策略,在下期被更多其他部门与个体选择,后者则是"稳评"政策执行中博弈主体以随机方式的选择策略。在某一时段或进化阶段,能够相对适应的组织个体采用的策略就是演化稳定策略。从基层"稳评"政策执行者角度来看,如果蒙蔽性政策异化是"稳评"实践中绝大多数个体选择的演化稳定策略,则作为对立方的"非异化群体"要么改变行为策略,要么退出演化系统而消失。上述过程更深入的解释可用演化博弈论中的复制者动态方程来表征论证。

故此,本章将基层"稳评"政策执行异化的过程界定为行政系统内部考核对象在内外复杂环境作用下的持续互动,并将基层执行者以及外部监管参与主体界定为两个"适应性"群落,研究其相互博弈过程中的异化行为选择与演化规律,从而为应对该类行为、提升公共治理水平提供决策依据。本研究视角如图5-1所示。

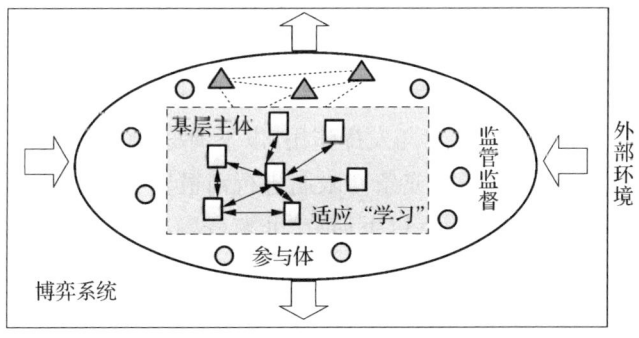

图5-1 基层"稳评"政策执行异化演化博弈研究视角示意图

5.1.2 "稳评"政策执行异化博弈模型假设

根据演化博弈原理推及,基层考核对象在"稳评"政策执行中是否采取异化行为策略以实现特定利益目标,可以视为基层执行主体与行政系统内外监督参与主体之间发生演化博弈的动态活动结果。为了便于研究,需要首先对研究对象进行管理意义上的操作化,根据基层政府体制及"稳评"运作情况,这里将考察对象简化操作为两大群体:"稳评"工作的直接实施主体(以下简称"基层主体")、"稳评"工作监管机构。由于存在明显的信息不对称和主体有限理性,上述群体在"稳评"运作过程中很难确定是否获得自身利益最大化。因此,在一定体制环境下,基层主体可以按照制度规则履行评估要求,实现"稳评"政策目标(以下简称"非异化"),也可以通过蒙蔽性扭曲手段进行人为控制干预,以获取诸如工程项目实施和短期实现经济政绩的特定利益(以下简称"异化")。而无论采取何种行为方式,都是经过实际行政系统中学习适应、不断进行策略调整的结果。与此同时,上级监管机构(如维稳部门、发改委)是"稳评"政策执行的关键监管组织(以下简称"主管部门")。现实中也存在两种行动选择:一是对基层"稳评"政策实施主体进行刚性监控监管,支持引入社会参与发挥作用(以下简称"监督参与"),二是出于特定需要或条件限制进行消极监管,回避乃至阻碍外部社会参与(以下简称"非监督参与")。其中,这里的"主管部门"是一个较为宽泛的概念,主要是指与基层"稳评"政策实施密切相关、主导"稳评"政策制定和监管督查的党政机构,通过落实目标责任考核规则、吸引推动有效的社会参与等具体职能展开。在上述行为链条中,若确认基层主体没有按照"稳评"制度程序实施,发生了虚假异化行为,则应给予其相应惩罚并接受一定行政惩戒代价。

根据以上设定并借鉴博弈论中著名的声誉模型[①],对基层主体和主管部门群体研究做如下分析假设:

① "稳评"政策执行中基层官僚及执行者(基层主体)选择异化行为付出的成本设为 C_M,主要包括两个方面:一是耗费在信息操控和项目评估扭曲性干预上的资源付出以及衍生行政成本等,二是受到体制内惩戒问责时的实际损失(组织与个体)。

② "稳评"运作中基层主体选择政策执行"异化"获得的可能收益为 R_M,主要包括减少项目审批等程序性环节付出的系列资源,以及推动项目快速上马实现的短期经济绩效和相关个体政绩增值。

③ "主管部门"监督参与成本设为 C_{PS},主要包括主管机构推进"稳评"政策实施的必要协调监管费用、系统干预支付成本,以及推动组织社会参与合作所产生的隐性交易成本。现实体制下,"稳评"监督参与的有效度来自更上层级权威和主导型政府网络中的资源投入及民主空间。

④ "主管部门"在监督参与行动环境下,若确认"稳评"政策执行符合制度目标及程序(非异化),给予基层主

---

① Wilson KR. Reputation and imperfect information[J]. Journal of Economic Theory,1982,27(2):253-279.

体相应的物质奖励或精神认可,设为 A_{NM};反之(异化)则给予严厉处罚或惩戒,设为 P_M,以弥补可能造成的社会问题(如引发社会不稳定事件)带来的系列损失 L_M。

其中,主管部门作为基层"稳评"政策目标实现的关键群体,除了发挥基本的监督作用之外,在构筑良性的网络治理、改善社会参与公共事务环境层面扮演重要角色,这同样会影响以上群体的行动成本,包括基层主体"异化"行为而付出的成本 C_M 和博弈方监督参与成本 C_{PS},进而通过"稳评"政策执行成本的变化影响最终博弈结果。

根据进化博弈论原理,本研究建立以下可能的博弈行为组合(见表 5-1)以及博弈过程的支付矩阵(见表 5-2):

表 5-1 基层"稳评"政策执行演化博弈组合逻辑示意图

		政策执行主体(基层主体)	
		非异化	异化
主管部门	监督参与	(监督参与,非异化)	(监督参与,异化)
	非监督参与	(非监督参与,非异化)	(非监督参与,异化)

表 5-2 基层"稳评"政策执行博弈支付矩阵

		评估机构主体(基层主体)	
		非异化	异化
主管部门	监督参与	$(-C_{PS}-A_{NM},$ $-C_M+A_{NM}+R_M)$	$(-L_M-C_{PS}+P_M,$ $-P_M)$
	非监督参与	$(0, -C_M+R_M)$	$(-L_M, 0)$

5.1.3 "稳评"异化行为控制的博弈均衡分析

在以上博弈模型设定基础上,按照博弈均衡的分析规则进行如下逻辑推演。

1. 构建收益函数

在"稳评"政策实施的初始阶段,假设主管部门"监督参与"的行为概率为 x,"非监督参与"行为概率为 $1-x$,基层主体选择"异化"的概率为 y,采取"非异化"的概率为 $1-y$。"监督参与"和"非监督参与"的利益期望以及平均收益分别为 U_1、U_2、$\vec{U_1}$。"异化"和"非异化"的利益期望以及平均收益分别为 V_1、V_2、$\vec{V_1}$。

具体公式定义如下所示:

$$U_1 = y(-C_{PS} - A_{NM}) + (1-y)(-L_M - C_{PS} + P_M)$$
$$= y(L_M - P_M - A_{NM}) + (P_M - L_M - C_{PS})$$
$$(5-1)$$

$$U_2 = (1-y)(-L_M) = yL_M - L_M \quad (5-2)$$

$$\vec{U_1} = xU_1 + (1-x)U_2 = xy(L_M - P_M - A_{NM}) + x(P_M - L_M - C_{PS}) + (1-x)(yL_M - L_M) = -xy(P_M + A_{NM}) + x(P_M - C_{PS}) + (y-1)L_M \quad (5-3)$$

$$V_1 = x(-C_M + A_{NM} + R_M) + (1-x)(-C_M + R_M) = xA_{NM} + R_M - C_M \quad (5-4)$$

$$V_2 = xP_M \quad (5-5)$$

$$\vec{V_1} = yV_1 + (1-y)V_2 = xy(A_{NM} + P_M) + y(R_M - C_M) - xP_M \quad (5-6)$$

2. 建立复制者动态方程

根据进化稳定复制者动态的相关研究成果(约翰·

梅纳德·史密斯,2008[①];赫伯特·金迪斯,2015[②]),以下构建本研究中"稳评"政策执行基层主体和主管部门两大群体之间的复制者动态方程,具体如下:

(1) 主管部门及社会"监督参与"概率的复制者动态方程

$$F(x)=\frac{\mathrm{d}x}{\mathrm{d}t}=x(U_1-\vec{U}_1)=x(x-1)(yP_M+yA_{NM}-P_M+C_{PS})$$

(5-7)

当 $y=\dfrac{P_M-C_{PS}}{P_M+A_{NM}}$, $F(x)=0$,所有 x 取值使函数值为0,意味着相应 x 的所有取值为稳定状态。

当 $y\neq\dfrac{P_M-C_{PS}}{P_M+A_{NM}}$,由式(5-7)可以解出存在 $x^*=0$, $x^*=1$ 两个可能的稳定状态,即此条件下 $F(x)=\dfrac{\mathrm{d}x}{\mathrm{d}t}=0$。

进一步对 $F(x)$ 求导,得到:

$$\frac{\mathrm{d}F(x)}{\mathrm{d}x}=(2x-1)(yP_M+yA_{NM}-P_M+C_{PS})$$

(5-8)

根据微分方程的稳定性原理及演化稳定策略的性

---

① 约翰·梅纳德·史密斯. 演化与博弈论[M]. 潘春阳译. 上海:复旦大学出版社, 2008.
② 赫伯特·金迪斯. 演化博弈论:问题导向的策略互动模型[M]. 北京:中国人民大学出版社, 2015.

质[①],令 $\dfrac{\mathrm{d}F(x)}{\mathrm{d}x}<0$,对 P_M-C_{PS} 的不同取值范围进行判别分析,

① 当 $P_M-C_{PS}<0$,即 $\dfrac{P_M-C_{PS}}{P_M+A_{NM}}<0$ 时,$yP_M+yA_{NM}-P_M+C_{PS}>0$ 恒成立,此时若要满足前置条件 $\dfrac{\mathrm{d}F(x)}{\mathrm{d}x}<0$,则必有 $x=0$,即 $x^*=0$ 为演化稳定策略。

② 当 $0<P_M-C_{PS}<P_M+A_{NM}$,即 $0<\dfrac{P_M-C_{PS}}{P_M+A_{NM}}<1$,再区分两种情况讨论:

若 $y>\dfrac{P_M-C_{PS}}{P_M+A_{NM}}$,则 $\dfrac{\mathrm{d}F(x)}{\mathrm{d}x}\Big|_{x=0}<0$,$\dfrac{\mathrm{d}F(x)}{\mathrm{d}x}\Big|_{x=1}>0$,故 $x^*=0$ 为均衡点;

若 $y<\dfrac{P_M-C_{PS}}{P_M+A_{NM}}$,则 $\dfrac{\mathrm{d}F(x)}{\mathrm{d}x}\Big|_{x=0}>0$,$\dfrac{\mathrm{d}F(x)}{\mathrm{d}x}\Big|_{x=1}<0$,故 $x^*=1$ 为均衡点。

(2) 基层主体在"稳评"政策执行运作中采取"非异化"概率的复制者动态方程

$$F(y)=\dfrac{\mathrm{d}y}{\mathrm{d}t}=y(V_1-\vec{V}_1)=y(1-y)[R_M-C_M+x(A_{NM}+P_M)] \qquad (5-9)$$

[①] 易余胤,肖条军,盛昭瀚.合作研发中机会主义行为的演化博弈分析[J].管理科学学报,2005(4):80-87.

当 $x = \dfrac{C_M - R_M}{A_{NM} + P_M}$,则恒有 $F(y) = 0$,这意味所有 y 取值的函数值 $F(y)$ 均实现稳定状态;

$$x \neq \dfrac{C_M - R_M}{A_{NM} + P_M} \quad (5-10)$$

当 $R_M - C_M + x(A_{NM} + P_M) > 0$,令 $F(y) = 0$,可以得到该结果实现存在两个取值,即 $y^* = 0$ 或 $y^* = 1$。

同上,令 $\dfrac{\mathrm{d}F(y)}{\mathrm{d}y} = (1-2y)[R_M - C_M + x(A_{NM} + P_M)] < 0$,对 $C_M - R_M$ 的不同取值范围状况进行讨论:

① 若 $C_M - R_M < 0$(亦即 $R_M - C_M > 0$),可以推出 $R_M - C_M + x(A_{NM} + P_M) > 0$ 恒成立,根据 $\dfrac{\mathrm{d}F(y)}{\mathrm{d}y} < 0$ 的前置预设,此时 $y = 1$ 是其演化稳定策略;

② 若 $C_M - R_M > A_{NM} + P_M$,亦即 $\dfrac{C_M - R_M}{A_{NM} + P_M} > 1$,可得 $R_M - C_M + x(A_{NM} + P_M) < 0$ 恒成立,此时 $y = 0$ 是其演化稳定策略;

③ 若 $0 < C_M - R_M < A_{NM} + P_M$,亦即 $0 < \dfrac{C_M - R_M}{A_{NM} + P_M} < 1$,再进一步区分两种情况进行讨论:

当 $x > \dfrac{C_M - R_M}{A_{NM} + P_M}$ 时,$\left.\dfrac{\mathrm{d}F(y)}{\mathrm{d}y}\right|_{y=0} > 0$,$\left.\dfrac{\mathrm{d}F(y)}{\mathrm{d}y}\right|_{y=1} < 0$,$y = 1$ 是均衡点;

当 $x < \dfrac{C_M - R_M}{A_{NM} + P_M}$ 时,$\left.\dfrac{\mathrm{d}F(y)}{\mathrm{d}y}\right|_{y=0} < 0$,

$$\left.\frac{\mathrm{d}F(y)}{\mathrm{d}y}\right|_{y=1} > 0, y=0 \text{ 是均衡点。}$$

需要说明的是，以上确立的均衡点是基层"稳评"政策执行中相关行为主体在一定博弈策略选择条件下的理性选择，但按照博弈进化原理（孙庆文等，2003）[①]，均衡点并不一定是博弈环境下参与群体的最终稳定策略，此时还需要进行博弈均衡分析。简言之，博弈均衡（game equilibrium）就是使博弈各方实现各自认为的最大效用，而所有参与者不愿改变自己策略的一种相对静止状态。

3. 博弈均衡分析

如上文分析，根据演化博弈论的基本思想和本研究界定，基层"稳评"政策执行中的相关方（基层主体与主管部门）以其不同策略选择（"异化—非异化""监督参与—不监督参与"）的概率参数相对各自收益点取值大小 $\left(x=\dfrac{C_M-R_M}{A_{NM}+P_M}, y=\dfrac{P_M-C_{PS}}{P_M+A_{NM}}\right)$ 而出现不同的均衡点。进一步而言，当策略选择满足以下条件时：

$$\begin{cases} 0 < P_M - C_{PS} < P_M + A_{NM} \\ 0 < C_M - R_M < A_{NM} + P_M \end{cases} \quad (5-11)$$

设立二维坐标系，根据复制者动态方程及 (x,y) 不同取值，其博弈策略演化趋势可以用图 5-2 表示说明。

[①] 孙庆文，陆柳，严广乐，等. 不完全信息条件下演化博弈均衡的稳定性分析[J]. 系统工程理论与实践，2003，23(7):11-16.

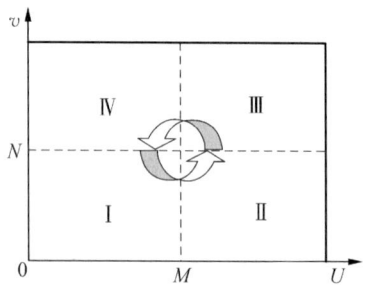

图5-2　"稳评"政策执行博弈方复制者动态趋势图

$$\text{注}: M = \frac{C_M - R_M}{A_{NM} + P_M}, N = \frac{P_M - C_{PS}}{P_M + A_{NM}}$$

进一步分析不同概率条件下"稳评"运行中不同关联群体的博弈选择策略：

① 当(x,y)取值位于Ⅰ区域时，博弈收敛于均衡点$x=1, y=0$，即（监督参与、非异化）是"基层主体"和"主管部门"群体的进化稳定结果。

② 当(x,y)取值位于Ⅱ区域时，博弈收敛于均衡点$x=1, y=1$，即（监督参与、异化）是"基层主体"和"主管部门"群体的进化稳定结果。

③ 当(x,y)取值位于Ⅲ区域时，博弈收敛于均衡点$x=0, y=1$，即（非监督参与、异化）是"基层主体"和"主管部门"群体的进化稳定结果。

④ 当(x,y)取值位于Ⅳ区域时，博弈收敛于均衡点$x=0, y=0$，即（非监督参与、非异化）是"基层主体"和"主管部门"群体的进化稳定结果。

4. 演化博弈稳定结果分析

以上运用演化博弈研究中国基层政府部门在"稳评"

政策执行过程中,采取蒙蔽异化行为选择与"稳评"主管机构及外部社会力量监督参与的互动机制,旨在从动态的角度对现行地方行政体制下的"稳评"执行异化机理进行探索。在基层主体与主管部门的有限理性条件下,根据演化博弈原理得到如下进化稳定策略选择:

① 若 $P_M - C_{PS} < 0$,则 $x = 0$ 是演化稳定策略,即主管部门及社会对于现实中"稳评"推动实施监督参与的成本大于基层政府异化行为处罚,最终会导致不监督参与的选择结果。

② 若 $C_M - R_M < 0$,则 $y = 1$ 是演化稳定策略,即基层主体选择异化增加收益大于为异化所实际付出的成本,无论"稳评"实施中的监督参与状况如何,基层主体最终会采取异化行为。

③ 若 $C_M - R_M > A_{NM} + P_M \rightarrow C_M > R_M + A_{NM} + P_M$,则 $y = 0$ 是演化稳定策略,即基层主体选择异化行为成本大于其异化实施所增加的收益和遭受惩戒以及选择非异化策略所获奖励之和,则根据上述分析推演,有限理性的基层部门主体会选择非异化结果。

综合以上三个演化稳定策略,进一步结合基层政府部门"稳评"政策行动,可以得到如下启示。

(1) 在有限理性条件下,基层主体"稳评"政策执行异化行为发生与否,主要受选择收益、选择成本和"稳评"工作主管部门及社会力量的监督参与状况实际影响。当"稳评"政策执行异化行为受到体制内处罚或惩戒较小,而监督参与实现成本较高时,主管部门监督参与空间或受到较大影响,这会间接刺激基层组织部门主体选择异化的行为策略,从而破坏"稳评"政策目标与真实绩效。针对这一状况,一方面要加大基层主体在"稳评"实施中搞内部操控、欺骗性异化行为的政治问责及惩戒力度,包括物质层面、行政层面、声誉层面的处罚,提高制度违规的机会成本,另一方面要积极推动基层"稳评"活动的信息公开,探索引入政府内部异体监督形式,拓展新型外部社会参与渠道(如互联网、社交媒体),降低"稳评"政策执行活动中的监督参与成本,改变政策异化的"成本—收益"关系。

(2)"稳评"制度设立初衷主要是解决地方经济发展与社会稳定风险之间的关系,当基层执行主体遵循履行"稳评"制度目标,坚持非异化策略获得的综合收益大于由此付出的成本,并得到来自行政系统支持及内部扩散影响时,一定程度上将抑制异化行为动机,该群体最终会倾向非异化的行动策略。因此,"稳评"主管机构应注重宣传树立典型,促进"稳评"制度的正向效应发挥,扩大必要的资源保障、行政激励等正面支持,帮助基层组织部门更好地开展"稳评"实践,降低"非异化"实施策略的成本付出,进而减少异化行为发生。

(3)根据构建的博弈理论模型分析,主管部门在实施"稳评"工作中的监督参与成本过高,也会影响内外监督参与力量的实际效用发挥,进而给异化行为的发生造成监管漏洞。对此,应当注重搭建多层次的"稳评"政策执行的监督参与空间,提供包括法制、信息在内的坚实支撑保障。针对目前"稳评"信息披露的不足,要不断完善相关法律规则,借助新媒介途径创新社会参与渠道,丰富外部监督的有效形式和内容。同时,也要加强对于"稳评"主管机构监管失职的处罚,增加行政系统内部约束力,通过内外协同用力,降低政策执行异化的发生概率。

5.2 "政策异化—监督参与"仿真研究

上一节引入进化博弈论的原理方法,探讨基层"稳评"实施活动中的群体关联及互动关系,从新的视角揭示了基层"稳评"政策执行异化行为的形成演化机制。然而,进化博弈论依然建立在"共同知识"①的理论假定,而现实地方"稳评"实践中普遍存在信息不对称、基层部门与相关主体的复杂交互状况,"共同知识"的假定实际上无法完全实现,这也使进化博弈方法受到一定的诠释限制。与此同时,"稳评"政策执行嵌入传统的地方"政绩锦标赛"体制,实施活动自身融合了多个基层部门与上级机构、社会力量之间的信息资源互动,具有典型的复杂自适应系统(complex adaptive system)特征,并在动态交互中"涌现"出一些新的行为,基层部门政策执行异化即该过程中的突出表现之一,这就需要超出博弈的思维表达而进行更加"逼近现实"的动态展现。基于此,本部分在前

---

① "共同知识"(common knowledge)是博弈论的一个重要概念及理论假定,可概括为博弈方在无穷递归意义上均知悉的事实,简单来说就是知道彼此的"底细",包括信息、行为、决策等。在本研究中假定基层"稳评"实施中,关联博弈方均明确知悉相互的信息状况及行动取向,并在此基础上根据各自收益函数展开博弈演化。参阅 Samuelson L. Dominated strategies and common knowledge[J]. Games and Economic Behavior, 1991, 4(2): 284-313。

一节演化博弈分析基础上引入多主体仿真方法（multi-agent simulation），将基层部门"稳评"实施中的关联主体界定为具有自治性、适应性和能动性的智能体，建立并依托前文提出的"政策异化—监督参与"博弈分析框架进行动态模拟，通过智能体之间以及与环境之间的交互作用，揭示基层"稳评"政策执行异化形成演化机理。

5.2.1 Agent 建模仿真思想原理

根据以上分析，"稳评"政策执行活动中的异化行为可以看作具有决策"适应性"的基层行为主体基于一定复杂系统环境的策略行动，这很大程度与复杂适应系统中的"智能体"（agent）概念相对应。Agent 建模仿真超出传统科学研究有关演绎和归纳的思路范畴，转而依托一套明确界定的程序规则进行实体模型搭建及模拟，由此诠释说明智能体之间动态交互是如何"涌现"出特定的行为特征，在社会科学领域尤其注重社会机制的考察分析。作为一种揭示系统内动态特征的思想试验工具，Agent 建模仿真十分有利于将复杂系统的微观行为和宏观"涌现"现象联系起来，是强化研究问题自顶向下分析、自底向上综合的有效路径。一般来说，基于 Agent 模拟仿真包含智能体（Agent）、环境（setting）、交互规则（interactive rule）等主要概念。

为便于研究，本书基于 Agent 建模思想建立基层"稳评"政策执行异化模型，包括两部分：博弈主体和博弈环境。博弈主体整合成为两类：一类是目标绩效考核环境下的基层部门"稳评"执行个体（命名为 Agent 1），另一类是对基层"稳评"工作活动参与监管的监督个体（命名为

Agent 2)。以上群体均立足自身属性及所处环境,按照一定行为规则做出相应策略行动,在反复的博弈过程中学习、模仿、演变,最终达到演化稳定状态。根据前文所做的基层"稳评"运行系统的博弈进化分析,这里先构建 Agent 模型中主体属性:(1) 起始行为策略,记录在 t 时刻,监督参与或不监督参与;"稳评"执行异化或非异化;(2) 下一观察期策略选择,依据 t 时刻主体博弈收益,记录 $t+1$ 时刻预采用行为选择;(3) 本次收益,记录行为选择所获个体收益。按照 Agent 建模的设定思想,有限理性的 Agent 个体具有认知能力和学习能力,在多数情况下通过交互作用不断学习积累经验并动态调整行为,在本研究模型中两类 Agent 群体会根据自身环境、对手行为策略和博弈过程不断修正行为,直至确定最终"稳评"执行活动中的行为选择。同时,博弈环境主要影响 Agent 之间交互的拓扑结构,而 Agent 所处环境又由外部环境和其他 Agent 构成的内部环境组成,对此本研究采用 Netlogo 软件进行仿真模拟,实现过程中 Agent 外部环境被虚拟成现实基层"稳评"实施中的微观空间环境,这里选择最简单的网格环境设置。

Netlogo 软件是针对复杂系统分析而设计的一个软件平台,属于多主体建模仿真集成环境,其基本体系结构属于并发式、交互式集合,特别适合随时间演化的复杂系统建模仿真。模型基本假设是,将空间划分为网格,每个网格是一个静态的 Agent,多个移动 Agent 分布在二维空间并自主行动,所有 Agent 并行异步更新,整个系统会随着时间演进发展而动态变化。

5.2.2 仿真实验设计

依托系统仿真原理,本节构建虚拟的基层"稳评"政策执行活动环境,其中分布了两类不同的关联主体 Agent,用来代表基层政府部门中的"稳评"政策执行者和外部参与者,赋予每类 Agent 初始值,同时设定一定的移动规则及学习机制来模拟现实中的主体行为倾向。随着仿真程序运行,观察基层部门"稳评"执行群体的异化/非异化行为选择状况。通过对其中一些参数设置的调整来反映相应 Agent 异化行为比例或监督参与比例的变化,揭示由这些行为所构成的演化博弈过程能否达到一种均衡,进而得出研究结论(如图5-3所示)。

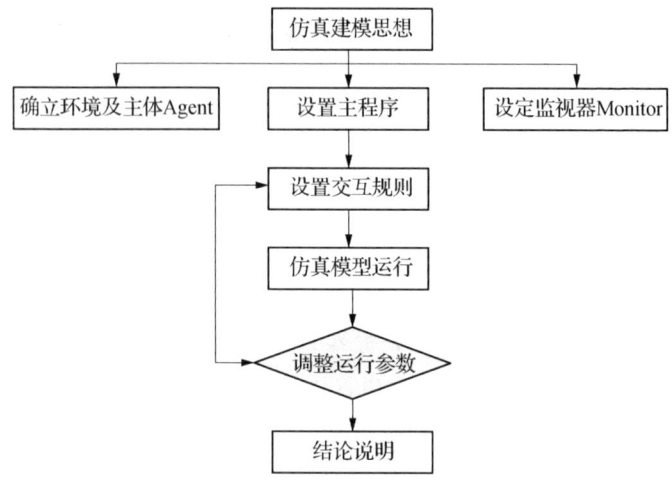

图 5‑3 Netlogo 仿真建模设计流程

如上所述,仿真实验程序的实现主要包括以下步骤。

1. 确立环境及主体 Agent

设定一个 25 * 25 二维正方形网格来表示"稳评"工作活动的执行环境,其中均匀分布着一些关联主体(用智能 Agent 代表)。根据 Netlogo 仿真工具,模型中定义两类 turtle 群体:一类为实施了异化行为的基层执行者,即"稳评"实施过程中采取欺骗蒙蔽手段以实现项目上马或特定需要,用 manipulator 来表示;另一类为监督参与方,即在"稳评"实施过程中给予监管的上级主管部门和社会参与,用 participator 来表示。若某格点上存在一个 Agent,则该点显示出特定颜色(如红色、蓝色等),否则转变为背景颜色,且规定每一格点同一时刻只出现一个 Agent。如前文所述,基层"稳评"政策执行异化是动态过程,是一定环境下的博弈进化均衡结果(图 5-4),为揭示这一过程,本模型构建通过相应格点上 Agent 消亡来描述其对应主体的"反向退出"状态,而以该格点上新 Agent 的产生来模拟表现其他主体的加入,以变异说明 Agent 对应主体状态变化(如"异化—非异化""监督参与—非监督参与")。

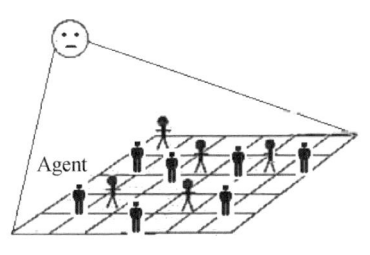
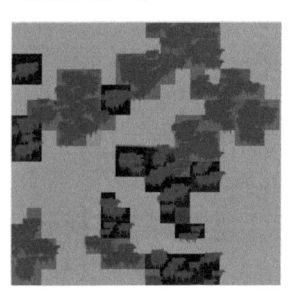

(a) 模型 Agent 运行环境示意图　　(b) 模型仿真运行界面示意图

图 5-4　Netlogo 建模仿真设计示意图

2. 构建监视器

Netlogo 是通过全局监视器和网格监视器实现对整体模型进行观测和调控,以此观察模型中个体及环境状态,并能够以图像的方式输出动态演化结果,继而对结果进行诠释解析。在本节设置中,就是借助"监视器"(monitor)的功能观测基层"稳评"政策执行主体与监督参与群体在一定环境条件下的动态演化,反映基层"稳评"政策执行异化的生成演变与均衡态势。

同时,模型监视器还包括速度控制条(speed slider)和指令中心(command centre),通过设置速度控制条可以调节模型博弈主体的动态演化速度,而指令中心则是对博弈主体及环境发布临时命令。

3. 设置主程序

为实现模型按既定条件运行,需要编写例程(procedure)或主程序。在 Netlogo 程序界面中,是运用编程方法实现对博弈主体、环境以及整个模型输入输出的约束性控制。简言之,这里的例程就是通过一系列命令串告知程序系统如何调用和控制业已构建的程序步骤。在本节中,是按照前文建模需求输入命令串,说明基层"稳评"政策执行个体与监督参与个体的动态关系,而后借助程序运行观察"政策异化—监督参与"关系链的演化结果。

5.2.3 仿真结果分析

对 5.1 节所构建的博弈模型进行初始参数设置,如前所述,设定"稳评"政策执行活动两类 Agent 群体数量,其中基层政府(假设县级)正常实施政策行动的单位数量初

定为 $N_1=100$,"稳评"政策执行监督参与单位初定为 $N_2=20$,异化行为发生概率 $\rho=0.1(0<\rho<1)$,异化行为平均收益 $\Phi=5$,异化行为惩戒支付(成本)$\phi=2$,监督参与成本 $c=10$。得到仿真图像如图 5-5 所示,即双方演化均衡为(异化,非监督参与)。

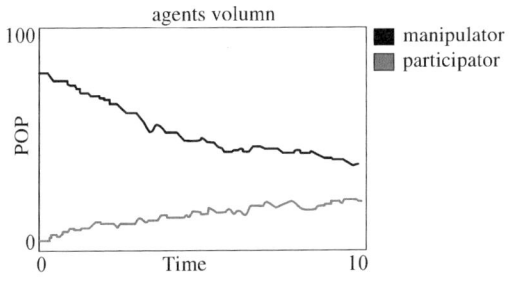

图 5-5　初始参数设置仿真结果

根据模型设定,测试主体行为取向是通过群体比例的变化来体现。为了研究各种因素对于基层"稳评"执行方异化行为占有比例和监督参与群体比例变化的影响,通过相关参数调整运行程序并观察仿真结果。借助 Netlogo 软件自带的 plot 曲线图功能,输出上述两类主体 Agent 的行为比例状况。

1. 基于惩戒支付成本的"稳评"政策执行异化生成变化

更改针对基层"稳评"政策执行单位及个体异化行为的惩戒支付(成本)ϕ,而其他各参数初始设定值保持不变,观察模型反映出来的群体比例变化。以下将 ϕ 值由 2 调整为 4,即加大基层组织及执行个体"稳评"执行异化的惩罚力度,运行主程序后得到的仿真结果,如图 5-6 所示。

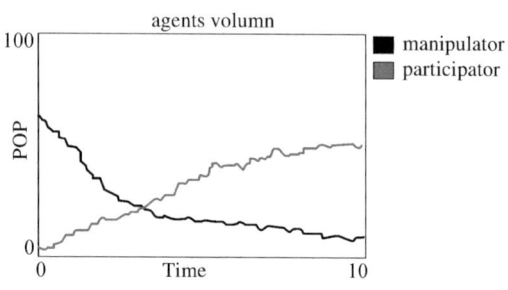

图 5-6　增加惩戒支付成本仿真结果

上图仿真结果显示,当惩戒支付成本 ϕ 值提高,监督参与 Agent 比例不断增加,基层"稳评"执行异化的 Agent 比例逐步下降,在仿真演化某一时点时达到均衡状态。同时,随着惩罚力度加大,均衡状态下基层"稳评"执行异化的群体比例有所减小,进一步调整惩戒 ϕ 值为 8 进行程序运行,对比图 5-6 与图 5-7,仿真结果亦显示出该项特征。换言之,通过加大监督参与群体力量和违规惩戒,可以降低基层部门执行者在"稳评"政策执行活动中施加扭曲异化行为的预期收益,提高支付成本,在某一时点达到群体演化的均衡,实现更低水平的政策异化个体发生比例。这一结果体现出来自体制内惩罚问责以及外部社会监督参与因素,对于降低基层"稳评"操控性政策异化行为的重要作用。

2. 基于成本的基层"稳评"政策执行异化生成演变

如前文所述,针对基层"稳评"政策执行的监督参与活动亦存在运作成本 C_{PS},这影响监督参与力量的实际介入作用,并可能间接影响到基层"稳评"执行主体的行为选择。此处通过更改监督参与成本 c 的值,其他各参数初始值不变,观测模型仿真反映出来的执行主体 Agent 比例变化。图 5-7 是将模型参数 c 值由初始的 10 调整为 20,运行程序后得到的仿真结果。

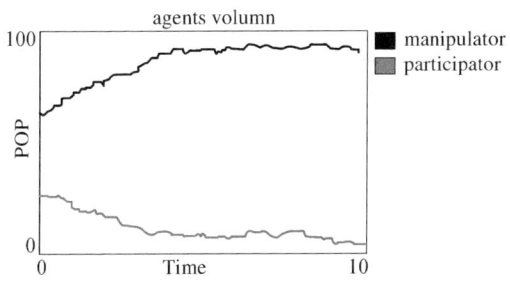

图 5-7 增加监督参与成本后的仿真结果

由输出图可以看出:由于活动成本的增加,"稳评"政策执行的监督参与群体比例逐步减小,采用扭曲异化行为策略的基层执行主体 Agent 的比例呈现上升态势,在某一时点达到均衡状态。将该结果与初始参数仿真结果(图 5-5)进行对比可以发现,随着监督参与成本的增加,均衡状态下针对"稳评"政策执行的监督参与 Agent 比例不断向低值区间趋近,最终几乎趋向为 0,而最终选择实施异化行为的基层"稳评"单位比例则远超初始设定值。

综上,基于进化博弈框架的 Agent 仿真分析可以看出,监督参与状况和惩戒实施特征对于基层"稳评"政策执行活动中的异化行为发生具有重要影响,这一作用过程通过两类 Agent 比例的变化状况得到体现。所有涉及主体行为共同塑造了基层"稳评"作业活动的系统环境,并进一步影响关联主体的选择策略及行为模式。基层政府部门"稳评"政策实施与外部环境有着明显互动关系,其间围绕蒙蔽异化行为体现出基层部门特有的演变过程,这进一步深化了对上一节中博弈理论推演分析的认知。具体来说,现实基层"稳评"实施要实现预期政策目标,降低蒙蔽扭曲性异化行为的发生,需要引入关联主体的成本—收益分析,加强主管部门和社会公众直接监督参与的约束力量,并创新方法降低内外监督参与的活动成本(如全程信息开放、网络参与表达),同时着力提高政策执行异化行为的惩戒力度,以减少基层执行部门的"违规收益"或心理预期,增强制度有效履行的"合规收益",形成整个行政系统内部良性的学习效应,更好地实现"稳评"政策目标。

本章小结

本章尝试引入复杂性系统观点,将"稳评"政策执行异化及控制置于不同主体间互动的复杂系统来研究,运用进化博弈论的核心思想分析基层"稳评"政策执行实施中异化行为生成演化,建立了"政策异化—监督参与"分析框架的动态认知视角,得到了三个进化稳定策略,并通过进化稳定策略的诠释获得相关启示。这对于引导基层行政系统内部监管、促进外部社会参与、创造有利于基层"稳评"政策实施的综合监督机制具有重要价值。在此基础上,本研究利用 Netlogo 仿真方法进一步深入检验,观测惩戒问责力度、监督参与成本对"稳评"政策执行异化演化的影响,结论启示是加强基层"稳评"实施中异化行为的惩罚力度,创新执行活动中信息公开环境,降低系统内外监督活动成本,这是实现"稳评"政策目标的必要条件和关键保障。

第6章
"稳评"政策执行异化与治理的质性分析

一般而言,问卷调查实验方法、博弈仿真等量性方法的应用均建立在若干条件或建模情境基础之上,针对所研究问题揭示所构建变量的因果机制以及假设关系验证,比较适合宏观层面的统计调查和量化预测;质性研究则是通过视觉考察、资料挖掘、个案分析等方式对研究对象展开深入性探究,是一种突出研究者主体地位、具有很强解释性和归纳性的研究路径,微观层面上的细致动态描述分析是质性研究的优势,有助于促进对研究主题的深刻洞察和理解。为了逼近基层政府部门实际,探寻"稳评"政策执行异化现象背后的深层关联及治理机制,本章在前文量化研究的基础上,依托来自基层一线部门执行者的个体访谈和官方资料,采用质性分析的思路进一步进行补充分析,以通过不同的研究路径丰富并验证前文相关判断,为采取有效的公共治理行动提供建设性思路。

6.1 总体研究设计

6.1.1 研究方法
基层"稳评"运行于现实复杂的社会场域之中,隐藏了多种行动逻辑,对其审视要深入本土情境探讨组织与制度环境的关系,以及体制内部行动者的策略互动,更深入地把握基层部门"稳评"的运作机制,在该层面质性研究方法具有其特殊优势。本章研究选取跨区域基层部门进行田野调查,以半结构化访谈为基本途径完成数据收集,应用扎根理论(grounded theory)方法进行具体分析,由此对基层"稳评"实施过程中的异化行为现象及治理获得更加深入的理解。扎根理论是1967年由美国学者巴尼·G.格拉泽(Barney G. Glaser)和安瑟姆·施特劳斯(Anselm Strauss)提出的一种质性研究方法[①],属于理论建构的新型认知途径,适合通过小样本挖掘发现其背后的重要现象和信息。作为一种后实证主义研究方法论,扎根理论的基本运作逻辑是深入特定组织系统或社会情境收集数据资料,对获得的信息内容不断比较和概念化抽象化总结,进而从数据资料中归纳提炼出相关概念和范畴,并以此构建理论及研究关系。扎根理论遵循归纳与演绎并用原则,强调理论特殊性和情景性,避免任何主观的或先入为主的假定,通过询问问题、语义抽样等一系列操作程序让研究问题自然涌现,进而建立关于某种现象的诠释框架,而且其研究过程通常能够被追溯检查,甚至在相当程度上可以实现重复检验,故而提高了研究信度和解释力。"稳评"政策执行异化现象存在于基层组织部门的行为过程中,属于一种格拉泽所说的"社会过程",故本研究对象适合采用扎根理论方法。

---

① Glaser BG., Strauss AL. The discovery of grounded theory: strategies for qualitative research [M]. Chicago: Aldine Transaction, 1967.

本书研究依托样本区域基层执行者访谈资料,具体分析"稳评"政策执行异化的因果关联及其治理。基于扎根理论方法的程序设计①,本研究经过了如下阶段:(1) 确定研究主题;(2) 选取研究案例(区域样本);(3) 调查资料搜集整理;(4) 开放式编码,即对数据资料初步处理,提取概念与范畴化;(5) 主轴编码,即发现和建立概念类属之间的关系,归类总结形成主范畴;(6) 选择性编码,即整合提炼出核心范畴并开发故事主线;(7) 构建理论模型与饱和度检验;(8) 总结研究结论。其中,在确立研究问题的初始阶段,在观察基础上主要汲取两个方面资料来源:一是对基层"稳评"案例资料的收集和挖掘,如借助各地政府部门"稳评"工作汇报;二是对"稳评"制度相关研究领域重要文献的梳理,尤其是基层"稳评"政策执行实践中出现的矛盾冲突等问题研究分析。

6.1.2 研究区域概况

按照扎根理论方法的实施路径和操作思路,首先需要确立有针对性的研究对象。2015—2020 年,笔者依托参与的国家社科基金重大项目、省级社科应用研究规划和中国博士后科学基金项目课题,先后赴陕西省、江苏省、山东省、河南省的多个地市基层政府部门及第三方社会评估机构实地调研,参与区县职能部门"稳评"项目评审及规范编制,积累搜集了大量"稳评"报告文本、政府网

---

① 针对扎根理论方法的实施程序,学界中有着不同的认识甚至存在分歧。本书研究采取接受最为广泛的操作思路,可参见《定性研究基础:扎根理论程序与技术》一书,该书提出的扎根理论研究思路被研究人员奉为圭臬,在多学科研究中普遍使用。

站和网络报道等多信源信息。考虑研究代表性和资源可及性,本研究最终选择了东部沿海省份江苏省某市辖T区、西部内陆陕西省下辖Z县和中部河南省下辖Y县进行调查研究。上述三个地区具有不同的经济发展基础、政府效能背景和"稳评"实施历程,可以满足本研究需要。以下对这三个地区相关状况概要说明。

江苏省是国内较早启动"稳评"工作的省份,具有发展快、规模大、特色鲜明和专业化程度高的特点,2016年率先成立了省级"稳评"行业协会——江苏省社会稳定风险评估促进会(以下简称"促进会")。然而,江苏省"稳评"的发展历程也存在各种冲突和曲折,呈现明显的"市域性"[①],出现地市之间标准不统一、重视与发展程度有落差、地方保护主义、评估力量薄弱等问题。T区属于江苏省某地级市辖区,境内设立了国家级高新区和经济技术开发区,位居全国百强区之列。近年来,T区经济社会发展迅速,国家级、省级重点投资建设项目量增长迅猛,当地"稳评"工作考核居于全市前列,在上级政策指引下该区政府制定了"稳评"工作条例及培训网络,并积极倡导委托社会第三方评估,按照规定全区所辖街道办事处、乡镇均建立"稳评"工作机制,并纳入目标责任考核。

Z县位于西部内陆省份陕西省,是关中平原著名大县和国家级生态示范县,下辖22个镇及街道办事处,以传

---

① 钟宗炬,张海波.重大决策社会稳定风险评估的类型划分与案例分析[J].南京社会科学,2021(11):101.

统农业和服务业为主,整体经济社会发展水平在省内排名较后。按照县委县政府的规划,2015年起逐步推动建立主要以工业建设类项目招引、孵化、运营为目标的产业园区,县级重大投资项目多以该产业园为依托,推动工业建设成为县域经济新亮点。Z县"稳评"工作起步较晚,2016年以来才逐步建立与"稳评"相关的政府规范与考核要求,在主要职能部门(如发展和改革局、工业和信息化局、自然资源局、水利局、人力资源和社会保障局、卫生健康局等)推动制定系统内的"稳评"实施办法,但各条线系统之间以及部分系统与当时设置的"维稳办"[①]要求存在不同程度的差异,以致出现松散的部门式"稳评",委托第三方评估工作发展较为滞后。

Y县隶属中部省份河南省,位于华北平原与太行山脉交汇地带,是传统农业大县,先后荣获"全国粮食生产先进县""全国食品工业强县"等称号。近年来,当地政府重视县域经济发展,大力推动招商引资工作,乡镇项目建设也如火如荼地开展。自省里发布"稳评"系列政策以来,当地政法委成为推动"稳评"工作的牵头单位,县属各职能部门纷纷建立以党政主要领导为组长、部门分管领导为成员的"稳评"领导小组的组织体制,并配套目标考核、督导等机制。早期"稳评"工作有一定社会影响,全省"稳评"工作经验交流会曾在该县召开。此后县委县政府

---

① 2018年我国新一轮党和政府机构改革前,隶属于各级政法委系统的"维护社会稳定办公室"(即"维稳办")是"稳评"工作实施与督导的主要机构,具体负责目标绩效考核与业务指导等。在少数地区,该职能履行也存在以地方信访部门为主的运行体制。

主要领导更换,施政方向及政策注意力有所转移,该县"稳评"工作推进力度减缓,其间亦发生过项目建设引发的社会冲突事件及官员问责。

6.1.3 研究数据收集

质性方法的运用涉及多种研究范式,突出与研究对象的互动接触,在自然情境下借助资料收集方法对特定现象进行整体性探究,数据信息的获取主要是通过参与式观察、实地勘察、个案研究等途径,本质还是依靠典型抽样做出整体性判断。采用质性研究方法进行数据抽样一般遵循"非概率抽样"原则,不完全遵守传统定量研究中的以数理概率为基础的抽样规则,即可以根据研究项目的具体需要及实施选择不同的抽样策略(陈向明,2000)[①]。通常,质性研究关注重点是建构概念的代表性以及变异情况,由此探寻研究现象而非着眼于研究对象或地点,换言之,倡导按照研究目的抽取能够为研究问题提供最大信息量的研究对象。依照规划,本书质性研究数据收集采取了多种方式(表6-1),其中部分文本材料分为两个部分:一是2017—2019年研究调查地区出台的部分"稳评"相关规章、规定、文件等公开资料(见表6-2),以及部分职能部门发布的"稳评"工作报告;二是通过典型抽样,获取所调查的不同省份下辖的T区、Z县和Y县相关基层部门"稳评"工作访谈资料。

---

① 陈向明.质的研究方法与社会科学研究[M].北京:教育科学出版社,2000.

表6-1 数据收集说明

数据来源	说明
访谈	课题组赴T区、Z县和Y县的政法委、发改委、工业园区、重大项目办公室、经信委、第三方"稳评"机构开展调研,累计访谈近60余人次。
参与式观察	参与T区"稳评"专家咨询、项目评审、目标绩效考核等工作。 参与Z县《投资项目社会稳定风险评估规范》编制工作。 查阅百余份"稳评"报告文本撰写、案例汇编。 参与"稳评"促进会的交流研讨、业务培训及调研等相关工作。
文本查阅	查阅陕西省、江苏省、河南省各级政府"稳评"政策文件。 通过政府网站、第三方评估企业网站以及新闻媒体等检索"稳评"相关的报道。

表6-2 调查样本区县的"稳评"官方文件(部分)

发布机构/部门	文件名称
T区政府	《X市T区社会稳定风险评估办法(试行)》
T区委办公室	《X市社会稳定风险评估工作考评办法(试行)》
T区发改委	《T区重大固定资产投资项目社会稳定风险分析篇章和评估报告编制办法》
T区教育局	《T区教育系统社会稳定风险评估工作实施方案》
T区高新区管委会	《关于做好2018年度T区高新技术产业开发区各镇(街道)"稳评"工作的通知》
T区维稳办	《"稳评"工作人员行为规范(试行)》
Z县发改委	《Z县关于建立重大工程项目社会稳定风险评估机制实施意见》
Z县民政局	《Z县民政局社会稳定风险评估工作实施办法(试行)》
Z县国土资源局	《Z县国土资源局社会稳定风险评估工作实施办法(试行)》

续表

发布机构/部门	文件名称
Z县卫生局	《Z县卫生局社会稳定风险评估工作实施办法(试行)》
Z县住建局	《Z县城乡规划社会稳定风险评估工作实施办法(试行)》
Y县政府办公室	《Y县重大决策社会稳定风险评估项目申报及初审工作制度》
Y县司法局	《Y县司法局关于重大决策社会稳定风险评估的若干规定》
Y县委政法委	《Y县关于深入推进社会稳定风险评估"放管服"工作改革实施方案》
Y县农业农村局	《Y县农业系统重大决策社会稳定风险评估暂行办法》
Y县国资局	《Y县国资局关于出资企业重大事项社会稳定风险评估实施办法(试行)》
Z县A镇	《关于印发〈A镇社会稳定风险评估实施方案〉的通知》
Y县B镇	《关于印发〈B镇2021年社会稳定风险评估工作方案〉的通知》

在访谈环节实施过程中,选择的受访对象均为样本区县基层政府部门在职人员,工作年限在10年以上,该群体目前是基层部门中坚力量或业务骨干,对一线"稳评"政策运行状况有着较全面的认识和理解,且成员来源机构不重叠,很大程度上可以保证本项研究的代表性。本研究访谈时段为2018年至2019年,具体时间与受访者联系商得一致而定。访谈采取现场方式,围绕地区及部门"稳评"政策实施进行开放式、半结构化访谈,避免先入为主的提示,引导对方说出真实想法。鉴于研究主题

有一定敏感性,访谈中承诺不采用录音而用文本记录方式以消除个体疑虑。访谈结束后,即将获取资料和情景记忆材料进行整理归纳,最终形成逾5万字的原始信息数据。

在此基础上,按照扎根理论的操作要求对获取的原始资料进行编码处理。首先采纳马修·B.迈尔斯和A.迈克尔·胡伯曼[①](2008)等人的建议,对资料信度采取编码一致性系数来衡量,即随机抽取访谈资料,由研究者和另外一名协助人员分别对它进行开放式编码,而后对结果进行比对,计算二者相互同意的数量占比[一致性系数 $r=$ 相互同意编码数量/(同意数量+不同意数量)]。据此规则运行,本研究经过随机抽取记录检验一致性系数,结果达到90%左右,符合质性分析的信度要求。此外,质性研究中的"效度"概念是用来评价研究结果与实际研究的相符程度,为了满足该效度需要,本研究实际采用了两种方式:(1) 访谈完成后即刻进行信息整理,通过详细描述主要类属、次要类属及支持的概念类属,来增强资料的描述型效度;(2) 在一级开发式编码过程中,尽量使用本土化概念作为分析原始资料的码号,以此来提高解释型效度。

6.2 基层"稳评"运行三元逻辑

按照我国政府的总体规划设计,"稳评"的发展依靠

---

① 马修·B.迈尔斯,A.迈克尔·胡伯曼. 质性资料的分析:方法与实践[M].张芬芬,译.卢晖临,校.重庆:重庆大学出版社,2008:55-127.

"党委统一领导、政府组织实施、主管部门具体负责、维稳部门指导考核"的组织领导体制和运行机制。结合课题组对研究对象 T 区、Z 县和 Y 县政府部门的实地调查,大致可以梳理归纳出基层"稳评"运行的三元执行逻辑:趋利逻辑、科层逻辑和市场逻辑。

6.2.1 趋利逻辑

三个区(县)调查发现,基层政府官员对于"稳评"制度的实施普遍存在矛盾的认知状态及行动选择,反映出特定体制下的政治行为逻辑,体现地方官员在实现政绩目标过程中注意力分配与利益权衡规则。面对多目标任务情境,基层政府会根据上级领导注意力以及政策与自身利益的契合度而做出相应的策略性反应,"有利就执行、不利就变形"几乎成为基层政府应对上级政策的一种常态。在"压力型体制"环境下,官员对于传统经济发展绩效与安全稳定绩效的心理预判及权责意识会影响特定政策目标的具体实现,客观上构成"稳评"制度与发展理念之间的隐性张力[①],决策者往往会基于外部环境因素和系统内部个体因素做出行为判断,如根据上级的注意力倾向、考核尺度、实践问题复杂性、毗邻地区竞争等因素,权衡"稳评"资源投入与多任务政绩目标实现的关系,进而形成相应的行动选择。

从决策者因素来看,基层"稳评"实施的实际运行状况还取决于决策者的注意力、个人经历、主观认知等,特

---

① 刘泽照,朱正威.掣肘与矫正:中国社会稳定风险评估制度十年发展省思[J].政治学研究,2015,123(4):118-128.

别是那些有过相关群体性事件应对和社会维稳工作经历的官员,对"稳评"工作往往会更重视,也体现出更强的政治敏锐性。如访问 Y 县委政法委科室主任谈道:

> 我们属于省内欠发达地区,面临的突出问题是经济如何实现快速发展,上面给出的考核目标压力很大,主要通过招商引资。在这种情况下,各级部门主要领导更加热衷于经济建设'政绩',在上项目、搞园区、土地开发等事项中"稳评"工作的积极性普遍不高,存在'走过场''花架子'甚至'先上车、后买票'等现象。……当然,考核是个指挥棒,一旦发生突发事件启动了严厉问责,比如处理了有关领导责任人,其他部门人员多少会有顾忌,"稳评"工作推进也会更重视些。
>
> 后来县委和政法委都发文,但一些领导确实积极性不足,即使表面做了多是迫于项目申报需求、上级部门报批的,不愿意投入时间精力组织开展'稳评'工作。根据我个人经验,一般是外面调来的领导主政地方或机构,发展的全局性思路更强,更容易落实推进'稳评',而当地干部却不怎么重视甚至抵触,出现一些形式化套路、敷衍应对现象。

6.2.2 科层逻辑

科层逻辑是指地方政府及职能部门在政策执行过程中体现出来的纵向/横向关系以及行为规则,反映了特定行政环境中的组织运作。就"稳评"而言,科层逻辑主要表现为监管机构(如维稳办①)和基层政府相关职能部门(即具体执行者)基于各自职责分工对于政策履行的工作机制。

根据 T 区、Z 县和 Y 县的一线调查,2016 年后三地制定并发布了本地区"稳评"工作实施办法或指导意见,以公开发文形式建立了相应组织架构,以此回应上级关于建立"稳评"制度的政策目标。以 T 区委为例,该区成立了以区长任组长,区委政法委、人大、政协分管领导任副组长,相关部门负责人为主要成员的"稳评"工作领导小组②,涉及 32 个职能机构,并要求各乡镇(街道、办事处)、社会团体和企业单位成立相应部门(如"稳评"办)。领导小组下设办公室,办公地点设在当时的区"维稳办"并确定行政编制人员 3 名(含维稳办主任),具体负责全区"稳评"工作规范的制定和督导,形成了自上而下的组织部门网络。根据中国基层政府政策执行的现实运作,组织结构和相应工作机制构建是目标任务实施与绩效考核的重要保障,也是"稳评"政策推进的基础,很大程度上影响基层部门的具体行动选择。针对此,这里抽取整理了针对三个区县的部分内部资料及调查访谈记录,如下所示:

---

① 2018 年党和国家机构改革之前的"稳评"主要由各级政法委下设的"维稳办"牵头推动,改革之后该机构撤销,但仍由政法委系统承担相应职能履行。

② 具体组织机构涵盖了区委政法委、区政府办、发改委、国资委、人社局、规划与城乡建设局、教育局、工信局、民政局、国土局、卫生局、交通局、商务局、农林局、开发区管委会、区法院、区检察院、公安局、环保局、粮食局、电信局、水利局等。

A. 县委县政府高度重视"稳评"工作,提出评估是抓手、是促稳定途径。实际操作中,我们坚持把"稳评"作为党政领导必修之课和必履之职,列入县委日常工作规范,纳入全县"目标管理绩效考核",对评估与责任、绩效实施捆绑,共同落实。"稳评"推行之初,针对部分干部认为"作用不大""阻碍发展"等错误认识和畏难思想,县上及时开展宣传教育,收到良好效果。随后又相继建立了"稳评"预警及责任落实制、"稳评"计划备案制等,用制度推进评估。

B. 维稳办对评估责任主体职能做了划分,将职能部门分为审查主体和实施主体。法制办、发改委等审查主体制定了审查流程、做到"不"稳评"不审批";规划、建委、国土、房管、教育等实施主体出台了行业、部门"稳评"专项办法12个,明确将"稳评"作为行业系统内重大事项实施的硬性前置审批程序。在实施中,我们始终坚持党委领导、政府主导的核心原则,坚持属地管理、分级负责,谁主管、谁负责,谁决策、谁负责的工作原则。

C. 我们区强化了考核通报制度建设,定期通报、备案、考评,将"稳评"工作作为领导干部政绩考核的一项重要内容,列入维稳和综治工作考评体系,每半年对各部门进行百分制考核。区维稳办履行指导协调职责,从区直部门抽调业务骨干,组成检查督导组,对全区"稳评"工作开展专项检查,掌握工作开展情况,并将检查结果纳入部门年度绩效考核。

D. 实行项目评后备案，牵头单位在"稳评"工作结束后3个工作日内，装订社会稳定风险评估卷宗，填写备案表，报送维稳办备案。维稳办每半年开展一次督查，保障评估机制落实到位，评估事项顺利实施。

E. 我们建立了社会稳定风险评估工作计划备案和月报告、季通报制度，由街道（办事处）、区级职能部门定期向维稳办报送评估计划，报备待评清单，报送工作进展情况，对进度缓慢的进行重点督办、跟踪问效。区委、区政府督查室、区维稳办、区发改委联合对"稳评"工作进行常态化督导检查，绝不容一个应评事项漏评、拖延。对评估工作中的失职、渎职行为，纳入纪检监察机关工作范围。

F. 各"稳评"责任主体根据县"维稳办"的初审意见和上级交办要求，填写"稳评"申请单上报县维稳办或相关乡镇（街道）、相关县级部门审核。县维稳办或相关乡镇（街道）、相关县级部门审核后，对相关事项立项，建立台账，同时下发《社会稳定风险评估通知单》，要求相关评估责任主体限期完成相关事项的"稳评"工作，形成评估报告，落实维稳措施。

G. 我们按照上级要求，建立重大事项评估清单制，根据年度重大固定资产投资项目计划等确立"稳评"名录，并督促有关部门主体落实。有些部门领导对这个事（"稳评"）不重视，存在形式化倾向，对此维稳办会加强督促指导，如果还不重视，我们将按照规定对有关领导启动问责程序。

H.实践中,个别部门对"稳评"工作认识有偏差,执行过程也存在一些纰漏。我们按照区委要求建立了奖惩问责制,纳入社会治安综合治理、平安创建、机关作风考核体系,甚至一票否决,推动各个部门重视起来。

根据三个区县官方公开文件资料及部门主管人员访谈分析,可以简要描述出基层政府科层体系下"稳评"政策运行的工作机制,即"组织动员—任务发包—部门接包—项目牵引—考核督查"轨迹链条。以 T 区为例(图 6-1),当地的"稳评"工作在"领导小组"指令要求下,形成了以"维稳办"为中心节点的工作网络,纳入的职能部门众多,几乎覆盖政府序列下的主要职能机构及部门,既包括与工程建设项目审批、实施等密切相关的发改委,自然资源局,住建局等传统部门,也包括与投资项目关联较少的机构,如教育局、卫生局等,尤其值得注意的是,乡镇(街道、办事处)一级组织也被纳入"稳评"工作体系,反映了当地政府倾向,也体现出"稳评"工作的特殊性。

基层"稳评"政策实施除了科层结构安排外,一个最突出的动员工具为考核体系,即将"稳评"纳入目标责任考核及任务督查,建立了定期通报检查的执行规则,成为基层部门和官员行动选择的重要制度背景。然而,通过三个样本地区的调查访谈发现,自上而下的层层目标分解和责任下移,使得一线职能部门尤其是主政官员处于

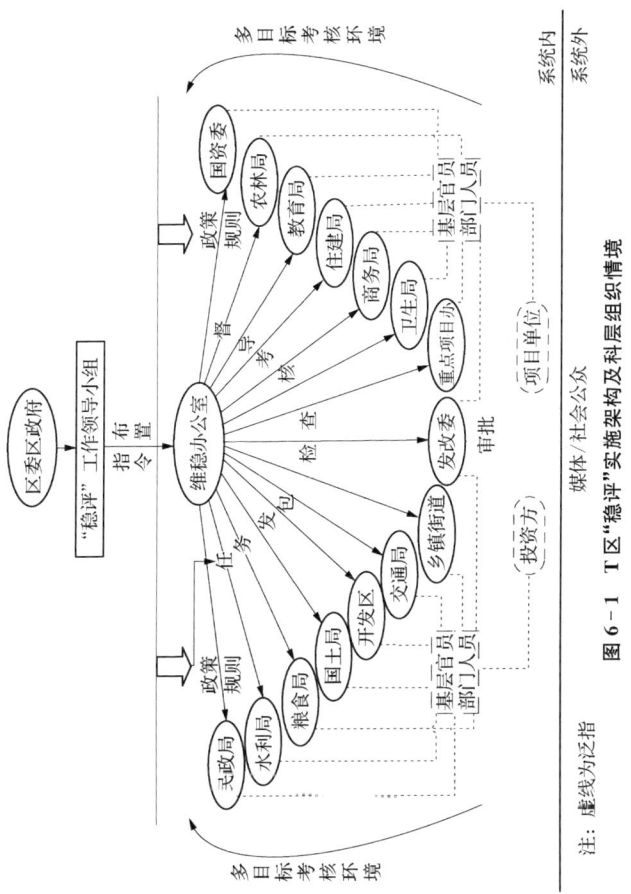

图 6-1 T区"稳评"实施架构及科层组织情境

两难的困境选择之间：一方面要面临部门经济发展目标的强大考核和项目资源争夺压力，这与个体政绩、政治晋升、资源汲取等实际利益紧密相关；另一方面要回应来自"稳评"政策要求，应对来自上级部门的专项考核及督查，而现实中博弈结果往往是更多的组织主体会优先选择前者，而在后者中采取"变通策略"，围绕领导注意力进行投机，或施加人为操控，包括操纵具体作业活动和粉饰"稳评"工作绩效，选择性社会参与、控制项目风险等级，展示输出符合项目审批要求的评估报告，大搞敷衍形式主义等，以实现项目经济层面的特殊利益。据访谈了解到，2018年T区全年实际接受"稳评"的投资项目占各类投资项目（含地方备案许可类）比例不足3成且发现虚假形式评估、重复套用评估现象①，而经过区"维稳办"备案的评估报告无一例显示为"高风险"等级，因"稳评"遭受严厉追责的公职人员寥寥无几，其中原委值得深思。与此同时，组织部门之间因"稳评"也多发冲突。譬如，随着国内"放管服"系列改革的加快推进，取消了各级政府部分行政审批事项，缩短了建设项目审批周期。传统由维稳办主导的"稳评"政策严格把关与发改委、自然资源等审批部门在目标和理念上产生了分歧，并进一步衍生现实矛盾。如访谈Y县发改委工作人员谈道：

---

① 套用评估即将A项目"稳评"报告简单置换后成为B项目评估报告。另据了解，2018年T区政府开始推动"稳评"第三方评估工作，但仅应用于部分重点投资类工业建设项目，覆盖范围十分有限。

作为项目审批部门,按规定申报方必须附有维稳办的备案才能通过。但事实上很多项目并没有什么社会风险,维稳部门却揪着不放,说这不规范,那不达标。有的投资项目因此被拖延时间,对投资客商和政府招商工作造成不利影响。比如一个商业综合体项目,你让他延缓审批几个月损失会很大。实际上,维稳系统很多时候把备案搞成了又一层审批制,造成过度干预,有时不得不由县分管领导出面解决。

6.2.3　市场逻辑

近年来,不少地方政府尤其是经济先进地区越来越多地将"稳评"工作外包出去,即委托给社会第三方评估企业,"稳评"政策执行链条也随之扩展到行政系统之外的市场空间领域,并衍生出新的行动逻辑。按照传统制度主义观点,市场主体追求经济收益最大化,而非公共收益的最大化,尤其注重基于成本和收益的理性权衡,为此会通过竞争、垄断、降低交易成本等途径来实现上述目标。就"稳评"而言,争取政府委托的第三方社会机构,充当咨询/公共服务提供者,能否获得经济收益是决定它是否参与的前提或最大驱动力,因而也就形成了围绕第三方主体的"稳评"运行市场逻辑(如图6-2)。换言之,当外部经费充裕能够获取一定的经济收益时,评估机构更可能在风险调查等环节增加投入,为完成一份高质量报告、

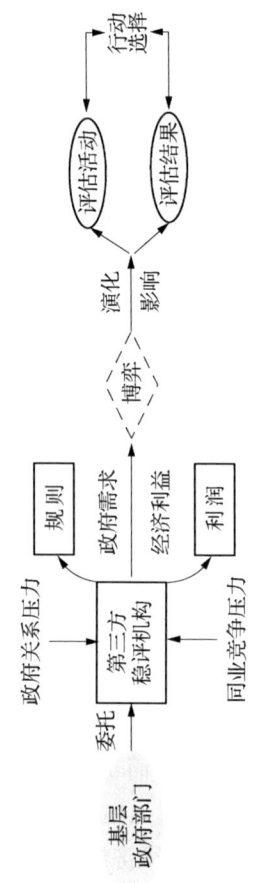

图 6-2 社会第三方"稳评"业务市场逻辑简图

实现"稳评"目标提供保障;反之,则可能会压缩工作量[①],乃至与基层政府委托部门形成串通,发生操纵"稳评"过程和结果的负面行为。以下是对某社会评估机构人员访谈:

> 现在"稳评"市场竞争激烈,不少原来从事房地产评估、土地评估业务的企业也半路杀进来想分一份羹,整个"稳评"行业在人员配置、专业化水平上参差不齐,缺乏相关制度约束,压价现象比较严重,低价竞争、评估不规范乃至虚假现象更加突出。……有的项目当地政府招标给出的报价本来就不高,比如只有3万左右,再加上专业评审、大规模调查、组织座谈、部门公关等具体活动,这点儿经费是明显不够,所以要想保障评估质量恐怕很难做到。……但即便如此,我们评估机构必须与地方政府搞好关系,否则如此低价的项目也拿不到手,人家(政府部门)手中掌握着项目发包权,不愁无机构承接。如果搞砸了,以后恐怕就很难拿到项目了……在这种情况下,指望承接方认认真真去搞风险调查,经费条件都不具备,也不现实呀。

---

① 钟宗炬,张海波,孔祥涛. 重大决策社会稳定风险评估如何更科学——基于社会调查方法运用的实证分析[J].中南民族大学学报(人文社会科学版),2021,41(7):128-140.

6.3 科层逻辑下基层"稳评"政策执行异化治理

前文述及,科层逻辑下"稳评"政策执行异化行为,反映了基层官僚的机会主义行动选择,其结果无疑破坏了"稳评"政策目标,降低了推动政府部门决策科学化的功能,更有损政府公信力。造成这一现实问题,影响关联因素是复杂多面的,对其治理路径也应建立多维度的综合视角。本小节以实地调查样本地区 T 区、Z 县和 Y 县三地的访谈资料为基础,借助扎根理论的工具方法,从组织情境出发搭建质性分析的结构框架,沿着挖掘基层"稳评"政策执行异化的影响因素并逐步引出治理路径,同时佐证前文构建的理论假说,以此对本书研究主题构成进一步支撑。

扎根理论方法的应用强调对研究问题的自然"涌现",在情境观察和数据分析中自然地发现问题。完成相关数据资料收集后,需要经过实质性编码处理,通常对访谈资料的分析遵循以下步骤:(1) 分辨、提炼并描述与研究有关的资料;(2) 对意义单元概念化;(3) 逐步发展初步类别以及层次性类别;(4) 发展提炼出核心类别。本书研究针对调查访谈资料,应用目前最普遍接受的开放式编码、主轴编码、选择性编码三种具体方式。编码(coding)在扎根理论研究方法中,是指通过对研究事件与概念的不断比较,促成更多的范畴、主题特征形成以及抽象概念化。

1. 开放式编码(open coding)

开放式编码(一级编码)是在对原始访谈资料整理的基础上通过编码、标签、登录,将性质相似或意义关联的概念命名与合并为同一类别,以从原始文本资料中产生初始意义单元,发现概念范畴,通过不断比较把零散数据及抽象出的概念打破及重新综合。公开性编码遵循"逐级编码"的原则,没有预先设定的编码形式,要对数据逐步地进行抽象化提炼,使其理论概念化程度逐级提高,而不能从原始数据直接跳到抽象化程度较高的概念或范畴。这一过程的操作设置旨在减少研究者的主观偏见或已有理论定式影响,强调将数据资源按其原始自然状态加以命名和类属化,在不断比较中提炼出更高一级的概念范畴。

基于以上思路,本节部分遵循开放的原则,使用样本调查区县受访者的原话或略做调整后作为原始数据逐一进行标签化,首先剔除语句中重复频次极少的初始概念(频次少于2)。由于初始概念的数量非常庞杂且存在一定程度交叉,而范畴是对概念的重新分类组合,故进一步对初始概念进行范畴化。经过反复比较,最终获得了46项基本概念及13项自然提取范畴,包括稳定关系认知、个体倾向、制度规范化、工作心理、经济利益导向、上级部门角色、组织文化环境、目标绩效考核、信息公开状况、惩戒机制应用、资源支持状况、组织网络体系、变通控制行为。表6-3记载了抽离出的部分节选记录以及提炼的相应概念。

表6-3 部门访谈资料开放式编码及范畴化

原始访谈资料	概念化	范畴化
中国地方太大,基层政府部门职能分工不同,公职人员对稳定的看法也有很大差别。	地区稳定	稳定关系认知
地方政府更想短时间内实现快速发展,说到底有发展才有稳定,才有政绩……可能官员还没意识到,短期逐利思想很严重。	发展稳定	
工作时间长了就疲倦了,我的体会是"稳评"评不评都一个样儿,周边人基本上就这想法……基层部门真的很辛苦,什么活儿都是向基层部门下压,责任下移。	工作倦怠	个体倾向
说白了,领导让干啥就干啥,想多无用,可能白费精力。	领导追随	
一般看看其他部门怎么搞,我们就怎么搞,有时创新多了反而对领导不利……枪打出头鸟。	盲动情绪	
现在具体做什么,怎么做,抓手在哪里,我们真不是很清楚,没有办法,上面经常就是简单下个文儿,然后让下面去做,再挂上考核的大帽,动不动就问责啥的,具体怎么操作根本搞不清,其实上面好像也说不清,文件下发倒是一个接一个。……就看领导啥意思,让咋办就咋办,有事领导去扛。	工作指南	制度规范化
	目标误区	
一开始实行"稳评"的时候,很多部门对此有意见,觉得是对他们设门槛找麻烦,观望的人比较多,也不愿主动弄。	行动心理	工作心理
评估说到底还是政府使的招儿……但我们这儿好多事儿不是评估能解决的,经济发展才是硬道理……搞不好还是形式,基层形式太多了,形式也要走嘛,有总比没有强。	主观认知	
大家觉得这事儿("稳评")太难弄,只能先应付糊弄下。	工作效果	
总觉得事是好事,但不好用,没有抓手,基层基本就是这样。		

续表

原始访谈资料	概念化	范畴化
最关键的还是利益,只要是触及各部门利益的事儿都难办,"稳评"工作也是这样,和项目上马、经济发展矛盾大……考核也是分主次的吧,还是哪儿有利工作就往哪儿指。	利益	经济利益导向
领导想的更多的是项目,如何招商引资,如何引来大项目,这才是大事……先把项目拿下,这才是最重要的。	任务主导	
县上抓项目抓得紧,领导大会小会讲,发展要项目带动……评比看项目,升职看项目,连乡镇也有项目任务……在我们这项目才是硬道理,项目才是王道,其他都是次要的,领导说了各部门都要为项目发展服务。	项目导向	
其间领导发生更换,新任领导的工作重心可能在其他方面,对"稳评"覆盖的要求就很谨慎,后来工作就慢了下来。	态度与注意力	上级部门角色
上级不能光发文儿,也要具体调查下基层情况,靠下压不顶用,一项工作任务下来,我们比较关心的是有没有配套支持。	政策支持	
文件下发了有段时间了,但具体咋搞(评估)没人说得清,上级也没有明确说明,项目上马需要"稳评"报告后来才知道,就忙着找人赶快去补充。		
早些时候维稳办权力很大,这和当时环境也有关,后来随形势变化就不怎么提维稳了,相应的机制也变弱了,也就少了一个抓手,如何让其他部门配合呢?	业务抓手	
基层事一大堆,人手少得可怜,老同志干不动了也不想干了,现在都是年轻人挑大梁,大家都疲于应付,应付各种任务检查、书面汇报是常态……"稳评"也是汇报内容之一,光整材料就够忙乎的,更不要说真去风险调查。	工作氛围	组织文化环境
总的来说,没有形成中央要求的求真务实风气,就是没有这个工作氛围,就像英语练习要有语言环境……行政部门有自己的特殊环境和行事规则,基层更是这样。	工作作风	
	行政文化	

续表

原始访谈资料	概念化	范畴化
社会稳定压倒一切,大家都清楚这个,不过我们这里最紧急的还是发展问题……现在政府部门和学校一样,都在搞排名,排名靠后啥都别想,考核根本上还是为发展服务。	考核认知	目标绩效考核
压力最大的是招商目标能否完成……不过,("稳评")这事儿据我了解在年度责任目标中占比很小,领导关心的就不多了。	考核侧重	
现在考核指标都是上面来定,然后像指挥棒一样让下面执行干活,但统一的一套考核指标不能覆盖基层实际状况……肯定存在失之偏颇的地方,我们基层一线人微言轻,根本轮不上我们说话,上头就是要照文执行。	考核参与	
刚开始的时候,我们这的考核力度还是很大的,"稳评"纳入城市文明创建、综合治理,还有领导干部年度考核。	考核力度	
现实是上面一根针,下面千条线,完全落实只是美好愿望。	执行行为	信息公开状况
"稳评"不是一个部门的事,要相关部门配合才行,关系通还好,不通根本没人理你……信息互通当然更有利些。	信息共享	
在维稳办的协调下,与区上有关部门进行了接触,学习一些好的做法经验,希望促进工作的开展……信息公开与否当然按照领导指示要求办。	透明度	
我们坚持搞精品评估项目评选,且信息内部公开和设立奖励,基层单位自然也就有了积极性。		

续表

原始访谈资料	概念化	范畴化
我们这儿项目推进不力挨批处罚、职务调整的很多,能招引来大项目的都是有本事的,评估(不力)追究的我倒没听过,顶多内部比下谈话,除非出了啥大事让谁摊上了,比如大规模群体事件,但毕竟是小概率,领导心里都清楚。	问责力度	惩戒机制应用
凭领导们思维和发展方式,势必会制约其他政策和工作的实施力度,基层这里就是项目为王,都要围着项目转……	问责方向	
我个人感觉在基层部门问责制也是有所侧重的。不怕考核,就怕来真的……如果把"稳评"提高到经济目标的位置,估计啥都别干了,考核也不是万能的。	考核对比	
基层工作讲究不光要有惩罚问责,也要有积极的奖励措施,对工作突出做得好的部门应当给予大张旗鼓的支持才行。	工作激励	
不比以前,老百姓好说话些,现在下面无论推啥事儿甭提有多难,……一没钱,二没物,三没权,干啥都费劲得很……没有经费保障,没有信息支持,没有专业人员,怎么搞?	外部环境	资源支持状况
就算交给第三方评估,也要有相应资金、政策支持啊,否则都是空的,想得挺好,现实干起来就不是那么简单的事。	资源配备	
	配套支持	
加强"稳评"制度宣传、科学决策当然是对的,不过现在大都围绕发展项目转,这方面的工作显然是不足的。	政策宣传	
搞风险评估不是一个部门能完成的事……现在各个部门都各管一摊儿,协调难度极大,有利的事大家都争,没利的都躲。	部门合作	组织网络体系
当然,领导间关系熟些肯定事儿好办,协调成本也比较低。……要看上级部门意思,不同部门的人事、财政关系自成一体,要协调必须上级领导出面,提供政策支持,还不一定能最终搞定。	非正式规则	
	科层体系	

续表

原始访谈资料	概念化	范畴化
根本没啥程序,就是纯粹走形式,整个(评估)报告应付下审批要求,面子上的功夫做得好看些……上头其实也清楚,现在发展压力这么大。各地在狠抓项目……我想就是第三方评估也一定是体现项目导向,否则评完不能实施,这肯定不是地方政府愿意看到的,也是整体大环境决定的。	形式主义	变通控制行为
基本没有怎么动,实施程序太复杂……完全按照评估程序走啥工作都干了,领导就这意思……第三方评估也搞了一些,报告都是低风险,要是高风险审批这关就过不了。	作业过程	
考核要"稳评"汇报,我们就补充报告给递上去,有材料支撑当然好交代些……多数都是虚的,只要不出事上下都好说……考核也要看基层实际状况,大领导心里都有谱呢。	工作绩效	

由 T 区、Z 县和 Y 县三地访谈资料的开放式范畴提炼结果可以初步发现,基层"稳评"政策执行异化行为,包括作业过程中虚假性蒙蔽扭曲行为,有着较为复杂的体制、组织和执行者个体背景,是行政系统内外综合作用的结果,概括起来主要体现制度规则、组织文化、信息因素、考核机制、资源基础、领导因素等方面,对其针对性治理需要建立更广阔的认知视角,从多重关联影响链条中探寻思路。

2. 主轴编码(axial coding)

开放式编码之后产生了大量相对分散的初始范畴,其间的关系并没有深入探讨,而关系建立是得出结论的必要前提,其中抽离出一个最能解释研究对象行为,并且与其他大部分范畴紧密联系的类别,即核心范畴(core category)。根据本项研究主题,核心范畴这里定义为基层"稳评"政策执行异化及治理。此时,核心范畴成为资料分析和理论抽样的指导,其主要特征是进一步提炼概念范畴,尽可能较多地与访谈资料及其属性关联,使之能够解释研究对象,构成关联的意义链条。

进一步说,主轴编码(又称关联式登录)旨在发掘初始范畴之间的潜在逻辑关系,围绕核心范畴进一步发展主范畴和副范畴。利用某个事件(此处为基层"稳评"政策执行异化)产生条件、该事件所依赖脉络及行动者策略,有助于更准确地识别各范畴。在这一阶段,本研究根据开放式编码形成的不同范畴在概念层次上的相互关系和逻辑次序进行深度分析、提炼和归类,形成了若干主范畴,结果如表 6-4 所示。主轴编码步骤依旧是发展范畴,只是发展性质和维度更深入一层次。需要说明的是,根据扎根理论编码原则被抽取归纳出来的关系,依据的是概念间的意义层次,而非原始资料的层次,范畴命名绝非唯一,可以使用不同命名或标签,这取决于研究主题重点和诠释解说的需要。本研究针对的是科层逻辑下基层"稳评"政策执行异化的关联因素及其治理,在范畴提炼命名过程中紧密围绕该项主题进行,以期更深刻地揭示基层"稳评"运行背后的隐性关系。

表 6-4 访谈资料主轴编码提炼主范畴

核心范畴	主范畴	对应范畴	关系内涵
基层"稳评"政策执行异化及治理	目标认知	稳定关系	社会稳定问题认知影响"稳评"政策的实施动机
		政策规范	"稳评"规则设置状况影响基层执行者行为
		经济发展目标	地区经济发展目标认知判断影响基层人员"稳评"政策执行的行为选择
	系统支持	资源供给	基础性资源及行政授权影响"稳评"实施
		上级支持	上级部门对"稳评"重要性、紧迫性与个体相关性的支持度影响"稳评"行动取向
		惩戒机制应用	组织系统惩戒机制影响基层部门"稳评"实际运作及执行者行为选择
	工作考核	考核规则	目标考核指向构成基层部门行动"指挥棒"
		组织文化	基层部门行政文化影响"稳评"工作取向及效果
		考核指标	考核指标设置影响"稳评"定位
	信息公开性	部门合作	部门信息交流互通影响"稳评"工作透明度
		组织网络	组织"条块"、权责设置影响"稳评"信息开放
		非正式规则	非正式关系影响基层"稳评"信息开放
	个体因素	经济利益取向	公职人员个体对于经济利益的观念认知影响基层"稳评"行动
		个体职业发展	"稳评"与考核对象个体的职业发展关系影响人员行为选择
	内外参与	考核体系	基层部门人员对于考核体系的参与度影响"稳评"工作开展的行动效果
		社会参与	外部社会公众参与度影响基层"稳评"执行方向和考核对象行为选择

由上,在对访谈信息资料开放式编码基础上进一步进行主轴编码,并借助"情景(现象)→脉络→中介条件→行动/互动策略→结果"这一典范逻辑分析模式,可以提

炼出基层"稳评"政策执行异化的若干影响主范畴,这也是针对性治理的主方向:① 目标认知因素。包括对"稳评"政策、发展稳定关系、考核目标设置的认知等,反映了基层政府部门的认知状态,分析访谈资料显示目标认知的不科学不清晰,实现"稳评"制度目标的主体意愿越弱,政策执行异化行为越容易发生;② 系统支持因素。主要体现在基层政府部门"稳评"实施的基础资源保障和惩戒机制的实质应用,对现实考核主体的行为取向构成约束;③ 工作考核因素。这不仅包括对政策执行全过程的目标考核原则,也反映具体考核指标的设计规则,访谈资料显示工作考核精准度直接影响基层"稳评"的实施方向,对人为异化行为的控制必须在工作考核层面发挥其应有作用;④ 信息公开性因素。信息异化是基层"稳评"政策执行异化的集中表现之一,强化"稳评"实施以及工作绩效信息公开,破除行政系统内部障碍,是应对政策异化行为的重要举措;⑤ 内外参与因素。体现基层部门人员对信息交流开放、考核目标参与以及外部社会力量的监督参与。访谈资料显示,扩大内外主体参与,有助于改变基层行政官僚行动预期,修正对"稳评"政策的不理性认知,抑制扭曲异化行为发生。⑥ 个体因素。以上提炼出的概念范畴及其作用机理可以用图 6-3 简要描述,与前文第三章构建的理论假说基本吻合,针对本项研究主题可以构成进一步的支撑佐证。

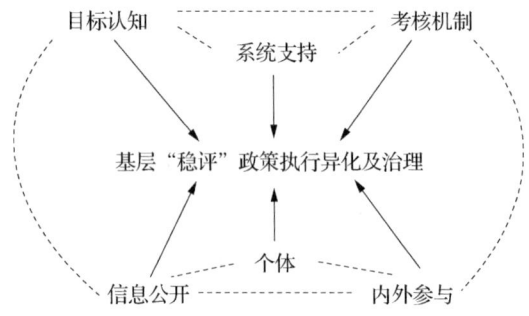

图 6-3 主范畴提炼关系结构

3. 选择性编码(collective coding)

选择性编码是对主轴编码形成的主范畴进行再挖掘分析后,提炼出具有统领性的研究核心范畴,以"故事线"方式描绘行为现象和脉络条件,与其他范畴系统联结起来并验证其中关系,从而将研究成果囊括在一个比较宽泛的理论框架之内。该过程的主要任务包括:识别出能够统领所有范畴的核心范畴;用所采集的数据资料及由此开发出来的范畴、关系等简要说明现象,即开发故事线;对范畴关系属性和维度进行描述并与其他范畴联结;剔除掉联系不够紧密的次级范畴,完善需要补充的概念范畴。理论的构建在于获取核心范畴,核心范畴是贯穿整个研究的重要因素,由研究者根据研究的逻辑关系确定,理论随核心范畴的涌现而自然延伸出来。选择性编码中的资料统合与主轴编码差别不大,只不过所处理的分析层次更为抽象。

由此,本研究对原始访谈资料析出的概念、主副范畴关系进行不断比较分析,提升出核心范畴(core category)围绕基层"稳评"异化行为的治理进行,这一核心范畴故事线可以概括成:基层政府部门"稳评"实施中异化行为形成受到一定内外约束条件的影响,对其治理也需要针对相关约束条件展开。基于以上故事线轨迹,提炼出以下治理结构模型,如图6-4所示。

综上,围绕基层"稳评"政策执行异化的关系链条,本项研究借助实地调查地区的访谈资料,通过扎根理论的方法提炼析出相应治理结构:在治理环境、治理工具、治理理念三个层面展开针对性矫治,规范"稳评"运行机制,强化政府—社会互动,构建政策异化防范的综合系统。与此同时,将前期抽取预留的3份原始访谈资料用于饱和度检验[1],结果显示符合前述建立的典型关系结构,没有出现新的概念范畴和属性,范畴间也没有产生新的联结,说明以上研究编码和抽取达到理论饱和,符合扎根理论方法倡导的饱和度规则要求。

---

[1] 质性研究中,饱和度检验(saturation testing)通常被用以评估研究资料的充足性,对于扎根理论方法使用而言主要侧重于"理论饱和"。参见杨莉萍,亓立东,张博.质性研究中的资料饱和及其判定[J].心理科学进展,2022,30(3):511-521。

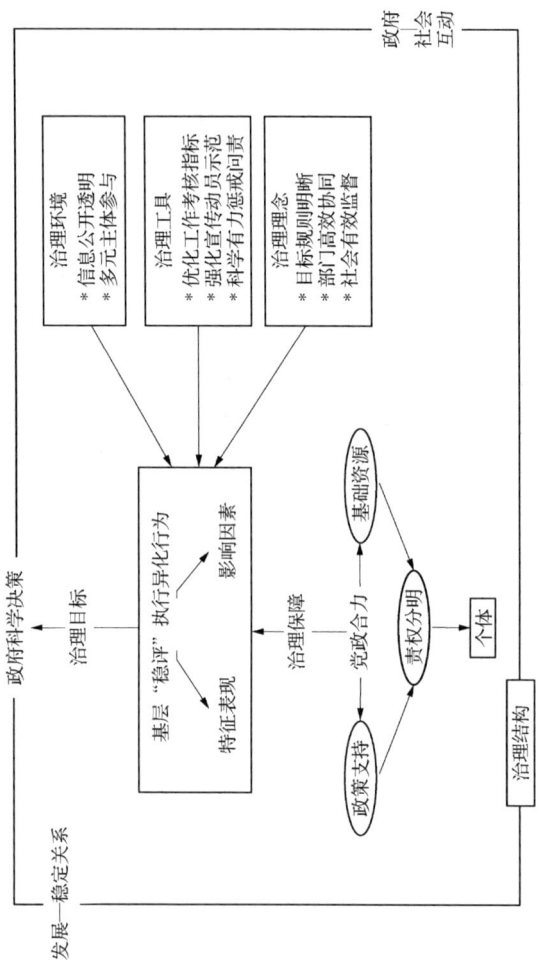

图 6-4 基层"稳评"政策执行异化治理结构框架

6.4 "稳评"政策执行异化治理结构

依托来自不同省域 T 区、Y 县和 Z 县三地基层政府部门的访谈资料，对"稳评"政策执行异化背后的潜性影响关系进行了质性分析，由此建立的概念范畴和治理要素更多地融入了中国基层行政系统情境元素，这在以往研究中尚未得到足够重视。区县级政府是"稳评"政策执行的关键结构面，无论是"稳评"一线作业活动还是工作绩效输出，都存在于执行行为和行政环境之中。事实上，基层部门同样具有特定利益需求，在缺乏有效激励及约束强度有限状况下，其基于自身利益的"策略性执行"或许会成为一种理性选择，政策异化恰是扭曲行为的表现。通过质性分析可以发现，来自宏观—中观—微观多种因素对基层"稳评"政策执行异化产生影响作用，在相应治理层面有重点地加以优化完善，对于减少异化行为的形成有着特殊意义。

制度是诱发微观行为的根本，制度设计为"稳评"过程中各主体的微观行为设定了行动准则与边界，也蕴含着可能的治理空间。"稳评"实施不仅是一般意义上的政策执行，同时本身也是一种风险治理行为，本章质性研究建构验证了基层政府运行中的逻辑分析框架，这些隐性逻辑之间有冲突亦有关联交织的利益驱动，形成了一个复杂的治理场景。根据公共治理理论，应对复杂性公共事务问题，需要打破传统层级节制的科层体系和政社边界，促进资源交换及交互沟通，其有效的治理机制依靠一定适应组织情境的制度安排,治理方式采取多主体参与式合作,这有助于提供一种针对政策执行问题更好的解决方案及认知路径。有鉴于此,结合上文质性研究结果,针对中国基层"稳评"政策执行异化的公共治理需要建立健全系统性治理结构。

首先,治理环境。"稳评"是关涉重大事项尤其是工程建设项目实施的重要前置制度安排并被嵌入地方目标考核体系,与地方经济社会发展密切相关,然而一些基层部门"稳评"实施还主要以行政体系内部推动为主,无论体制内的工作督导还是来自外部的社会参与均受到一定限制,甚至存在基层一线部门"自导自演"的状况,内外监管参与力量的不足极易导致地方为了一时经济利益,而发生操控"稳评"作业过程和工作绩效产出的"隧道效应",背离"稳评"制度初衷乃至触发新的风险点。为此,要积极创造基层"稳评"实施中的多主体协同参与环境,尤其是针对重大工程项目建设的广泛社会监督参与,引入规范第三方评估进程,增进工作运作中的信息公开透明度,这既包括评估项目的具体信息公开,接受社会监督,也包括行政体系内专项工作考核信息的公开,通过创设信息公开的系统环境抑制可能的政策异化行为。

其次,治理工具。在现代公共治理实践中,治理工具(也称政策工具)存在管制工具、经济工具、组织工具、信息工具等典型类别[1],多年来国内外学者对其进行了广泛

---

[1] 张璋. 理性与制度:政府治理工具的选择[M]. 北京:国家行政学院出版社,2006.

而深入的探索，形成了大量富有价值的研究成果，是实现公共治理不可或缺的重要工具。实践表明，目标考核机制作为政府体系内一种关键的激励与治理工具，是推动现实基层工作的有力抓手，也是回应组织部门及公职人员行为失范的关键治理工具。在绩效考核背景下，抑制基层"稳评"政策执行中的系列扭曲异化行为，离不开坚实的基础资源保障和惩戒问责，更取决于来自行政系统内部强有力的管理支持。事实上，基层政府"稳评"工作很大程度上受到上级主管部门和具体考核指标影响，如果主管部门重视度不够，主要领导敷衍塞责，考核问责机制乏力，基层部门"稳评"实施的进程与效果会大打折扣，也将客观上催化执行过程中的异化行为，这在现实地方运行中已有大量事实印证。故而，上级部门需要大力强化政策宣传动员，在基层"稳评"实施中给予人力、物资、财政、信息、监管等层面系统支持，增强基层组织及人员的心理认同和执行承诺；同时强化精准的工作考核，根据考核对象特征细化考核指标，公开曝光消极应对、蒙蔽异化等扭曲行为，并对相关主要负责人予以严厉惩戒问责，使目标考核、日常督查、公开问责成为基层"稳评"工作监测的常态工具，保障制度权威性和政策公信力。

再次，治理理念。"稳评"制度的建立旨在处置改革发展稳定关系，促使决策者通过一系列程序主动规避、减缓衍生风险，降低发展中的社会成本。然而，传统单向度的经济思维在地方官员群体中依然强大，调查发现"稳评"耽误地区发展、阻碍项目推进等错误观念在一些基层部门中广泛存在，这无疑构成"稳评"政策落地执行的巨大障碍,并在一定环境下催生欺骗蒙蔽异化行为。对此,需要强化政策宣传的科学引导,推动社会监督力量有效介入,避免公职人员对"稳评"制度产生非理性甚至无所适从的被动心理暗示,这是破除理念误区负面影响的必要保障。与此同时,一些基层政府在"稳评"政策程序设计、绩效目标设置及工作考核层面存在不清晰、不精准的缺陷,这容易带来基层执行人员的模糊性认识,而制度设计中最普遍的缺陷就是规则模糊化,容易形成认知理解歧义,客观上给人为操控行为埋下隐患。鉴于此,需要因地制宜细化"稳评"制度实施规则,推动建立"清单式""条款式"细则规范,强化"稳评"规则及考核标准的公开透明,加强基层组织部门内部参与,创造外部社会公众监督渠道,帮助基层公务人员建立清晰准确的制度认知,这有助于减少由于制度系统内目标模糊而诱发的异化行为。

此外,质性研究分析显示,部分基层人员对"稳评"实施存在专业能力不相适应的状况,缺乏基本的风险评估技术与应用思路,对此需要全面提升和优化基层人员的专项施政素质与能力。具体来说,应加强基层政府人员尤其是主要部门决策者的现代风险管理和科学决策专业知识、能力等方面培训,使之对"稳评"业务工作和违规行为有着充分认知,更新知识结构,激发工作潜能,逐步配备与基层"稳评"运行相匹配的人力资源队伍。进一步完善部门职责分工,优化考核激励,充分调动一线工作人员"稳评"政策实施的主动作为,也要根据地区实际,完善事关社会稳定大局的督导部门专业功能和人员编制结构,为及时纠正政策异化行为提供必不可少的组织保障。

本章小结

本章研究旨在从新的视角建构质性分析思路，在前文基于问卷调查的实证研究和博弈仿真分析基础上，立足基层行动者情境对"稳评"政策执行异化及治理要素进行探索，力图在不同侧面形成认知拓展并构成研究支撑。依托不同地理省域 T 区、Y 县和 Z 县一线机构部门的实地访谈资料，借助扎根理论研究方法，提炼出目标认知、系统支持、考核机制、信息公开、惩戒问责等概念范畴，并以此针对基层"稳评"政策执行异化的公共治理析出了治理环境、治理工具、治理理念三大治理要素，为前文章节构建的分析框架和研究假说形成进一步补充和理论支撑。需要指出的是，本研究试图通过"讲故事"，尽可能还原基层"稳评"运行的现实场景与主体行动逻辑，但囿于调查中时间跨度较长，期间受到党政机构改革及新冠疫情多发影响，部分当事人工作岗位发生调整，一些鲜活的访谈情节并不完善，未能就政策运行各个阶段的主体互动展开嵌入，有待通过更深度调查及多案例分析丰富研究结论。

第7章 结论与展望

7.1 主要研究结论

近年来,"稳评"制度在地方政府重大决策事项,尤其是固定资产投资项目及工程项目建设领域获得应用,被越来越多地区纳入政府目标责任考核体系和投资项目行政审批系统,"稳评"报告亦成为项目上马前的必备行政许可要件。然而,"稳评"运行于复杂的社会场域之中,暗含了多种行动逻辑,在特定行政体系和基层组织情境下,其现实运行也面临着人为蒙蔽操控的异化行为问题,集中表现在评估作业活动和工作绩效输出两个层面,这对"稳评"制度预设目标及政府形象造成损害,亟待加强靶向治理。针对既有研究多聚焦于法制、管理等宏观层面,忽视"稳评"场域中多主体互动关系,对制度、组织和行为相结合关注不够等局限,本书从情境理性的视角出发,建构一个科层体制下多重行动逻辑相互作用的分析框架,从绩效考核与制度环境、组织内部行动者策略互动关系中系统审视"稳评",提出了以基层区县级政府为研究对象的"稳评"政策执行异化机制研究路径,从宏观—中观—微观三个维度进行深度研讨,并运用 SEM 方法对所提出的理论框架和影响因素假设进行检验。在此基础上,采用演化博弈仿真和质性分析工具进行公共治理层面研究,以混合研究方式进行了探索性实证分析。本书所做主要工作及基本结论如下:

(1) 构建解释我国区县级政府部门"稳评"政策执行异化的理论模型。基于对已有研究成果的回顾及借鉴,将宏观制度与微观行为相结合并引入"稳评"实施情境中,结合地方政府绩效考核背景,提出了从目标设置环境、资源支配情境、行动主体特征三个层面认知与识别相关影响机制因子。研究发现,这三个层面中包含的不同因素对基层"稳评"政策执行异化影响并不相同,其重要程度也有差异,其中主体参与和公开性是主要的影响因素。

按照概念界定,本书的主体参与是一个复合要素,表现为外部社会力量参与度和基层执行部门考核对象的政策参与度,参与空间的缺陷将诱致现实"稳评"政策执行异化可能性增高,这一研究结论也表明基层"稳评"实施过程中扩大关联主体参与、增进制度的隐性认同、避免执行行为扭曲的作用机制还未得到有效发挥。在目标设置环境层面,公开性因素对于基层"稳评"政策执行异化有着显著的负向影响作用,表现在制度规则、评估报告和工作考核方面,这需要扩大信息公开,降低内部"隧道效应",符合执行部门强化信息透明、防范社会风险的治理目标。

此外,研究显示目标模糊因素对基层"稳评"政策执行异化具有显著正向影响,客观规则及主观认知的模糊程度越高,异化行为发生的可能性越大。目标模糊带来的冲突意味着基层行政人员不得不在多重目标下进行利益权衡并做出选择。根据政策执行领域著名的"模糊—冲突"模型,当一项制度兼具模糊性和冲突性特征时,其实际运作可能发生以"策略性行动"为代表的异化行为。在绩效考核体系下,目标模糊因素也为上级部门创造了向下级转移责任的条件,对于无力承担目标压力的基层考核对象而言,主动操控等异化行为成为一项策略选择。

(2) 为了研究资源支配情境的影响机制关系,本书引入"组织支持"的理论概念,并进一步析离为上级支持和惩戒问责两个子维度,研究发现以上维度对于基层"稳评"政策执行异化存在显著负向影响。其中,上级主管部门对于违反"稳评"制度程序规则的惩戒问责实施越积极,基层部门异化行为越有可能受到管控和抑制;相反,对相关部门及执行主体惩戒问责弱化乃至漠视纵容,将可能助推"稳评"政策执行异化行为的发生。这说明,为了使"稳评"制度在基层政府实施中能够达到预期效果,需要高度重视体制内的惩戒作用,采取更坚决有力的态度去推动实现。此外,地方主要决策者及上级组织的有力支持是基层"稳评"顺利实施的重要保障,当基层考核对象认为上级支持不能满足"稳评"政策落地的实际需要,尤其主要领导的系统支持乏力时,政策执行异化行为发生的可能性趋于上升。

(3) 建构并检验了有关要素的中介效应和调节效应,分析结果表明:目标模糊是主体参与因素影响基层

"稳评"政策执行异化的中介变量,主体参与通过目标模糊对异化行为产生影响。按照概念界定,这里的目标模糊更多体现为"稳评"制度设计及相应目标责任考核中,基层部门及执行主体感知到的不明确、不清晰状态。立足制度目标设置,主体参与的扩大有助于降低基层执行者的模糊认知,产生更充分的激励,降低通过扭曲异化行为应对"稳评"政策目标的行为动机。由此,抑制基层"稳评"政策执行异化需要重视执行者个体认知,减少制度规则模糊空间,增进工作绩效考核的实际支撑效果。同时,公开性因素在"惩戒问责"子变量与"稳评"政策执行异化之间具有调节作用,这一研究结果的启示是应当高度重视地方政府信息公开,发挥外部监督效能,采取更加积极明确的姿态控制异化行为发生。

(4)从政治社会学角度来看,政治不是简单的权力运行,而是人与制度的不断互动所构成的政治生活,制度结构规约人的行为,承受着行动者主体回应带来的张力。以往对于基层政府的研究一般将县乡政府作为一个抽象的整体加以处理,较少关注内部具体的个体或群体的行为和角色,但实践表明县域治理绩效与基层执行者的行动理念、策略和结果密切相关。为此,为了深入对基层"稳评"政策执行异化的微观探讨,本书考察了执行者个体职业特征的影响。结果显示:在目标责任考核的背景下,年龄与职务是两个不可忽视的变量,任职时年龄越大的考核对象,越趋向保守型发展目标,一定程度上降低了政策执行异化发生的可能性;个体职务对政策执行异化存在正向的影响,职务越高的考核对象越趋向激进的发展目标行动,更有可能施加蒙蔽性异化行为。同时,引入了机会主义心理倾向变量进行检验,发现基层执行者个体机会主义倾向越明显,"稳评"政策执行异化越有可能发生,从而强化了抑制个体机会主义的理论观点。以上理论假设构建及研究结论表明,对于"稳评"制度在基层政府层面的实际运行,除了要关注宏观中观层次的外部结构性因素,也不应忽视执行者个体层面的微观影响,应建构全方位的立体视角进行综合考察。

(5)基于统计样本的问卷调查受限于调查对象及环境的限制,具有一定程度的静态特征,其结论难以具有充分代表性。为此,应用进化博弈论及基于 Agent 多主体建模仿真,对基层"稳评"政策执行异化的复杂性问题进行分析,建立了"异化行为—监督参与"框架的动态分析视角,得出博弈过程中存在三个稳定策略以及相应启示,从而验证了地方行政系统中监督参与强度和惩戒问责力度对控制政策执行异化行为的重要性,这对于引导政府决策部门建立健全综合性监管与内外参与机制,提升基层公共治理水平提供了政策支持依据。此外,本书进一步构建质性研究路径,选取不同地理省域下的 T 区、Y 县和 Z 县三地作为实地访谈数据源,应用扎根理论研究方法进行理论建构与治理分析,针对基层"稳评"政策执行异化的公共治理析出治理环境、治理工具、治理理念三大要素,这既对前文实证研究的理论建模深化,也为政策异化行为的公共治理实践形成支持。

7.2 实践启示及建议

"稳评"制度实践是我国回应改革发展稳定关系这一战略命题,加强和创新社会治理的重要举措之一。在压力型体制背景下,地方"稳评"实际运转过程中因各种因素可能会招致基层部门的策略性应对,形成政策异化困境,对此需要强化公共治理以消除其负面后果,也是提升基层政府施政能力的重要方面。依据本书研究预设,基层政府及政策执行者是组织系统中的"理性人",有着特定利益目标和自利倾向,这就蕴含行动的不确定性。基层"稳评"政策执行异化本身是考核对象个体的一种策略行为选择,受到现实一系列主客观因素和环境因素的共同作用,从多维度探求背后的行为逻辑及隐性机制具有独特的治理价值。根据本书调查实证研究、博弈仿真检验和典型样本地区的质性分析,可以获得相关促进基层"稳评"制度实施、健全工作运行体制、抑制人为操控异化行为的政策启示,具有重要理论价值和实践指导意义。

7.2.1 建立明晰精准的目标实施规范

研究发现,目标模糊对于基层"稳评"政策执行异化具有显著正向影响,既表现在基层执行者对于"稳评"制度的主观认知,也体现在"稳评"程序具体落地规则和与之相关的绩效考核责任认定。"稳评"实施规则在一些基层政府层面存在一定程度不清晰不准确、指向宽泛甚至"承负责任虚空"的客观状况,这容易引发基层部门的模糊性主体认知,模糊极易催生操控异化行为,带来执行者投机空间。

　　对此,应当聚焦在四个层面强化改进思路。(1)大力加强制度宣传。科学阐释明确"稳评"制度与经济发展之间的关系,树立科学发展观和政绩观,改变地方政府片面追逐单一经济目标的线性思维,以重大社会风险事件与典型案例为切入点,采用多种立体化的宣传手段强化专业性指导,使基层执行者对"稳评"制度建立更为清晰理性的个体认知和心理预判,纠正行政系统非理性、片面性思维,在思想上破除"稳评"抵触和抗拒心理,创设"稳评"制度有效实施的强大舆论氛围。(2)针对不同类别的重大决策事项(如工程投资项目)和政府部门职能,分类细化"稳评"执行方案和目标规范。应当改变原有"目录式"的文件原则规定,建立符合基层部门实际状况的"清单式"实施细则,使考核对象充分了解政策实施的具体功能与适用条件,将具体评估指向、评估牵头部门、惩戒问责认定等关键细节进行精确,避免"一个文件统到底"、仅有原则性规定缺少实质内容,做到分类管理精细施策。(3)强化工作考核规则制定。要面向不同职能部门对"稳评"考核形式、内容、指向、时限等予以认定,明确具体事项的责任主体及构成人员,推动签订目标责任书,实现目标考核规则的准确定位。同时确立专门机构承担"稳评"的常规考核督查,保证考核有针对、可操作、能实现,避免考核模糊指令带来的责任虚置,而导致考核对象采取虚假操控方式对作业活动和工作绩效进行控制。(4)明确目标优先权。按照已有理论成果及实证分析,绩效考核背景下优先权模糊是诱发异化行为的重要来源,在基层

"稳评"实施过程中体现为行政官僚对于"稳评"工作考核与经济发展目标考核之间的优先权模糊认知。一线实地调查也证实,一些基层官员缺乏对"稳评"制度的心理认同,片面追求短期经济发展目标及与此相关的考核目标的动机十分突出,对经济考核指标的重视程度远高于"稳评"工作考核,部分人员暴露出执行态度敷衍、避责塞责的消极被动现象。故此,需要适度调整考核指标设置,增加社会安全治理及风险预控工作考核分量,尤其要明确重大工程项目"稳评"在经济发展考核指标中的地位,引导地方决策者与基层执行人员树立"稳评"制度刚性认知,本质上也是要求地方政府把经济社会发展建立在安全保障水平基础之上,夯实重大决策事项社会风险意识,而不是一味片面强调经济增长指标。

7.2.2 拓展制度化的沟通参与空间

本书研究表明,主体参与维度对于基层"稳评"政策执行异化有着显著关联影响,同时构成目标模糊维度发生作用的重要前因。管理学领域的参与式治理理论强调根据组织状况及时调整参与理念、参与主体或参与方式来取得良好的治理效果,其本质是一种民主化、协商化的治理模式。参与式治理对基层"稳评"政策执行弊端的纠偏之处在于突出目标任务制定、操作及考核环节上下级之间、组织内外的良好沟通,将刚性控制与柔性管理相结合,充分发挥激励与惩戒两个维度的各自作用,减少乃至避免基层政府部门的策略性应对。面向基层"稳评"实践,参与要素的影响来自两个方面:一方面是社会系统层面的公众参与监督,另一方面是行政系统"稳评"目标设置中的必要内部参与。

"稳评"政策实践的基础初衷是通过政社、政民、政企多方沟通调查,防范化解重大决策事项的社会风险,社会公众参与是制度实现的应有之义。公众参与的不足,在某种程度上可以视为地方官僚体系抑制的结果或有意规避,与"稳评"制度精神相悖,并客观上对基层考核对象或执行者行为选择构成影响作用。多主体参与的重要价值是破除科层体制内决策"黑箱"和信息资源配置不对称,实现社会风险减缓的协同作用,降低政府部门—社会公众之间的利益冲突,其性质首先是一种民主机制。针对"稳评"政策执行中的异化行为,扩大公众参与就是要拓展透明开放的"稳评"实施通道,强化政府—社会之间的良性互动,构筑包括社会第三方、专业机构、专家群体、普通群众等多主体介入的社会网络环境,不断创造条件对"稳评"的组织、参与、准备与实施等环节的民主化程度进行质量评价[1],让决策事项评估过程及报告结果得到行政系统外部的鉴别评判,接受社会共同监督与质疑反馈。社会力量的积极参与会给政府组织部门形成巨大行动压力和工作动力,推动其重视现实"稳评"实施工作质量,提高包括重大工程项目在内的政府决策事项风险沟通效果,有助于抑制基层政府单纯追求经济利益而人为施加的蒙蔽性异化行为,及时防范化解潜在的社会风险。在该方面,国内已有较多的理论和实践研究验证。

---

[1] 张乐,童星.社会稳定风险评估之评估:过程与效果的综合指标[J].南京大学学报(哲学·人文科学·社会科学),2016,53(5):49-57.

与此同时，针对"稳评"目标设置和工作考核也要重视行政系统内部组织成员的必要参与。在压力型体制背景下，硬性的考核指标尤其"一票否决"的设定无形中增大了下级政策执行压力，甚至可能出现因治理能力不足而导致一些基层部门铤而走险，出现共谋、欺骗造假等策略性应对行为。在考核目标设置环节，上级应当赋予下级沟通协商的合理空间与渠道，充分考虑下级政策执行的能力、条件、资源与时空限度，达成可接受的政策目标。事实上，由于现实"稳评"工作的实施程序较为复杂，涉及的组织内外机构部门及行为主体较多，关联性利益冲突比较突出，其政策运作有赖于政府部门之间的合作协商，偏离基层实际搞简单责任下压转移容易触发诸多问题。一线区县职能部门人员调查也证实，通常上级政府和主要牵头部门制定"稳评"考核规范，相关职能部门更多情况下只能被动接受，在多目标考核环境下，这一状况可能诱发基层考核对象"选择性执行"等扭曲行为，"稳评"作业活动及绩效输出异化的可能性也随之增大。本书认为，地方政府在确立"稳评"实施规则及目标考核设计过程中，应立足各基层部门的实际状况，强化内部工作沟通，尊重及保障一线部门考核对象的参与意愿，重视其关于"稳评"实施及相应考核目标设置的合理性建议，保障基层部门参与渠道和空间，形成合理恰当的考核弹性及激励机制，科学区分是主观为之还是客观因素使然这两种情况，因地因势优化考核方案，使"稳评"目标任务与基层治理能力相匹配，这对于降低"稳评"政策执行可能的异化行为、实现制度预期目标具有现实意义。

7.2.3 创造有利于信息公开的行政环境

现实中,基层"稳评"政策执行异化表现为项目评估作业活动和工作绩效信息的欺骗蒙蔽和人为操控,某种程度上是信息不对称下监管失灵的体现,执行偏差既有下级应对上级任务的正向利益博弈之举,也有自身利益显性引发的博弈行为,对其治理的一个关键角度是围绕相关信息处置展开。事实上,基层政府职能部门在"稳评"政策实施运行中承担并扮演主要角色,既是信息发布方和组织协调方,也可能是政策执行异化的制造者,为了地方经济发展等短期目标控制信息渠道及内容输出,故而应当保障"稳评"信息的公开透明,抑制信息蒙蔽的生成空间。具体来说,需要着力于以下三个方面。

(1) 疏通信息梗塞,完善薄弱环节。地方政府要根据"稳评"制度规范和社会公众需求,推动重点评估对象"稳评"工作全过程和报告结果公开,包括常规性评估调查信息和重大工程项目专业性技术信息,积极建立信息公开规范及工作考核导向,尤其要推动充分依托现代网络平台、新媒体、大数据等渠道或工具方式,强化官方的评估活动信息公开,清除封闭作业操作,延伸社会监督链条;有效信息公开会给政府部门形成巨大压力和工作改进动力,促使其重视"稳评"质量、减少人为异化行为发生。

(2) 重视组织间信息交流,改善社会组织合作关系。"稳评"工作利益关联性强,信息公开程度会影响政策异化行为,本书的研究证明了这一点。要完善各个职能部门之间以及社会组织的互动合作关系,建立项目评估和工作信息互通机制,针对不同机构职能和评估对象的特征开展信息公开工作,引导和创设公开透明的施政环境,主动接受社会监督。这对于基层政府部门来说不是一件容易的事,却是积极回应社会关切、降低"稳评"政策执行异化的必然路径。

(3) 确立明确的制度规则,提升基层执行人员素质能力。2018年政府机构改革之后,以政法委系统为主要的督导主体,负责制定"稳评"信息规则和相关奖惩机制,对此要明确信息公开在"稳评"工作实施中的角色定位,特别是针对重大工程建设项目信息及时发布和专业反馈,加强有利于信息公开的政策环境和工作保障;同时推动完善基层政府人员教育培训,更新其知识结构,提升工作能力,逐步形成以开放透明为目标价值的行政文化氛围。

7.2.4 强化刚柔并济的靶向系统支持

按照现代公共治理理论,恰当的治理结构可以运用多种政策工具或治理工具对公共部门行为活动进行控制,促进良性的公共治理目标实现。扎根于基层政府行政情境,系统内的实质性政策支持和惩戒问责,对基层政府职能部门"稳评"制度的实施行为取向起到显著影响,本书实证研究证实了这一观点。前者体现在"稳评"实施所依托的人员、资金、信息、政策、行政授权等必要的资源保障,后者表现为目标考核责任的实现以及对扭曲异化行为惩戒问责的交易成本。这也是防范基层"稳评"政策执行异化行为的重要治理工具。

我国建立的"稳评"制度针对政府重大决策事项,尤其是以重大工程建设项目及投资项目为主要评估目标,其实际作业活动效果具有阻断性、滞后性等基本特征,且评估程序运作复杂,作为"理性经济人"的基层政府往往更愿意将有限资源投入地方经济发展等显性政绩当中,客观上弱化了"稳评"制度的实际执行效果,甚至发生政策执行异化。本书研究显示,当基层政府部门得不到行政系统内部有效的资源供给,尤其是来自主管部门强有力的配套政策支持时,异化行为倾向将更容易发生;同时,实践中"稳评"工作考核在整体目标考核体系中的相对弱势地位,进一步削弱了基层部门对"稳评"政策的支持认知。事实上,基层政府部门往往面对"稳评"实施专业能力限制和"权责不对等"的现实问题,上级简单分解考核指标施压无法解决政策执行中的梗阻问题,反而可能在多政策目标挤压下刺激下级部门异化行为。由此,强化行政系统内部对于"稳评"实施的综合系统支持,提高有效资源供给及政策保障,是提升基层部门"稳评"政策执行效果,降低异化行为发生不可或缺的路径。具体来说,系统支持离不开专业人员培训、专项资金配置、恰当的授权督导和完备的考核机制。研究经验表明,当公共部门考核对象拥有的关键资源支持和管理权限更为充分时,其应对和实现一定组织目标的综合能力相对较高,可以在一定程度上减少由于条件限制而诱发的异化行为。

同时,目标绩效考核是地方政府"稳评"政策实施的主要抓手,也是政策执行异化应对的关键治理工具,这集中体现在问责机制的应用。本书实证分析结果显示,基层考核对象对于"惩戒问责"的有效性认知越低,人为异化行为发生的可能性越高,即考核机制应用不到位或未能发挥其效用,对"稳评"制度运行缺乏强有力的支撑,是导致基层"稳评"政策执行异化的重要影响因素。近年来,虽然"稳评"目标考核以及主体问责的政治话语被有关主管机构密集性表达,但实际效力的表现可能依然有限,尤其具体责任落地及失职追责层面存在不少漏洞和不足。针对这一问题,建议要立足两个方面加强重点改进:一是将"稳评"工作列入地方政府专项考核,全面纳入地方公共安全目标考核责任体系,对考核具体指向内容,分层级分部门分类别予以确定,适当提高"稳评"在整体目标考核体系设置的比重,避免"一个文件统到底",强化考核针对性和对于基层组织部门匹配度;二是高度重视惩戒问责手段的运用。要适度将"稳评"工作与考核部门及组成人员的财政配给、评优晋级、职业发展、公共评价等方面挂钩,增强制度实施的权威性,着重"日常"和"事发"两种考核结果导向,定期针对有影响力的重大项目"稳评"进行工作监测核查,对失职渎职、信息蒙蔽、虚假敷衍和造成不良社会影响的行为予以严厉惩戒和公开通报,并按照目标考核规则界定主体责任和追究督查责任。

7.2.5 稳妥推动第三方评估及规范化建设

"稳评"政策是一项专业性强、程序要求高的风险治理工作,基层政府、社会公众、督查机构、主管部门之间客观上存在一定程度信息壁垒,信息不对称是政策执行异化行为形成的重要背景。"稳评"本质上是政府社会分权、部门协同、还权于民的过程,政府作用是"掌舵"而非

"划桨",社会力量在"稳评"制度目标实现和实际工作运行中扮演关键角色,是政府公共部门与普通民众之间沟通的桥梁,可以传递和表达不同的利益群体声音。为了防范和应对基层"稳评"过程中可能发生的蒙蔽异化行为,有必要积极推动社会第三方评估。事实上,近年来国内不少省份在"稳评"第三方评估领域取得长足进展。以江苏省为例,全省所辖城市较早出台了"稳评"第三方评估举措,如《南京市重大政策措施第三方评估实施办法(试行)》,推动"稳评"社会化。苏州市尝试将地方"稳评"费用纳入地方财政预算,由政府财政出资购买公共服务,并将业务拓展至政策类、事项类评估对象。南通、徐州则积极探索"稳评"的信息化建设,建立""稳评"信息化管理系统"。当然,实践中第三方评估并非尽善尽美,也可能发生合约共谋等操控行为,但相较政府部门的单一角色,其自身依然具有积极作用。关于推动地方"稳评"第三方评估,本书认为未来应在以下方面做出努力。

首先,强化市场机制作用。引入"稳评"市场化方式,使基层政府部门摆脱评估工作负担,提高工作绩效和政策落地的专业化水平,更重要的是有助于破解社会民众对于基层部门的心理藩篱,降低内部操控诱发新的社会风险。具体来说,一是通过积极推动市场准入,吸引有资质企业及社会力量参与到"稳评"工作中,提高第三方评估在重大事项尤其是重大工程项目领域的适用性;二是完善市场竞争措施,破除业务垄断乃至利益共谋的负面现象,依托市场优胜劣汰机制促进评估力量的规范化,逐步形成一支专业素质强、市场信度高的社会评估队伍;三是强化市场监管措施，注重通过市场管理、行业自律的制度约束来维护评估的独立性，对于违背行业职业准则的行为，采取相应的处罚和纠偏措施，提高违规行为成本。

其次，组建并发挥行业协会作用。行业协会在推动优化市场管理、从业主体自律等方面扮演不可替代的积极角色。近年来，随着社会化的快速推进，政府"稳评"业务外包问题增多，行业不规范带来新的瓶颈。为此，一些评估机构开始尝试组建行业协会，签署不同层面的行业自律公约，通过监督指令、共守契约等形式促进工作规范化，建立"稳评"业务准入门槛以及退出机制。譬如，2016年由六家机构发起的江苏省省级层面的"稳评"行业促进会正式成立，该行业协会致力于第三方社会评估机构的监管、基层"稳评"业务能力提升培训等，并通过评先创优等方式引导第三方评估机构规范发展。2019年，该促进会牵头江苏省内从事社会风险研究的高校研究机构、"稳评"工作经验丰富的公安维稳部门以及第三方评估机构共同参与，率先在国内制定了《工程类决策社会稳定风险评估规范》等四项团体标准[①]。此外，针对"稳评"第三方评估，地方政府可以建立与工程咨询公司、律师协会等组织的常规沟通渠道，根据相关领域的"稳评"业务需求，支持鼓励其组织开展培训交流，共同建立专业机构名录和专家库，储备各类"稳评"专业人才，推动评估资源力量有

---

① 全国团体标准信息平台.江苏省社会稳定风险评估促进会关于发布《政策类决策社会稳定风险评估规范》等四项团体标准的公告[EB/OL].[发布时间：2021-04-22][获取时间：2023-03-10]http://www.ttbz.org.cn/Home/Show/23995.

效整合。

再次,着力创造政策保障环境。针对第三方社会评估存在的问题,有关主管机构(如地方政法委和市场监督管理部门)应当加强行动协同,通过制订规范措施为工作规范化搭建必要的支撑平台,确立市场层面业务承担合理收费的政策,以官方正式文件或规范条文形式明确委托责任、评估责任、决策责任等责任界限,既要对第三方评估行为和结果强化业务层面的市场监管与审查,确保"稳评"的实施质量,又要严格按照委托协议履行职能,防止出现"甩手掌柜"。此外,在工商管理、税收、财政等层面出台相应政策,对做出突出贡献的机构及人员,纳入相应的社会评价或行业评价并给予激励性奖励。

7.2.6 建立健全适应性的民主法制支撑

本书认为,基层"稳评"政策执行异化与行政系统封闭、不健全的体制环境有着紧密关联。在科层体制和目标考核分级下压的情境下,"稳评"政策实施离不开创设有利的制度环境,坚持政府放权与分权并重,加强"稳评"法制建设。

近十几年来,尽管我国行政体制与政府机构改革快速推进并取得显著成效,然而由于历史和现实的客观情况,条块分割、权责不匹配等问题依然没有得到根本解决,"资源上层集聚、责任下层转移"的现象在科层体制运行中十分突出,基层民主治理机制的不足与缺陷诱发一系列消极不良行为,这也是基层"稳评"政策执行异化的一个现实背景。本书认为,基层政府"稳评"的有效实施有赖于良好的民主法治环境,既要通过恰当的行政授权增强基层部门自主性和管理权限,应对利益复杂、条块分割环境下"稳评"需要,同时也要扩大地区社会公众的民主参与权利,创造体制外部社会监督与合作协商的良性渠道,大力倡导两个民主机制建设维度:一是上级组织权力的合理"下放",提供基层"稳评"工作开展必要的行政权限、政策保障及协调支持,丰富系统内"参与式管理"的行政理念;二是政府权力的"外放",让普通公民享有参与监督政府施政行为的渠道空间,不断拓展基层善治的实现内容和形式。这是促进"稳评"制度发挥其应有效力、防范基层部门政策执行异化、扭曲制度目标的必然路径。

此外,也要推动完善"稳评"相关法律法规支撑,明确"稳评"工作定位及权责规范,以立法的形式保障社会公众参与的民主渠道及表达回应机制。经过若干年的发展,当前中国"稳评"制度已经进入一个新的阶段,委托社会第三方评估正成为愈加明显的趋势,未来几年是实现法治化、规范化、常态化的关键时期,提升基层政府层面科学化、专业化决策是这一进程的重要内容,有必要进一步优化制度实施导向,立足民主法治建设的政治高度来科学谋划和健全基层"稳评"工作机制,约束实践中繁文缛节、敷衍塞责、形式主义和人为操控等异化行为,真正保障社会公众利益,为"稳评"制度的良性运行提供坚实的法治环境和动力。

7.3　研究局限性

本书整合借鉴了国内外多领域的理论成果,应用定性定量混合方法对基层"稳评"政策执行异化问题及其影响作用机制进行了探索性深入研究,虽然取得了一些有价值的成果和结论,但由于主观能力局限和客观条件约束,其间难免存在不足之处,这主要体现在以下方面。

(1) 研究结论有一定地域和层次限制。尽管本研究设计和实施阶段曾在陕西省、江苏省等省域所辖城市的基层政府部门进行实地调查,但考虑到"稳评"制度的实施情况与地区经济发展水平和公共治理能力有着密切关联,其间运行伴随着复杂的政治逻辑、科层逻辑和市场逻辑,地域差异会很大程度影响基层"稳评"的真实实践,故本研究结论无法反映全国不同地理空间和行政区域的各自特征;另一方面,受到课题组研究资源的客观限制,本书研究对象明确定位在区县级行政系统层面,且仅收集到部分截面数据,可能导致忽略了不同级别科层组织因素带来的影响,降低了本研究的解释效度,有待扩大整体样本量和覆盖范围。

(2) 调查问卷量表有待完善。本研究政策执行异化是一个从基层政府出发构建的"情境—策略"分析框架,由于研究切入点的限制,未能对上下级政府间政策执行动态过程进行完整深描,在此背景下本研究在前期调查问卷量表的编制过程中,虽然充分参考借鉴了国内外比较成熟的研究成果,并加入了预先的一线访谈和试测环节,但由于针对政策异化这一命题面向公共部门的可利用问卷尚为空白,故此后设计所用的调查问卷存在较多不足,需要再经过多层次、多区域检验和修正,以更高水平提高其应用信效度。另一方面,鉴于问卷收集信息属于自报数据,调查对象可能出于顾虑而发生回应偏差,尽管问卷明确了匿名指令,并对调查数据信效度进行了科学检验,但依然不能排除被试对象报告信息偏差。对此,未来可以考虑多数据来源方式,增加情景试验、现场观察和文本编码等方式,提升数据采集质量。

（3）研究评价视角有待细化。管理学领域的异化及异化行为是一个较为广泛的概念,本书主要基于政府绩效考核的目标背景并结合基层政府部门"稳评"运作状况,提出了评估作业活动异化和工作绩效异化两个概念维度,并没有将研究重点放到不少地区正大力推动的"第三方评估",或者说研究是立足基层政府系统内部的观测视角,而未突出其他利益群体（如社会部门、公众、项目单位、专家）,政策执行异化衍生机理还有很大空间可以挖掘。故研究概念分类及理论构念操作化本身可能存在测量的缺陷,不足以全面反映现实"稳评"制度实施的全貌,有待深入更广泛的利益相关者主体,从不同组织机构及群体角度进行整体研究设计。特别是"稳评"社会第三方评估是未来值得探索的对象。

（4）质性分析资料来源和工具应用有待扩展。本文运用扎根理论方法进行质性分析,主要选取了三个区县基层政府部门的个体访谈资料,期间伴随政府机构改革及新冠疫情的反复影响,线上线下调查时间跨度长,部分数据信息归整过程中利用的是传统手工方式,存在记录破碎,加之研究主题的特殊性及访谈资源限制,信息质量和具体编码提炼过程难免有缺陷,可能一定程度上影响到研究结论的效度。今后可以扩充多种资源渠道,利用更加高效的质性分析软件工具(如 Nvivo),提取概念范畴并搭建理论诠释结构,从而增加研究的科学性和可视度。

7.4 展望

"稳评"是新时期我国政府大力推进的创新性制度和风险治理工具,并随着外部形势的发展不断完善。目前,国内有关"稳评"的研究成果众多,但从政策异化的视角进行研究切入还非常薄弱,相关实证研究更是鲜见市面,本书的尝试算是一项探索性工作。针对本项研究的不足,结合"稳评"制度发展演进状况和实地调查,笔者认为可以在以下方面进一步研究探讨。

首先,"稳评"政策执行异化的表现形式具有多样性,可以采取质性研究方法,集聚一线微观层级和典型部门,清晰描述并揭示该层面的表现形式,结合其他定量方法(如分层回归分析、心理测量学)进行更为精细的测量分析,挖掘深层的影响关系链条。尤其是面向公共政策类的"稳评"是今后制度发展的一个重要趋向,由此针对具体公共政策评估的决策行为,可以催生新的研究思路以及问题探测方向,为建构完整的解释性框架提供科学依据。同时,基层政府政策执行会承受目标群体自下而上的社会压力,随着当代基层社会民众权利意识觉醒和组织化程度的提高,会重构基层政府的政策执行情境,进而影响其执行策略选择,这是有待今后跟踪研究的问题。

其次,基层政府的利益驱动是政策执行异化的微观基础,而块强条弱的权力格局、块块(不同层级政府)间的复杂利益关系是基层部门策略性执行上级政策的组织基础。对此,可以围绕该层面建构理论框架并增加调查覆盖面,在不同地域和层级政府(如地市级、东中部区域)进行综合调查获取数据,在此基础上观测异质性因素在"稳评"制度实践中可能带来的影响差异,从更宽广的利益相关者和组织视野提炼发掘深层作用机理,通过实证方法探索条块行政层级影响下的基层行为。